公務員試験

出るとこ過去問

12

数的処理（上）

数的推理・資料解釈

国家一般職・地方上級レベル対応

新装第2版

セレクト SELECT

55

過去問

TAC出版

TAC PUBLISHING Group

# ● はじめに ●

### 目指す場所に必ずたどり着きたい方のために──
### 『出るとこ過去問』は、超実践的〝要点整理集＋過去問集〟です。

**「公務員試験に合格したい」**
**この本を手にされた方は、きっと心からそう願っていると思います。**

　公務員試験に合格することは、けっして容易なものではありません。勉強すべき科目は多く、参考書は分厚い。合格に必要な勉強時間はおおよそ1500〜2000時間といわれており、準備に半年〜1年かける方が大半でしょう。覚悟を決め、必死で取り組まなければなりません。

　たとえ予備校に通っていても、カリキュラムをひたすらこなすだけでせいいっぱいという方もいるでしょう。独学の場合はなおさら、スケジュールどおりに勉強を進めていくには、相当な自制心が必要です。試験の日程が近づいているにもかかわらず、「まだ手をつけていない科目がこんなにある」と落ち込んでしまう方もいるかもしれません。

　**そんな時こそ、本書の出番です。この『出るとこ過去問』は、公務員試験合格のための超実践的〝要点整理集＋過去問集〟です。絶対に合格を勝ち取りたい方が最後に頼る存在になるべく作られました。**

　おさえるべき要点はきちんと整理して理解する。解けるべき過去問はきちんと解けるようにしておく。それが公務員試験で合格するためには必須です。**本書は、合格のために〝絶対理解しておかなければならない要点〟の簡潔なまとめと、これまで公務員試験の中で〝何度も出題されてきた過去問〟だけを掲載しています。**だからこそ、超実践的なのです。

　たくさんの時間を使い、たくさん勉強してきたけれど、まだ完全に消化しきれていない科目がある。そんな方にとって、本書は道を照らす最後の明かりです。**本書のPOINT整理やPointCheckを頼りに重要事項を整理して理解し、過去問が解けるところまでいけば、合格はもうすぐです。**

　いろいろと参考書を手にしてみたものの、どれもしっくりとせず、試験の日程ばかりが迫ってきている。そんな方にとって、本書は頼もしい最後の武器です。**本書をぎりぎりまで何度も繰り返し勉強することで、合格レベルまで底上げが可能となります。**

　道がどんなに険しくても、そこに行き先を照らす明かりがあれば、効果的な武器があれば、目指す場所に必ずたどり着くことができます。

　みなさんが輝かしい未来を勝ち取るために、本書がお役に立てれば幸いです。

2020年3月　ＴＡＣ出版編集部

## 本書のコンセプト

# 1. 過去問の洗い直しをし、得点力になる問題だけを厳選

その年度だけ出題された難問・奇問は省く一方、近年の傾向に合わせた過去問の類題・改題はしっかり掲載しています。本書で得点力になる問題を把握しましょう。

<出題形式について>
旧国家Ⅱ種・裁判所事務官の出題内容も、国家一般・裁判所職員に含め表記しています。また、地方上級レベルの問題は地方上級と表示しています。

# 2. 基本問題の Level 1 、発展問題の Level 2 のレベルアップ構成

Level 1 の基本問題は、これまでの公務員試験でたびたび出題されてきた問題です。何回か繰り返して解くことをおすすめします。科目学習の優先順位が低い人でも、最低限ここまではきちんとマスターしておくことが重要です。さらに得点力をアップしたい方は Level 2 の発展問題へ進みましょう。

# 3. POINT整理と見開き2ページ完結の問題演習

各章の冒頭の**POINT整理**では、その章の全体像がつかめるように内容をまとめています。全体の把握、知識の確認・整理に活用しましょう。この内容は、 Level 1 、 Level 2 の両方に対応しています。また、**Q&A**形式の問題演習では、問題、解答解説および、その問題に対応する**PointCheck**を見開きで掲載しています。重要ポイントの理解を深めましょう。

## ● 基本的な学習の進め方

①理解する　②整理する　③暗記する　④演習する

本書の扱う範囲

　どんな勉強にもいえる、学習に必要な4つのポイントは次のとおりです。本書は、この①〜④のポイントに沿って学習を進めていきます。

## ①理解する

　問題を解くためには、必要な知識を得て、理解することが大切です。

## ②整理する

　ただ知っているだけでは、必要なときに取り出して使うことができません。理解したあとは、整理して自分のものにする必要があります。

## ③暗記する　④演習する

　問題に行き詰まったときは、その原因がどこにあるのか、上記①〜④をふりかえって考え、対処しましょう。

# 本書の活用法

# 1. POINT整理で全体像をつかむ

POINT整理を読み、わからないところがあれば、各問題のPointCheckおよび解説を参照して疑問点をつぶしておきましょう。関連するQ&Aのリンクも掲載しています。

# 2. Level 1 ・ Level 2 のQ&Aに取り組む

ここからは自分にあった学習スタイルを選びましょう。苦手な論点は、繰り返し問題を解いて何度も確認をすることで自然と力がついてきます。

Level 2 の Level up Point! は得点力をつけるアドバイスです。当該テーマの出題傾向や、問題文の目のつけどころ、今後の学習の指針などを簡潔にまとめています。

● 本書を繰り返し解き、力をつけたら、本試験形式の問題集にも取り組んでみましょう。公務員試験では、問題の時間配分も重要なポイントです。

**➡ 本試験形式問題集**

『**本試験過去問題集**』（国家一般職・国税専門官・裁判所職員ほか）

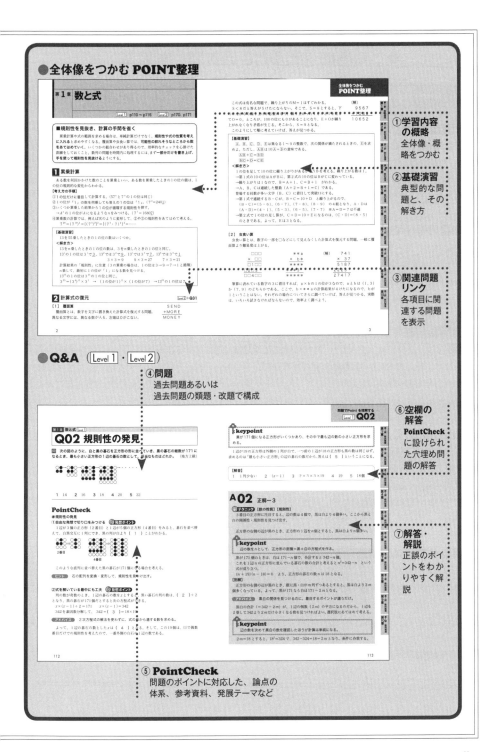

## 一般知能（数的推理・資料解釈の位置づけ）

### ■知能科目で培う「総合力」

　数的処理分野は、学習の基礎体力をつける目的で、試験対策全体の土台に位置づけられます。取り組み方は適性診断対策に近く、ひたすら例類題をこなす感じですが、一般知識・専門科目とは異なり、「問題処理の仕方」を学習するため、さまざまな状況に対応できる総合力が培われます。その処理能力は、他の言語科目・専門科目でも生きてきます。

### ■数的推理で試されることと学習成果

　定理・公式・規則を使いこなして、数値の答えを出す分野です。問題自体が理解困難ということはなく、その後の作業手順・ルートが正しくたどれるか、正確な計算技術・数的処理スキルが試されます。なかには知らなければ解けない技術もありますが、徹底的にスキルを身につけることで、科目全体に好循環を生み、さらには試験対策全体のリズム・スピードに好影響が出てきます。

### ■資料解釈で試されることと学習成果

　図表グラフの数値を読み解き、導き出される結果の真偽を判定する分野です。一定の計算力はもちろん必要ですが、試されるのは数的形式の文章理解に近い分析・判断力です。必ず正解にたどり着けるので、得点力を把握しやすい科目です。ただ、スピードが大切なので、解法の手際や要領のよさが必要です。その意味では、資料解釈に対応できる力がつけば、他のどの科目にも好影響が生じます。

### ■数的処理のパターン学習の意義

　数的推理・資料解釈では、処理スキルを磨くことで自分の問題処理能力を上げていきます。時間内には得点できない問題のために、身につけたパターン・型を崩さないようにします。数的処理分野では特に、難問・奇問や新傾向問題に振り回されてはいけません。つまり、手を付けられない問題が判別できるようになったら、試験対策は完成です。時間内に7割得点できる問題を選び処理する、適性試験だと考えてください。

### ■自分で考え問題処理する能力

　「問題演習はしたけど違う問題になると解けない」、それは知識の勉強方法だからです。数的処理分野では、典型的な例題と類題で処理の方法・手順を身につけます。この例題→類題の展開・発展を把握することが、出題パターンの理解です。だれでも一定量の問題演習を行えば、例題の学習だけで、50％の得点力には到達できます（問題を一読で理解できるかが基準です）。それ以上の得点力は、自分の頭で考える力、自分の解き方を生み出す問題解決力がなければなりません。自力で解答にたどり着く、つまり、解き方は1つではない、模範解答だけではないのです。

# 数的推理 1 周目

**目標**

「なにがわからないのか」「なぜそうなるのか」「不足しているスキルはなにか」を確認します。自力で解く必要はありませんが、悩んだところは徹底的に考えましょう。本書の解説は、異なる視点や別解が豊富な重層構造になっています。理解しようと読み込むことで、自然と自分なりの問題解決力がついてきます。

**学習手順**

## 1. POINT整理で基本事項の整理

【基本演習】 1問10分程度で、問題、ヒント、解説を読み込んで理解。

## 2. スピードチェック！ にトライ

横にある解説を読みながらポイントをチェック。

## 3. Level 1 の問題にトライ

1問10分以内を目標に、いろいろな切り口の解法を理解。

## 4. Level 1 の PointCheck を確認

15分程度で出題意図・問題の核心を掘り起こす。

## 5. Level 2 の問題の正誤ポイントを確認

特徴的な考え方をする問題で応用力をアップ。

# 数的推理 2 周目以降

**目標**

2周目以降では自分独自の解法で問題に取り組みましょう。1周目で確認した事項を基礎にして自力で解きます。解説は確認程度に読み、書き込みなどで解法を完成させましょう。

**学習手順**

1周目で覚えてしまったものも含めてすべてをチェックします。もう一度演習すべき問題に印をつけて、効率的に復習・仕上げができるように準備しましょう。

# 資料解釈 1 周目

## 目標

　資料解釈は「集中力・根気」と「批判力・割り切り」が重要です。反復学習してもあまり意味はないので、2 週目以降は、何がポイントだったかの再確認だけで十分です。

## 学習手順

### 1. POINT整理で基本事項の整理

【基本演習】　選択肢を1つずつチェックして解法ポイントを確認。

### 2. スピードチェック! にトライ

1問10分程度、できるだけ計算を少なく。

### 3. Level 1 の問題にトライ

1問10分以内が目標、とにかく答えを出そうとする態度で。

### 4. Level 1 の PointCheck を確認

15分程度で効率的に解くための着眼点を把握。

### 5. Level 2 の問題の正誤ポイントを確認

スピード解法・別解をチェックして応用力をつける。

# 資料解釈 2 周目以降

## 目標・学習手順

　出題の意図・ポイントを再確認するだけでOK。解答に時間をかけるよりも、どう処理する問題だったかを思い出します。余力があれば別の問題集にもチャレンジしましょう。

# 出るとこ過去問　数的処理（上）セレクト55

# CONTENTS

※数表・グラフの数値は、実際の出題に修正を加えており、統計上の数値とは異なります。
また、問題文についても現時点での状況に合わせて改題しています。

公務員試験

国家一般職
地方上級レベル対応

# 出るとこ過去問

## 12 数的処理（上）

### 数的推理 資料解釈

### 第1部 数的推理

セレクト55

# 第1章 数と式

Level 1  p110〜p115   Level 2  p170、p171

## ■規則性を見抜き、計算の手間を省く

　累乗計算や式の範囲を求める場合は、単純計算だけでなく、**規則性や式の性質を考えに入れると**求めやすくなる。覆面算や虫食い算では、**可能性の絞れそうなところから数をあてはめていく。**いくつかの組合わせがあり得るので、効率的なチェックを心掛けた訓練をしておくこと。数列の問題を時間内に処理するには、まず**一部分だけを書き上げ、手を使って規則性を見抜ける**ようにする。

## 1 累乗計算

　ある数を何回かかけた数のことを累乗といい、ある数を累乗したときの1の位の値は、1の位の規則的な変化からわかる。

**[考え方の手順]**

① 1の位だけに着目して計算する。（$57^n$ と $7^n$ の1の位は同じ）

② 1の位が「1」の数を何乗しても答えの1の位は「1」。（$7^4 = 240\underline{1}$）

③ いくつか累乗した結果から1の位が循環する規則性を探す。

　　→ $A^n$ の1の位が $A$ になるような $n$ をみつける。（$7^5 = 1680\underline{7}$）

④ 累乗数の計算では、例えば次のように変形して、②や③の規則性をあてはめて考える。

　　$7^{20} = (7^{10})^2 = \{(7^5)^2\}^2 = \{(7^4 \cdot 7)^2\}^2 = \cdots\cdots$

---

**【基礎演習】**

　13を55乗したときの1の位の数はいくつか。

**＜解き方＞**

　13を $n$ 乗したときの1の位の数は、3を $n$ 乗したときの1の位と同じ。

　$13^1$ の1の位は $3^1$ で $\underline{3}$、$13^2$ では $3^2$ で $\underline{9}$、$13^3$ では $3^3$ で $\underline{7}$、$13^4$ では $3^4$ で $\underline{1}$

　　　　　　　　　　$3 \times 3 = 9$　　　　$9 \times 3 = 27$　　　　$7 \times 3 = 21$

　計算結果の「規則性」に注意（3の累乗の場合は、1の位は $3 \to 9 \to 7 \to 1$ と循環）

　$n$ 乗して、最初に1の位が「1」になる数を見つける。

　$13^{55}$ の1の位は $3^{55}$ の1の位と同じ。

　$3^{55} = (3^4)^{13} \times 3^3$　→　（1の位が1）$^{13} \times$（1の位が7）　→ $13^{55}$ の1の位は7

---

## 2 計算式の復元

Level 2 ▷ **Q31**

**[1] 覆面算**

　覆面算とは、数字を文字に置き換えた計算式を復元する問題。異なる文字には、異なる数が入る。左端に0がこない。

```
  S E N D
+ M O R E
─────────
M O N E Y
```

この式は有名な問題で、繰り上がりのM＝1はすぐわかる。

　S＜8だと答えが5けたにならない。そこで、S＝8とすると、下 のけたからの繰り上げが必要になり、繰り上がった1と8と1を足し てO＝0。ところが、100の位にも0があることになり、E＋Oが繰り 上がれなくなり矛盾が生じる。そこから、S＝9となる。

　このようにして順に考えていけば、答えが見つかる。

〔解〕
```
  9567
+1085
 10652
```

---

**【基礎演習】**

　Ⓐ、Ⓑ、Ⓒ、Ⓓ、Ⓔは異なる1～9の整数で、次の関係が満たされるときの、Ⓔを求 めよ。ただし、ⒶⒷは10Ⓐ＋Ⓑの意味である。

　　ⒶⒷ＋Ⓒ＝ⒷⒹ
　　ⒷⒸ＋Ⓓ＝ⒸⒺ

**＜解き方＞**

　1の位を足して10の位に繰り上がりがあるかどうかを考える。繰り上がる数は1。

→第1式の10の位はAがBに、第2式の10の位はBがCに変わっている。

→繰り上がりは1なので、B＝A＋1、C＝B＋1　がわかる。

→A、B、Cは連続した整数（A＋2＝B＋1＝C）である。

登場する回数が多い文字（B、C）に着目して突破口にする。

→第1式で連続するB・Cが、B＋C＝10＋D　と繰り上がるので、

　（B・C）＝（5・6）、（6・7）、（7・8）、（8・9）　の4組となり、A・Dは

　（A・D）＝（4・1）、（5・3）、（6・5）、（7・7）　※A＝D＝7は不適

→第2式で1の位の足し算が、C＋D＝10＋Eになるのは、（C・D）＝（8・5）

　のときである。よって、Eは3となる。

---

## ［2］　虫食い算

　虫食い算とは、数字の一部を□などにして見えなくした計算式を復元する問題。一般に覆 面算より難易度は上がる。

```
  □□□        **a      〔解〕   741
×  □□       × b*           ×  37
 □1□□       ****          5187
 □2□3       ***3          2223
□□4□□      *****         27417
```

　筆算に表れている数字の3に着目すれば、a×bの1の位が3なので、aとbは（1，3） か（7，9）のどちらかである。ここで、b×＊＊aの計算結果が4けたになるので、bが 1ということはない。それぞれの場合についてさらに調べていけば、答えが見つかる。実際 は、いろいろ試さなければならないので、効率よく調べよう。

第1章 第1部 数的推理
第2章 第1部 数的推理
第3章 第1部 数的推理
第4章 第1部 数的推理
第5章 第1部 数的推理
第6章 第1部 数的推理
第7章 第1部 数的推理
第8章 第1部 数的推理
第9章 第1部 数的推理
第10章 第1部 数的推理

[考え方の手順]
①0や1などに注目し、ヒントとなる数値を探し出す。
②まずは億劫がらずにいくつかの数字を代入してみる。
　積の1の位や、和のところなどを見て、わかるところから順に埋めていく。
③繰り上がりの有無や、結果の可能性・矛盾を場合分けで検証。

【基礎演習】
　次の計算式が成り立つような、異なる1けたの数、Ａ、Ｂ、Ｃ、Ｄ、Ｅを求めよ。

$$
\begin{array}{r}
\boxed{A}\,\boxed{B}\,\boxed{C} \\
\times\; 3\,4\,\boxed{D} \\
\hline
3\,\boxed{C}\,\boxed{E}\,\boxed{B} \\
\boxed{B}\,1\,0\,4\;\; \\
\underline{1\,\boxed{A}\,\boxed{D}\,\boxed{E}\;\;\;\;} \\
1\,\boxed{E}\,\boxed{B}\,\boxed{A}\,\boxed{B}\,\boxed{B}
\end{array}
$$

<解き方>
　各桁の積を3つの式にすると、
　ABC×D＝3CEB、ABC×4＝B104、ABC×3＝1ADE
　（※A×100＋B×10＋Cを単にABCと表記する）
　ABC×4＝B104から　→1の位はC×4＝＊4だから、C＝1またはC＝6
　ABC×D＝3CEBから　→C×D＝＊Bなので、C≠1。C＝6に確定。
　ABC×3＝1ADEから　→C＝6なので、E＝8
　10の位の和から　→E＋4＝Bなので、B＝2で100の位に1繰り上がる。
　100の位の和から　→1＋C＋0＋E＝Aなので、A＝5で1000の位に1繰り上がる。
　1000の位の和から　→1＋3＋1＋D＝Bなので、D＝7

# 3 式の値

Level 1 ▷ **Q01**

[1]　因数分解の利用
　問題文から、$a^2-b^2=(a+b)(a-b)$ などの**因数分解して数を推理する**パターンの問題である。ただ、**大きな数にならなければ答えの推測はつきやすい**。最速解法として、因数分解利用の解法を体得しておこう。

【基礎演習】
　2けたの自然数$A$の1の位の数字を$b$とすると、$A^2-b^2=2080$が成り立つ。$b$を求めよ。
<解き方>
　$A^2-b^2=2080$ の左辺を因数分解する。$(A+b)(A-b)=2080=2^5\times5\times13$
　$A+b$と$A-b$は差が$2b$の接近した数で、素因数分解から2数を推理すると、
　$A+b=2^2\times13=52$　$A-b=2^3\times5=40$
　連立方程式を解いて、$A=46$、$b=6$

第1章 第1部 数的推理
第2章 第1部 数的推理
第3章 第1部 数的推理
第4章 第1部 数的推理
第5章 第1部 数的推理
第6章 第1部 数的推理
第7章 第1部 数的推理
第8章 第1部 数的推理
第9章 第1部 数的推理
第10章 第1部 数的推理

**[別解]**

$40^2 = 1600$ で $50^2 = 2500$ だから、2乗して2080に近い数は、40〜50になりそうだと推理。真ん中の45からあてはめて、$45^2 - 5^2 = 2000$（×）、$46^2 - 6^2 = 2080$（○）

## ［2］ 平方根の整数部分小数部分

**[平方根の小数部分の基本テクニック]**

◎ $n \leq \sqrt{X} < n+1$　となる整数 $n$ を見つける。

$n^2 \leq X < (n+1)^2$　から $n$ を推測する。

◎ 小数部分 $= \sqrt{X} -$ 整数部分 $(n)$　から、小数部分を求める。

**【基礎演習】**

$\sqrt{7}$ の整数部分を $a$ とし小数部分を $b$ とすると、$a \times b$ はいくらか。

**＜解き方＞**

$2^2 < 7 < 3^2$ なので、$\sqrt{7}$ は $2 < \sqrt{7} < 3$　よって、$\sqrt{7}$ の整数部分 $a = 2$

小数部分 $b = \sqrt{7} - 2$　したがって、$a \times b = 2 \times (\sqrt{7} - 2) = 2\sqrt{7} - 4$

**【基礎演習】**

$a$、$b$、$c$ が正の整数で、$a + \dfrac{1}{\sqrt{b} + \dfrac{1}{c}} = 3.8$ を満たすとき、$a$、$b$、$c$ の値を求めよ。

**＜解き方＞**

与式 $= 3.8$　この整数部分と小数部分をヒントに、まず分数部分の値を考えていく。

$\sqrt{b} \geq 1$ なので、分母の $\sqrt{b} + \dfrac{1}{c} > 1$ である。

分母が1より大きく分子は1なので、分数部分は1より小さくなる。

$\dfrac{1}{\sqrt{b} + \dfrac{1}{c}} < 1$ すなわち、$\dfrac{1}{\sqrt{b} + \dfrac{1}{c}} = 0.8$ となり、整数部分は $a = 3$　となる。

次に、分数部分 $= 0.8$ より、$\sqrt{b} + \dfrac{1}{c} = \dfrac{1}{0.8} = 1.25$

同様に、$\sqrt{b} = 1$、$\dfrac{1}{c} = 0.25$ となる。　以上から $a = 3$、$b = 1$、$c = 4$

## 4 式のとり得る値の範囲

**[式の最大値の基本テクニック]**

◎ $a$、$b$ が正の整数のとき、$a + b$ の値、$a \times b$ の値は、$a$ と $b$ がともに大きいとき大きくなる。
また、$a - b$ の値、$a \div b$ の値は、$a$ が大きく $b$ が小さいとき大きくなる。

◎ $a$ と $b$ が正の実数で $a + b$ が一定のとき、$a \times b$ の値は $a = b$ のとき最大になる。

〔$a + b = 10$の例〕

## 【基礎演習】

$x$、$y$が正の整数で、$2x + 3y \leqq 21$、$4x + y \leqq 22$ を満たしているとき、$3x + 4y$の最大値はいくらか。

### <解き方>

2番目の条件から、$x \leqq 5$、つまり、$x$の最大値は5であることがわかる。

そこで、$x = 1 \sim 5$について、2つの不等式から$y$の値はなるべく大きくとる。

$(x、y) = (1、6) \rightarrow 3x + 4y = 27$
$\phantom{(x、y) = } (2、5) \rightarrow 3x + 4y = 26$
$\phantom{(x、y) = } (3、5) \rightarrow 3x + 4y = 29 \quad \cdots$最大
$\phantom{(x、y) = } (4、4) \rightarrow 3x + 4y = 28$
$\phantom{(x、y) = } (5、2) \rightarrow 3x + 4y = 23$

## 【基礎演習】

$\dfrac{1}{X} + \dfrac{1}{Y} = \dfrac{1}{10}$ となるような自然数$X$、$Y$の和の最大値を求めよ。

### <解き方>

与式の両辺に$10XY$をかけて、$10X + 10Y = XY$　式を変形して、$XY - 10X - 10Y = 0$

$XY - 10X - 10Y + 100 = 100$　←**両辺に100を加える**

最終的にこの形にする　$(X - 10)(Y - 10) = 100$　←**ここから$X$・$Y$の組合せを考える**

積が100になる整数の組合せは、$1 \times 100$、$2 \times 50$、$4 \times 25$、$5 \times 20$、$10 \times 10$

よって、$X$、$Y$の組は $(11、110)$、$(12、60)$、$(14、35)$、$(15、30)$、$(20、20)$

したがって最大値は $11 + 110 = 121$

## 【基礎演習】

$a$、$b$、$c$、$d$が異なる数で、2、4、6、8、10のどれかであるとする。このとき、$a + bc - 120 \div d$のとりうる最大の値はいくらか。

### <解き方>

変動の大きい部分を探し、そこを大きくとれば、全体が大きくなる。なお、引く数は、なるべく小さくする。

最も大きく変化する積$bc$を最大にし、その次に$d$を大きく（$120 \div d$を小さく）し、最後に$a$を大きくすればよい。

したがって、最大の値は、

$a + bc - 120 \div d = 4 + 8 \times 10 - 120 \div 6 = 4 + 80 - 20 = 64$

# 5 数列

Level 1 ▷ Q02,Q03

## [1] 等差数列

等差数列とは、3、8、13、18、……のように、同じ数を加えて得られる数列をいう。

この例では5ずつ増える。この5を公差という。

初項が$a$で公差が$d$の等差数列は、

$$a、a+d、a+2d、a+3d、……$$

この第$n$項は、$a+(n-1)d$であり、初項から第$n$項までの和は、

$$\frac{1}{2}n\{2a+(n-1)d\} \quad [=(初項+末項)×項数÷2] \quad となる。$$

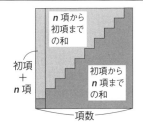

【基礎演習】

　図のように正の整数を斜めに並べる。上から9行目、左から6番目の数字は何か。

```
1    2    4    7
3    5    8
6    9
10
        ……………
```

＜解き方＞

　上から1行目の数列の、左から6番目の数は、$1+(1+2+3+4+5)=16$

　左から6番目（16）から下へ降りていくと、$16+(7+8+9…)$と増えるから、上から9行目は、16に「初項7、項差1、（9-1）項までの数列の和」を足したものになる。この8項目の数は、$7+1×(8-1)=14$

　よって、求める数字は、$16+(7+14)×8÷2=16+84=100$

## [2] 等比数列

等比数列とは、3、15、75、375、……のように、同じ数をかけて得られる数列のこと。この例では毎回5倍されていく。この5を公比という。

また、初項が$a$で公比が$r(r≠1)$の等比数列　$a、ar、ar^2、ar^3、……$

この第$n$項は、$ar^{n-1}$であり、初項から第$n$項までの和は、

$$a×\frac{1-r^n}{1-r} \quad [=初項×\frac{1-公比^{項数}}{1-公比}] \quad となる。$$

【基礎演習】

　3、6、12、24、…という数列の10番目の数と、20番目までの数の総和はいくらか。

＜解き方＞

$3×2×2…=3×2^{10-1}=1536$　…等比数列の$N$番目の項＝初項×公比$^{N-1}$

$3×\dfrac{1-2^{20}}{1-2}=3145725$　…等比数列の$N$番目までの総和＝初項×$\dfrac{1-公比^{項数}}{1-公比}$

第1章 第1部 数的推理
第2章 第1部 数的推理
第3章 第1部 数的推理
第4章 第1部 数的推理
第5章 第1部 数的推理
第6章 第1部 数的推理
第7章 第1部 数的推理
第8章 第1部 数的推理
第9章 第1部 数的推理
第10章 第1部 数的推理

**1** 52を27乗した数の1の位はどれか。

**1** 0　**2** 2　**3** 4　**4** 6　**5** 8

・1の位の数（2）だけ考える。
・1の位の循環、規則性を見つける。
・$2^5$の1の位、$2^{25}$の1の位の数を確認。

**2** 整数A〜Cは、A＞B＞Cで、A・B＝693、B・C＝231のとき、A＋Cはいくらになるか。

**1** 44　**2** 52　**3** 64　**4** 84　**5** 132

・693と231を素因数分解する。
・Bの値をまず求めること。

**3** Ⓐ、Ⓑ、Ⓒ、Ⓓ、Ⓔは1〜9の整数で、すべて異なっている。次の関係が満たされるとき、Ⓐ＋Ⓑ＋Ⓒ＋Ⓓ＋Ⓔはいくらか。ただし、ⒶⒷは10A＋B、ⒶⒶⒷは100A＋10A＋Bの意味である。
ⒶⒷ＋Ⓒ＝ⒹⒹ
ⒺⒷ²＝ⒶⒶⒷ

**1** 23　**2** 22　**3** 21　**4** 20　**5** 19

・2つの条件を組み合わせてヒントを探る。
・2乗して1の位が変わらない数はなにか。

$2^5＝32$で、1の位の数が2になる。同様にして、$(2^5)^5＝2^{25}$の1の位の数は2。したがって、
$2^{27}＝2^{25}・2×2$
この1の位の数は8になる。

**正解　5**

$693＝3^2・7・11＝A・B$
$231＝3・7・11＝B・C$
$B＞C$であるから$(B、C)$の組は、
$(3・7・11、1)$　$(7・11、3)$
$(3・11、7)$　$(3・7、11)$
このとき$(B、A)$の組は、
$(3・7・11、3)$　$(7・11、3^2)$
$(3・11、3・7)$　$(3・7、3・11)$
$A＞B$であるから、$B＝3・7$のみが適当。よって、$A＝3・11$
$＝33$、$C＝11$　$A＋C＝44$

**正解　1**

2番目の条件から、2乗しても1の位の数が同じになるのは、B＝1、5、6。
1番目の条件から、B＋C＝10＋DでD≠0なので、B≠1
2番目の条件から、2乗して3けたになるのは、ⒺⒷ＝15、16、25、26だけ。
このとき、ⒺⒷ²＝225、256、625、676なので、1番目の条件を満たすのは、
A＝2、B＝5、C＝8、D＝3、
E＝1　よって、A＋B＋C＋D＋E＝19

**正解　5**

**4** $A$、$B$、$C$ は 1 ～ 9 の整数のいずれかであり、$A \leqq B \leqq C$ の関係がある。いま $A + B + C = 21$、$A \times B + B \times C = 90$ であるとき、$A \times B + C$ の値として正しいものはどれか。

**1** 41　**2** 45　**3** 49　**4** 53　**5** 57

・$A \times B + B \times C = (A + C) \times B = 90$ と変形。
・90 を 2 数の積として考える。

条件の式を $B$ でくくると、$(A + C) \times B = 90$　そこで、かけて 90 となるような 2 数を考える。1 ～ 9 の整数であることから、$1 \leqq B \leqq 9$　$2 \leqq A + C \leqq 18$ これを満たすのは、$18 \times 5$、$15 \times 6$、$10 \times 9$　の 3 通り。$A + B + C = 21$ から、$A + C = 15$　$B = 6$ $A + C = 15$ を満たし $A \leqq B \leqq C$ となるのは、$A = 6$、$C = 9$ したがって、$A \times B + C = 45$

**正解　2**

**5** 1 辺の長さが 1cm の正六角形を図 1 のように、$n$ 個並べると、描かれる線分の長さの総和は $(5n + 1)$ cm になる。図 2 のように $n$ 個を 2 段並べると、描かれる線分の長さの総和は $(8n + 3)$ cm になる。図 3 のように 15 個ずつを 15 段並べたとき、描かれる線分の長さの総和はいくらになるか。

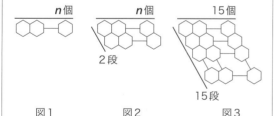

図1　　　図2　　　図3

**1** 730cm　**2** 734cm　**3** 738cm
**4** 742cm　**5** 746cm

（1 段目）$(5n + 1)$ cm
（2 段目）$(8n + 3)$ cm
（3 段目）？
これだけでも 3 段目は推測できる。
六角形の辺の総数から、横の重なりと上下の重なりを引いて、
$6n \times 3 - 3(n - 1) - 2(2n - 1)$
$= 11n + 5$　…3 段目
$k$ 段の場合は、
　$5n$、$8n$、$11n$……→$(3k + 2)n$
　1、3、5……→$2k - 1$
よって、$(3k + 2)n + 2k - 1$ (cm)
15 個ずつ 15 段並べたとき、
$(3 \times 15 + 2) \times 15 + 2 \times 15 - 1$
$= 734$ (cm)

**正解　2**

第1章　第1部 数的推理
第2章　第1部 数的推理
第3章　第1部 数的推理
第4章　第1部 数的推理
第5章　第1部 数的推理
第6章　第1部 数的推理
第7章　第1部 数的推理
第8章　第1部 数的推理
第9章　第1部 数的推理
第10章　第1部 数的推理

## ■簡単な式に直し、整数の問題であることを意識する

　$N$進法では、基本となる10進数を式で表すことに慣れ、問題の条件に合わせて立式できるようにする。解を求める問題では、**与えられた条件を整理して簡単にしてから、具体的に整数を代入**していく。**整数であることで条件が限定されることや、整数特有の倍数関係などにも注意**をして検討していく。条件、ヒントの見落としがないようにすること。

# 1 10進法

Level 1 ▷ Q05

　10進法は整数の普通の表し方で、10ずつまとめていって位をあげていく。10のかわりに2ずつまとめたものが2進法で、このような記数法を一般的に$N$進法と呼ぶ。

　10進法は、どんな数も0〜9の10個の数だけで表すもので、書かれた数字の位置が重要な意味を持つ。例えば、345の3は単なる3ではなく300を表し、4は40を表す。

$\boxed{3}\boxed{4}\boxed{5}=\boxed{3}\times 10^2+\boxed{4}\times 10+\boxed{5}\times 1$ …100が3つ、10が4つ、1が5つ

　一般に、abcと書かれた3けたの数は、

$\boxed{a}\boxed{b}\boxed{c}=\boxed{a}\times 10^2+\boxed{b}\times 10+\boxed{c}\times 1$　を意味する。

[$N$進法の基本テクニック]

◎ 10進法から$N$進法への変換

　Pを順次$N$で割っていき、余りを右に書いていき、**商が$N$より小さくなったところでやめ、余りの下から順に**$abcde$と書くと、10進法の$P$が$N$進法の$abcde$になる。（$N>a$）

| $N)\ P$　余り |
| --- |
| $N)\ P_1\cdots e$ |
| $N)\ P_2\cdots d$ |
| $N)\ P_3\cdots c$ |
| 　$a\cdots b$ |

| $2)25$ |
| --- |
| $2)12\cdots 1$ |
| $2)\ 6\cdots 0$ |
| $2)\ 3\cdots 0$　10進法の25は |
| 　　$1\cdots 1$　　2進法の11001 |

◎ $N$進法から10進法への変換

　$N$進法で$abc$と表せる数は、**10進法に直すと**$a\times N^2+b\times N+c$となる。たとえば、前述の345が6進法なら、$345=3\times 6^2+4\times 6+5\times 1$（$6^2$が3つ、6が4つ、1が5つ）である。したがって、6進数の345は、10進数では$3\times 6^2+4\times 6+5\times 1=137$となる。

---

**【基礎演習】**

　3けたの正の整数がある。1の位と10の位の数を入れ替えると、その差は27になり、1の位と100の位の数を入れ替えると、その差は495になる。このような3けたの数で、最大なものと最小なものとの差はいくらか。

**1**　838　　**2**　844　　**3**　852　　**4**　856　　**5**　864

**＜解き方＞**

　3けたの数を$100a + 10b + c$とすると、1の位と10の位を入れ替えた数は$100a + 10c + b$だから、その差は、$(100a + 10b + c) - (100a + 10c + b) = 9(b - c)$

　これが±27になることから、　$9(b - c) = \pm 27$　$b - c = \pm 3$　$\therefore b = c + 3$、$c - 3$同様に、1の位と100の位の数を入れ替えて、その差が495になることから、

　　$(100a + 10b + c) - (100c + 10b + a) = 99(a - c) = \pm 495$

　よって、　$a - c = \pm 5$　$\therefore a = c + 5$、$c - 5$

最大にするように$c = 4$とすると$a = 9$、$b = 7$
最小にするように$c = 6$とすると$a = 1$、$b = 3$、
となる。

以上から、最大は974で、最小は136である。

**正解　1**

# 2 倍数・約数

Level 1 ▷ **Q05,Q06**

倍数・約数：$a$が$b$で割り切れるとき、$a$は$b$の倍数、$b$は$a$の約数であるという。
素因数分解：整数を素数の積の形にあらわすもの。
最小公倍数：$a$と$b$に共通な倍数のうち最小のもの。4と6の最小公倍数は12である。
最大公約数：整数$A = a \cdot c$、$B = b \cdot c$が成立しているときに、$c$が最大公約数となる。

**［倍数の基本テクニック］**

◎ 100以下の整数のうち、$a$の倍数の個数は、100を$a$で割った商になる。

　例えば、$a = 7$なら、$100 \div 7 = 14$余り2なので、7の倍数は14個である。

| 1 | 2 | 3 | 4 | 5 | 6 | 7 | | 8 | 9 | 10 | 11 | 12 | 13 | 14 | …… |

　7個ずつ区切ったなかに、7の倍数が1つずつあるので、この計算でよいことがわかる。
◎ $a$の倍数であって、しかも$b$の倍数でもある整数は、$a$と$b$の最小公倍数の倍数になる。

**【基礎演習】**

　3けたの正の整数のうち、6の倍数は150個、8の倍数は112個ある。では、6でも8でも割り切れない数はいくつあるか。

　**1**　627個　　**2**　675個　　**3**　725個　　**4**　730個　　**5**　784個

**＜解き方＞**

　3けたの正の整数のうち6でも8でも割り切れる数の個数は、6と8の最小公倍数である24の倍数の個数に等しく、

　　（1～999のうち24の倍数）－（1～99のうち24の倍数）

　　＝（999÷24の商）－（99÷24の商）＝41 － 4 ＝ 37個

　したがって、3けたの正の整数のうち、6でも8でも割り切れない数は、

　全体の個数－（6の倍数の個数＋8の倍数の個数－24の倍数の個数）

第1章　第1部 数的推理
第2章　第1部 数的推理
第3章　第1部 数的推理
第4章　第1部 数的推理
第5章　第1部 数的推理
第6章　第1部 数的推理
第7章　第1部 数的推理
第8章　第1部 数的推理
第9章　第1部 数的推理
第10章　第1部 数的推理

$$= 900 - (150 + 112 - 37) = 900 - 225 = 675 個$$

正解　**2**

# **3** 剰余

Level 1 ▷ **Q06,Q07**

　$a$ を $b$ で割った商が $q$ で、余りが $r$ のとき、
　　$a = bq + r$ が成り立つ。この式を変形すると、 $a - r = bq$ となる。

**［剰余の基本テクニック］**
◎ $a$ を $b$ で割っても、$c$ で割っても **3** が余れば、$a - 3$ が $b$ でも $c$ でも割り切れる。
　（例）$x$ を 3 で割っても 7 で割っても 2 余る　→　$(x - 2)$ は 3 と 7 の公倍数
◎ $a$ を $b$ で割って $b - 1$ が余り、$c$ で割って $c - 1$ が余れば、$a + 1$ が $b$ でも $c$ でも割り切れる。
（例）$x$ を 5 で割ると 4 余り、7 で割ると 6 余る　→　$(x + 1)$ は 5 と 7 の公倍数

---

**【基礎演習】**
　1000 の位が 4 である 4 けたの数 $A$ がある。$A$ の各けたの数字はすべて異なっている。$A$ を 35 で割っても、42 で割っても、16 余る。このとき、$A$ を 13 で割った余りはいくらか。
　**1**　5　　**2**　4　　**3**　3　　**4**　2　　**5**　1
**＜解き方＞**
　$A$ を 35 で割っても、42 で割っても、16 余るということは、$A - 16$ が 35 でも 42 でも割り切れるということ、つまり、$A - 16$ は 35 と 42 の公倍数。
　35 と 42 の最小公倍数は、$35 = 5 \times 7$、$42 = 2 \times 3 \times 7$ より、$2 \times 3 \times 5 \times 7 = 210$
　したがって、$A - 16$ は 210 の倍数、$A = 210 \times a + 16$ と表せる、4000 台の数である。
　$210 \times 19 + 16 = 4006$、$210 \times 20 + 16 = 4216$、$210 \times 21 + 16 = 4426$、$210 \times 22 + 16 = 4636$、$210 \times 23 + 16 = 4846$
　各けたの数字がすべて異なっているのは 4216 だけである。
　4216 を 13 で割ると、余りは 4 となる。

正解　**2**

---

# **4** 整数解

Level 1 ▷ **Q05,Q10,Q15**　　Level 2 ▷ **Q32**

　方程式などが整数の解を持つということだが、整数ということでかなり条件が限定される。方程式をなるべく簡単な式に変形し、整数条件と範囲の制限条件から解を求めていく。
　たとえば、$x$ が整数で、$x < 12.4$ なら、$x \leqq 12$ である。また、$x$ と $y$ が整数で、$x = \dfrac{y}{3}$ が成り立てば、$y$ は 3 の倍数でなければならなくなる。このように、求める数が整数であるということをよく考えに入れなければならない場合がある。
　ここで、方程式 $5x + 7y = 58$ の整数解を求めてみる。問題の数値が小さく、正の整数解

を求めるのなら、数を順に代入していけば求められる。

**[考え方の手順]**

① $y = \dfrac{58 - 5x}{7}$ と変形。

②$x$に数をあてはめて、**$58 - 5x$が7の倍数となるもの**を探せばよい。

　$x = 6$、$x = 4$ が解である。

③負の整数まで含めて一般解を求めるためには、例えば、次のようにする。

　$5(x + y) + 2y = 58$ より、$5a + 2y = 58$ とおく。

　$a + 2(2a + y) = 58$ より、$a + 2b = 58$ とおく。

　これから、$a = 58 - 2b$

　よって、$y = b - 2a = 5b - 116$、$x = a - y = -7b + 174$ となり、$b$にいろいろな整数を入れれば、すべての解$x$、$y$が得られる。例えば、$b = 24$のとき、$x = 6$、$y = 4$となる。

**[整数解の基本テクニック]**

◎「$x$が整数で$10.3 < x < 12.4$」　→　$x$は11か12

◎「$\dfrac{1}{x} + \dfrac{1}{y} = \dfrac{1}{2}$ を満たす自然数$x$、$y$」

　→　式を変形して$xy - 2x - 2y = 0$、$(x - 2)(y - 2) = 4$

　　　これを満たす $(x, y) = (3, 6)$、$(4, 4)$、$(6, 3)$

◎「30円のミカン$x$個と50円のリンゴ$y$個を買って600円となる$x$の数」

　→　$30x + 50y = 600$　$y = -\dfrac{3}{5}x + 12$　$y$が自然数になるように、$x = 5$、10、15

---

**【基礎演習】**

　1個がそれぞれ360円、200円、160円の品物を全部で12個買ったところ、3600円だった。消費税はかからないものとして、360円の品物をいくつ買ったか。ただし、どの商品も少なくとも1個は買ったものとする。

　**1** 6個　**2** 7個　**3** 8個　**4** 9個　**5** 10個

**＜解き方＞**

　360円、200円、160円の品物を、それぞれ$x$個、$y$個、$z$個買ったとすると、

　$x + y + z = 12$…①　　$360x + 200y + 160z = 3600$…②

が成り立つ。ここで、$x$、$y$、$z$は正の整数である。

　②÷40－①×4を計算し$z$を消去すると、$5x + y = 42$、$y = 42 - 5x$

　全部で12個買ったので$x$は最大10個だが、式から$y$が自然数であるので、$x = 7$、8。ただ、$x = 7$とき、$y = 7$、$z = 0$となるので不適。

　以上から、$x = 8$、$y = 2$、$z = 2$となり、360円の品物は8個。

**正解　3**

# 5 数の和

Level 1 ▷ Q04　　Level 2 ▷ Q31

## ［1］　カードで作る整数

　10進法のテクニックと、場合の数の樹形図・辞書式配列で具体的に整数を作る。 0 が入っている場合、最上位のけたにはならないので、除外しなくてはならない。

**【基礎演習】**

　0、1、2〜8、9までの10枚のカードを使って、3けたの数と2けたの数を2つずつ、計4個つくる。この4つの数の和を最小にするとき、和はいくつになるか。

**＜解き方＞**

　4つの数を（$ABC$、$DEF$、$GH$、$IJ$）とすると、求める和は、

$(100A + 10B + C) + (100D + 10E + F) + (10G + H) + (10I + J)$

$= 100(A + D) + 10(B + E + G + I) + C + F + H + J$

　100の位の $A$、$D$ には0はなく、最小だから1か2が当てはまる。

　$B$、$E$、$G$、$I$ も同様に小さい順に0、3、4、5が当てはまる。

　よって、　$100(1 + 2) + 10(0 + 3 + 4 + 5) + 6 + 7 + 8 + 9 = 450$

※問題の条件だけで4つの数は確定できないが、和は求められる。

**【基礎演習】**

　1、3、5、7、9の5枚のカードがある。この中から2枚を選んで2けたの整数をつくる。こうしてできた2けたの整数をすべて加えるといくつになるか。

**1**　850　　**2**　980　　**3**　1040　　**4**　1100　　**5**　1250

**＜解き方＞**

　2けたの数のすべてについては、場合の数で使う樹形図を書いてみるとよい。これらをすべて書き上げて計算するのではなく、10の位と1の位に分けて合計を求めていく。

　2けたの整数を、10A＋Bとすると、10の位Aにあてはまるのは1、3、5、7、9の5個。また、1の位Bは、10の位Aで選んだものを除く4個。したがって、10の位の数だけを合計すると、（1＋3＋5＋7＋9）×4×10となる。

　このことは1の位の数についても同様で、1の位Bにあてはまる1、3、5、7、9の5個に対して10の位Aは4個ずつあるから、（1＋3＋5＋7＋9）×4×1となる。

　したがって、（1＋3＋5＋7＋9）×4×10＋（1＋3＋5＋7＋9）×4×1＝1100

**正解　4**

## ［2］　魔方陣
### ［魔方陣の基本テクニック］

◎縦横斜めの数の和を等しくする。使う数の総和÷列の数＝等しい和

◎3×3の魔方陣　→1〜9の数、縦横斜めの和がすべて15、真中には5

| | | | | | | | | | | | | | | | | | | | | |
|---|---|---|---|---|---|---|---|---|---|---|---|---|---|---|---|---|---|---|---|---|
| □ | □ | □ | | □ | 1 | □ | | □ | 1 | 8 | | 6 | 1 | 8 |
| □ | 5 | □ | → | □ | 5 | □ | → | □ | 5 | □ | → | 7 | 5 | 3 |
| □ | □ | □ | | 2 | □ | □ | | 2 | □ | □ | | 2 | 9 | 4 |

全体像をつかむ
POINT整理

第1章 第1部 数的推理
第2章 第1部 数的推理
第3章 第1部 数的推理
第4章 第1部 数的推理
第5章 第1部 数的推理
第6章 第1部 数的推理
第7章 第1部 数的推理
第8章 第1部 数的推理
第9章 第1部 数的推理
第10章 第1部 数的推理

◎ 4 × 4 の魔方陣 → 1 ～ 16 の数、縦横斜めの和がすべて 34、対称の位置にある数の和が 17

| 13 |  |  |  |
|----|----|----|----|
|  | 11 | 10 |  |
| 12 |  |  |  |
|  |  |  |  |

→

| 13 |  |  |  |
|----|----|----|----|
|  | 11 | 10 | 5 |
| 12 | 7 | 6 |  |
|  |  |  | 4 |

→

| 13 |  |  |  |
|----|----|----|----|
| 8 | 11 | 10 | 5 |
| 12 | 7 | 6 | 9 |
| 1 |  |  | 4 |

→

| 13 | 2 | 3 | 16 |
|----|----|----|----|
| 8 | 11 | 10 | 5 |
| 12 | 7 | 6 | 9 |
| 1 | 14 | 15 | 4 |

【基礎演習】

図のマス目の中に、連続する 25 個の正の整数を入れ、縦、横、2 つの対角線方向の、どの 5 つの数の和もそれぞれ 120 となるようにしたい。25 個の数のうち、最大の数はいくつになるか。

**1** 35　**2** 36　**3** 37　**4** 38　**5** 39

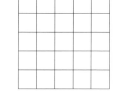

＜解き方＞

25 個の数を　$a$、$a+1$、…、$a+24$　とする。

この 25 個の総和は、　$a \times 25 + 1 + 2 + 3 + \cdots\cdots + 24$

$$= 25a + \frac{24 \times (1+25)}{2} = 25a + 300 \quad となる。$$

図では縦の列が 5 つあり、どの列も和が 120 であるから、全体の総和は、$120 \times 5 = 600$ である。したがって、$25a + 300 = 600$ から $a = 12$ になる。よって、最大の数は $12 + 24 = 36$ である。

正解　**2**

※等差数列の和：　$1 + 2 + 3 + \cdots + n = \dfrac{n(1+n)}{2}$　は、覚えておこう。

# **6** 演算記号

Level 1 ▷ **Q08**

いろいろな記号に意味をもたせて、その定義に従って計算などを行うことがある。数学ではよく使われても、普段はあまり目にふれない記号もあれば、かなり人為的に定義したものもある。どの場合でも**具体例をたくさんあげ、よく意味をつかむこと**が大切。例えば、整数 $a$ の $a$ を除く約数の和を $\sigma(a)$ と書けば、

$\sigma(6) = 1 + 2 + 3 = 6$　　　$\sigma(10) = 1 + 2 + 5 = 8$

$\sigma(12) = 1 + 2 + 3 + 4 + 6 = 16$　　　などとなる。

$\sigma(a)$ の記号（シグマ、約数の和）は数学でよく使う。$\sigma(a) = a$ となる $a$ を完全数と呼ぶ。完全数は 6、28、496、8128、……と続く。

【基礎演習】

整数 $x$ に対し、$x$ 以下の最大の平方数を $a^2$ とし、$x = a^2 + b$ とする。このとき $a = [x]$、$b = \langle x \rangle$ と書くことにすると、$[[x]] = 2$、$\langle[x]\rangle = 3$、$\langle x \rangle = 4$ となる $x$ はいくつか。

**1** 48　**2** 50　**3** 53　**4** 55　**5** 56

## ＜解き方＞

　記号の意味をよく理解して、順に代入計算していけば答えが求められる。簡単な例で試してみるのもよい。

　$[[x]]＝2$、$\langle[x]\rangle＝3$、$\langle x\rangle＝4$　以上の3式に $[x]＝a$、$\langle x\rangle＝b$ を代入すると、$[a]＝2$、$\langle a\rangle＝3$、$b＝4$　となる。このaに関する前2式からaを求めればよい。

　問題文から、$[x]＝a$、$\langle x\rangle＝b$ → $x＝a^2＋b$　だから、同じ関係でaの式を作ると、$[a]＝2$、$\langle a\rangle＝3$　→　$a＝2^2＋3$　となる。よって、$a＝7$

　以上から、　$x＝7^2＋4＝53$

正解　**3**

---

## スピードチェック！

**1**　3けたの整数がある。100の位の数を1の位の数へ、1の位の数を10の位の数へ、10の位の数を100の位の数へ入れ替えると、もとの数の2倍より10大きかった。このとき、各位の数の和は、次のうちどれか。

**1**　5　**2**　6　**3**　7　**4**　8　**5**　9

・もとの3けたの整数を $100a＋10b＋c$ と置いて、式を立てる。
・式を整理して、$8A＝B$ の形にして、8の倍数問題として考える。
・$a＝1$、$2\cdots$ と代入すること。

もとの数　$100a＋10b＋c$
入れ替えた数　$100b＋10c＋a$
条件より、

　$100b＋10c＋a$
　$＝2(100a＋10b＋c)＋10$
　$199a－80b－8c＋10＝0$

式を変形して、

　$199a＋10＝8(10b＋c)$

つまり、$199a＋10$ は8の倍数。

　$199a＋10$
　$＝(192a＋7a)＋(8＋2)$
　$＝(8の倍数)＋7a＋2$

と変形すると、$7a＋2$ が8の倍数にならなければならない。

$a$ は1けたの整数だから、$a＝2$ のみが妥当。

このとき、$8(10b＋c)＝408$

$c＝51－10b$

$c$ も1けたの整数だから、$b＝5$ のみが妥当。

$c＝1$ ととなり、各位の数の和は、

　$2＋5＋1＝8$

正解　**4**

**2** 5で割り切れる4けたの正の整数がある。この整数の各位の数字はそれぞれ異なっており、その和は14である。また、この整数の各位の数字を逆に並べてできた数字は、もとの整数より1818大きくなる。このような整数の100の位の数字として正しいものはどれか。

**1** 0 **2** 1 **3** 2 **4** 3 **5** 4

・5で割り切れる場合、1の位は、0か5。
　→しかし、この問題では0にはならない。
・各位の数は一桁であることから、かなり絞りをかけることができる。
・まず$d$と$a$を考え、次に$b$と$c$の連立方程式を作る。

各位の数字を$abcd$とおく。
この数は5の倍数だから、$d$は0か5であるが、逆に並べた数がもとの整数より大きくなるということは、$d$は0ではなく、$d=5$。

逆に並べた数がもとの数より1818大きいことから、
$1000a+100b+10c+5+1818$
$=5000+100c+10b+a$ …①
右辺の$a$に着目して変形する。
$10(100a+9b-317)-7=a$
すなわち、$a$は10の倍数から7を引いた1〜9の数だから、$a=3$

和が14になることから、
$3+b+c+5=14$
　$b+c=6$ …②
$a=3$を①の式に代入して、
　$b-c=2$ …③
②③から　$b=4$　$c=2$

**正解　5**

**3** 5けたの正の整数$72\square\square2$がある。この$\square\square$に適当な数を入れて3の倍数となるようにしたとき、最大のものと最小のものの差はいくつになるか。

**1** 780 **2** 840 **3** 870
**4** 930 **5** 960

・5けたの正の整数：$10000A+1000B+100C+10D+E$
・3の倍数：各位の数字の和が3の倍数
　→　$A+B+C+D+E=$3の倍数
・最小のとき　→　位の数字が0になる場合を見落とさない。

3の倍数＝各位の数字の和が3の倍数なので、
5けたの正の整数$72CD2$では、
$7+2+C+D+2$
$=11+C+D$　が3の倍数。
最大を求めるためには、$C$と$D$に、9、8…を順次代入していく。最大は$C=9$、$D=7$のとき。
最小を求めるためには、$C$と$D$に、0、1、2…を順次代入していく。最小は$C=0$、$D=1$のとき。
したがって、最大は72972、最小は72012。差は960になる。

**正解　5**

17

**4** 奇数の数字からなる3けたの整数がある。この数を13で割ったら2余り、17で割ったら5余った。この数の各けたの和はいくらか。

**1** 15　　**2** 17　　**3** 19
**4** 21　　**5** 23

・基本テクニックにはあてはまらない場合も多い。
・条件を式に直して、整数解の方法で限定していく。

この数を$x$とすると、
$x = 13y + 2 = 17z + 5$
この$13y + 2 = 17z + 5$の両辺を13で割って、

$$y = \frac{17z + 3}{13} = z + \frac{4z + 3}{13} \cdots ①$$

また、$x$は最大999なので、

$17z + 5 \le 999$より$z \le 58\frac{8}{17}$

①の$4z + 3$が13で割り切れることから、

$z = 9$、$9 + 13 \times 1$、$9 + 13 \times 2$、

$9 + 13 \times 3$ $(z \le 58\frac{8}{17}$まで$)$

したがって、$x = 158$、$379$、$600$、$821$
このうちすべて奇数の数字からなるのは、379だけである。

**正解　3**

**5** 次の式を満たす整数$A$、$B$、$C$がある。これらは連続する3つの正の整数であるが、その大小関係として正しいのはどれか。

$A \times A \times B - C = 2003$

**1** $A < B < C$　　**2** $A < C < B$
**3** $B < A < C$　　**4** $B < C < A$
**5** $C < A < B$

・連続する3つの整数の積$= (n - 1) \, n(n + 1)$は、$n^3$に近い数字と考えよう。
・具体的に数字をあてはめて考える。

$A \times A \times B - C = 2003$　を変形して、　$A \times A \times B = 2003 + C$
ここで、$A \times A \times B$は、$A^3$に近い数になると考え、3乗して2003を超えるものを考える。
$2000 = 2 \times 2 \times 2 \times 2 \times 5 \times 5 \times 5$
$= (10超の数)^3$　なので
$11^3 = 1331$、$12^3 = 1728$、
$13^3 = 2197$となることから、まず$A = 12$とおく。

$12 \times 12 \times B = 2003 + C$
$A$、$B$、$C$は連続する整数だから、$B = 13$と$B = 14$で概算して、$B = 14$と推定し、$C = 13$となる。
以上から、$A$、$B$、$C$の大小関係は、$A < C < B$

**正解　2**

**6** 100円、120円、150円のお菓子を合計20個買った。このとき、財布の中には2510円入っていた。このお金をすべて使い切るには、お菓子の買い方は何通りあるか。

**1**　3通り　　**2**　4通り　　**3**　5通り

**4**　6通り　　**5**　7通り

・100円、120円、150円のお菓子を、それぞれ $x$、$y$、$z$ 個買ったとして問題文のとおり、式を立てる。
・$x + y + z = 20$ を利用して、$\Box y + \Box z = \Box$ の形にする。
・$z$ が奇数になることに気づけば、計算が楽になる。

条件より、①②の式ができる。
$$x + y + z = 20 \quad \cdots ①$$
$$100x + 120y + 150z = 2510 \quad \cdots ②$$

②−①×100より $x$ を消去すると、
$$20y + 50z = 510$$
$$y = 25.5 - 2.5z \quad \cdots ③$$

$y$ は正の整数だから $z$ は奇数になり、かつ $z$ は10以上の数にはならない。

③①に、$z = 1$、3、5、7、9を代入して、$z$、$y$、$x$ の値を求める。
$(z、y、x) = (1、23、×)、(3、18、×)、(5、13、2)、(7、8、5)、(9、3、8)$
よって、$z = 5$、7、9の場合の3通りとなる。

**正解　1**

**7** 5つの正の整数 $A$、$B$、$C$、$D$、$E$ があり、これらはすべて異なっている。$A$ と $B$ と $C$ の積が48、$D$ と $E$ の積が18、$A$ と $E$ の和が14のとき、$B + C + D$ はいくらか。

**1**　13　　**2**　14　　**3**　15

**4**　16　　**5**　17

・場合分けして考える。場合の少ない式から手をつけるとよい。

与えられた条件を式で表すと、
$ABC = 48$、$DE = 18$、$A + E = 14$
$DE = 18$ より、$E$ は1、2、3、6、9、18のどれかだが、$A + E = 14$ なので $E = 18$ は不適。
それぞれの $E = 1$、2、3、6、9に対する $A$ を求めると、$A = 13$、12、11、8、5となる。しかし、$ABC = 48$ なので、$A = 13$、11、5は48の約数にならず、不適。
したがって、$E = 2$、6で、対応して、$A = 12$、8　$D = 9$、3
$BC = 4$、6
ここで、$B$、$C$ は異なるので、$BC$ は $4 \times 1$ と、$6 \times 1$、$2 \times 3$ が考えられる。しかし、$6 \times 1$、$2 \times 3$ では、$E$、$D$ と同じになるので、不適。よって、$BC = 4 \times$

第1章 第1部 数的推理
第2章 第1部 数的推理
第3章 第1部 数的推理
第4章 第1部 数的推理
第5章 第1部 数的推理
第6章 第1部 数的推理
第7章 第1部 数的推理
第8章 第1部 数的推理
第9章 第1部 数的推理
第10章 第1部 数的推理

**8**　Aさんは70円のみかんを55個、110円のり
んごを35個買って、7,700円支払ったが、みか
んとりんごを買って7,700円になる個数の組合
せは全部で何通りあるか。ただし、みかん、りん
ごをそれぞれ最低1個は買うものとする。

**1**　8通り　　**2**　9通り　　**3**　10通り
**4**　11通り　　**5**　12通り

・$70x+110y=7700$のようになる（$x$、$y$）の
　組合せを求めればよい。
・$ax+by=a×b×c$であれば、$x$は$b$の倍数で、
　$y$は$a$の倍数になる。
・式を、$7x=11(70-y)$のように変形して、$x$
　に11の倍数をあてはめてもよい。

みかんを$x$個、りんごを$y$個とす
ると、$70x+110y=7700$
よって、$7x+11y=770$…①
ここで、770を素因数分解して、
　$770=2×5×\underline{7×11}$
つまり、①の式は、7の倍数と
11の倍数を足して、7・11の公
倍数になることをあらわしてい
る。
ここで、$x$は11で割れる数（11
$×A$）、$y$は7で割れる数（7$×$
$B$）でなければならないと考えら
れるので、①の式は、
　$7×(11×A)+11×(7×B)$
　$=7×11×10$
ここから、$A+B=10$　となる。
みかん・りんごの個数は自然数
なので、$A=1〜9$、対応して
$B=9〜1$　になり、
$A・B$の組合せ、つまり、りんご
とみかんの買い方は、9通りに
なる。

**正解　2**

❖ **MEMO** ❖

## 第3章 比率と濃度

第3章

| Level 1 | p126〜p131 | Level 2 | p172〜p175 |

### ■比率はその変化した量を、濃度は溶けたものの量を考える

比率に関する問題では、その**意味を具体的によく考え、きちんと式を立てる**ことができなければならない。そのために、例えば、**構成比では比例式の変形**が必要であり、**濃度の問題では溶けているものの量に着目**する必要がある。式を立てることができれば、あとは方程式を解くだけ。**問題で明示されていない量は、文字や具体的な数値に置き換えてみる**。こうしても比率に関する問題では答えに影響を与えない。

## 1 「何%」と「何割」

$x$%は$\dfrac{x}{100}$倍のことで、$x$割は$\dfrac{x}{10}$倍のことである。例えば20%は$\dfrac{20}{100}=0.2$(倍) で、3割は$\dfrac{3}{10}=0.3$(倍)である。普通は「%」や「割」をよく用いるが、計算は分数か小数で行う。

---

**【基礎演習】**

原価の20%増の定価をつけた品物を、全体の$\dfrac{3}{4}$の量を定価で売った。売れ残りを定価の何%引きかで全部売り払った結果、原価の14%の利益があったとすると、残りは何%引きだったか。

**＜解き方＞**

割合しかない問題だが、たとえば原価100円、100個とおいて、割引で売った値段を求めることができる。慣れてきたら下の式のように原価1円、1個でもよく、結局、割合だけで計算できる。次の割り増し・割り引きと合わせて、$x$%引きで方程式をつくり練習しよう。

$$1 \times (1 + \frac{20}{100}) \times 1\,個 \times \frac{3}{4} + 1 \times (1 + \frac{20}{100}) \times (1 - \frac{x}{100}) \times 1\,個 \times \frac{1}{4}$$

$$= 1 \times (1 + \frac{14}{100}) \times 1\,個$$

正解　20%引き

---

## 2 割り増し・割り引き

普通は何割増し、何割引きといって、日常おなじみであるが、%単位でも原理は同じである。
　定価＝原価×（1＋割合）　　売り値＝定価×（1－割り引き）

22

$a$円の$x$%増しは、$a \times (1 + \dfrac{x}{100})$ 円であり、$x$%引きは、$a \times (1 - \dfrac{x}{100})$ 円である。

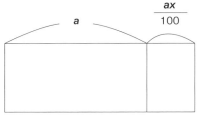
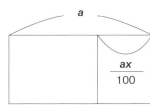

$a$円を$x$%増やして、さらに$y$%増やすと、

$$a \times (1 + \frac{x}{100}) \times (1 + \frac{y}{100}) = a \times (1 + \frac{x + y + \dfrac{xy}{100}}{100})$$

より、$x + y + \dfrac{xy}{100}$%増えたことになる。

なお、$a$円を$x$%増やして、$y$%引いても、$a$円を$y$%引いて$x$%増やしても同じで、

$$a \times (1 + \frac{x}{100}) \times (1 - \frac{y}{100})$$

円になる。

---

**【基礎演習】**

A、B 2商品を毎月一定量仕入れて販売する会社がある。Aには仕入値の3割の、Bには2割の利益が出るように定価をつけている。AとBの、1個当たりの仕入値の比は3：2、仕入個数の比は8：9である。今月、両方とも仕入値が2割安くなったので、利益総額を以前と全く同じになるまで、AもBも定価を割り引いた。Aを20%割り引くとすると、Bは前月に比べて何%割り引いたか。

**1** 10%　　**2** 12%　　**3** 15%　　**4** 16%　　**5** 20%

＜解き方＞

| | 仕入値 | 定価 | 個数 | 利益 |
|---|---|---|---|---|
| A | 150円 | 195円 | 8個 | 360円 |
| B | 100円 | 120円 | 9個 | 180円 |

問題文は割合と比のみなので左のように、仕入値、定価、個数を設定する。

そして求める答えを$x$%とすると、今月は次の表のようになる。

|   | 仕入値 | 定価 | 個数 | 利益 |
|---|---|---|---|---|
| A | 120円 | $195(1-0.2)=156$円 | 8個 | 計540円 |
| B | 80円 | $120(1-\dfrac{x}{100})$ 円 | 9個 | |

よって、

$$(156-120)\cdot 8+\{120(1-\frac{x}{100})-80\}\cdot 9=540 \quad これを解くと $x=10$$$

正解 1

# 3 比の計算

Level 1 ▷ **Q09,Q10**　Level 2 ▷ **Q32,Q33**

## [1] 増加率

増加率や構成比の計算は、判断推理や資料解釈と共通する、重要な計算テクニックである。**金額や数量といった実数から離れて、割合・比率だけで考えられる訓練**が必要になる。そのスキルが身につくと、結果の推測、計算の省略、概算などの効率的な計算が素早くできるようになってくる。

### 【基礎演習】

ある市の市営バスは均一料金で、値上げを考えている。今、$x$%値上げすると利用客が $\dfrac{5}{7}x$%減ることがわかっている。売上げを最大にするためには、何%値上げをすればよいか。

**1** 15%　　**2** 20%　　**3** 25%　　**4** 30%　　**5** 40%

### <解き方>

この問題も数値が指定されていないので、現在の料金と利用客を設定する。仮に料金100円、利用客140人として推理する。

|  | 料金<br>(100円) | 減った人数 | 利用客<br>(140人) | 売上げ |
|---|---|---|---|---|
| 肢 1 の<br>15% | 115円 | $140\times\dfrac{5}{7}\times\dfrac{15}{100}=15$人 | 125人 | 14375円 |
| 肢 2 の<br>20% | 120円 | $140\times\dfrac{5}{7}\times\dfrac{20}{100}=20$人 | 120人 | 14400円 |
| 肢 3 の<br>25% | 125円 | $140\times\dfrac{5}{7}\times\dfrac{25}{100}=25$人 | 115人 | 14375円 |
| 肢 4 の<br>30% | 130円 | $140\times\dfrac{5}{7}\times\dfrac{30}{100}=30$人 | 110人 | 14300円 |
| 肢 5 の<br>40% | 140円 | $140\times\dfrac{5}{7}\times\dfrac{40}{100}=40$人 | 100人 | 14000円 |

「$a+b$ が一定のとき、$a \times b$ の値は $a=b$ のとき最大」であることを利用すれば、売上げを出さなくても肢1から肢5は（料金）＋（利用客）＝240で一定なので、それぞれ120のとき最大になることがわかる。

よって、売上げを最大にするのは20％である。　　　　　　　　　　　　　　　　**正解　2**

**[別解]** 数学の二次関数の標準形を用いる解法

初めの料金を $a$ 円、利用客を $b$ 人とする。売上げは、

$$a\left(1+\frac{x}{100}\right) \times b\left(1-\frac{x}{140}\right) = -\frac{ab}{14000}(x-20)^2 + \frac{x}{100}ab$$

これから、$x=20$ つまり20％の値上げのとき最大になる。

## [2]　構成比

ものの量が変化したために、構成比が変わる場合を考えよう。例えば、$A$ と $B$ がはじめに $a:b$ の割合であり、$A$ が $x$ 増え、$B$ が $y$ 増えたとき、$A$ と $B$ が $c:d$ の割合になったとする。はじめの $A$、$B$ の量を、それぞれ $A$、$B$ とすると、

$A:B=a:b$ ……(*)

$(A+x):(B+y)=c:d$ ……(**)　　　　　　　　という関係が成り立つ。

全体に対する $A$ の割合は、$\dfrac{A}{A+B}=\dfrac{a}{a+b}$、$B$ は $\dfrac{B}{A+B}=\dfrac{b}{a+b}$ である。

また、比の問題では、次の関係が重要である。

$a:b=x:y \Leftrightarrow ay=bx$　　これは $\dfrac{a}{b}=\dfrac{x}{y}$、と考えられるからである。

したがって、前述の (*)、(**) は、

$Ab=Ba$ ……(*)

$d(A+x)=c(B+y)$ ……(**)

と直せる。実際には、さらに付加的な情報があるはずなので、方程式が解ける。

## [比の基本テクニック]

◎比の式　$A:B=a:b$ のとき、$Aa=Bb$　…内項の積と外項の積は等しい

　　　　　$A:B:C=a:b:c$ のとき、$A=ar$、$B=br$、$C=cr$　（$r$ は $A$、$B$、$C$ の公約数）

◎比例配分　$X:Y=7:8$ のとき、全体の中での $X$ の割合は $\dfrac{7}{7+8}$、$Y$ の割合は $\dfrac{8}{7+8}$

◎連比　$A:B=3:2$、$A:C=4:5$ のとき、

　　　　$A:B:C=\ 3:2$　　　　　←×4

　　　　$\underline{A:B:C=4\ \ \ :\ 5}$　　　←×3

　　　　$A:B:C=12:8:15$

第1章　第1部　数的推理
第2章　第1部　数的推理
第3章　第1部　数的推理
第4章　第1部　数的推理
第5章　第1部　数的推理
第6章　第1部　数的推理
第7章　第1部　数的推理
第8章　第1部　数的推理
第9章　第1部　数的推理
第10章　第1部　数的推理

**【基礎演習】**

1年前あるクラブに属する男女の割合は5：3であった。この1年間に何人かの男がこのクラブを辞め、逆に何人かの女がこのクラブに入ってきた。その結果、男女の割合は6：5に変化した。辞めた人と入ってきた人の数の合計は8人である。現在このクラブにいる人は何人か。

**1** 33人　　**2** 44人　　**3** 55人　　**4** 66人　　**5** 77人

**＜解き方＞**

1年前の男が$5x$人、女が$3x$人、辞めた男を$a$人、入ってきた女は$8-a$人とすると、現在の男は$5x-a$人、女は$3x+(8-a)$人となる。この割合が、6：5より、

$(5x-a):\{3x+(8-a)\}=6:5$　　　式を整理すると、$7x=48-a$

$48-a$が7の倍数で、$0<a<8$であるから、$a=6$、$x=6$

現在の人数は$5x-a+3x+(8-a)$より、$24+20=44$（人）

**正解　2**

---

# 4 濃度

Level 1 ▷ **Q11**　　Level 2 ▷ **Q33**

濃度の問題では、液体に溶けたものの量を全体（溶液）に対する重量％で表す。食塩水の濃度は、食塩水全体に対する溶けた食塩の割合であり $\dfrac{食塩の量}{水の量＋食塩の量} \times 100\%$ となる。

同じ溶質を溶かした濃度$a$％の液体$x$gと、濃度$b$％の液体$y$gを混ぜてできた液体は、

　液体の量が、$(x+y)$g

　溶けているものの量が、$\left(x \times \dfrac{a}{100}\right)+\left(y \times \dfrac{b}{100}\right)=\dfrac{ax+by}{100}$ g

したがって、$\dfrac{ax+by}{x+y}$％の濃度の液体になる。

このように、溶けているものの量を考えることが大切。

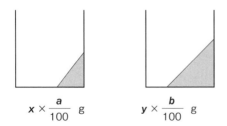

$x \times \dfrac{a}{100}$ g　　　　$y \times \dfrac{b}{100}$ g

---

**【基礎演習】**

6％食塩水に10％食塩水を加えて、9％食塩水を500gつくりたい。10％食塩水を何g加えればよいか。

<**解き方**>

　食塩水の濃度の基本はこれだけ。問題文を慎重に分析して、濃度と食塩水の量から食塩の式をつくる。10%食塩水を$x$ gと置くと

$$\frac{6}{100}(500-x)+\frac{10}{100}x=\frac{9}{100}\times 500 \qquad x=375(g)$$

【**基礎演習**】

　4.5%の食塩水200gと12%の食塩水400gを混ぜてできた食塩水に、水と食塩を2：1の割合で加えると、濃度が15%になった。食塩を何g加えたか。

**1**　21 g　　**2**　47 g　　**3**　60 g　　**4**　75 g　　**5**　92 g

<**解き方**>

　食塩の量の変化に注目する。食塩水を混ぜたとき、水と食塩を加えたとき、それぞれ食塩の量はどのように変化しているかを追い、食塩の量で式を立てる。

　4.5%、12%の食塩水の中に、食塩はそれぞれ9 g、48 g含まれている。加えた食塩と水を、それぞれ$x$ g、$2x$ gとすると、問題文の状況は下図のように表される。

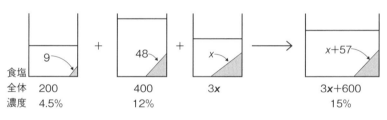

　$9+48+x=(200+400+x+2x)\times 0.15$　が成り立つ。これを解くと、$x=60$

正解　**3**

### スピードチェック！

**1**　ある大駐車場に多数の車が駐車しており、それらの75%が白色の車、残りの25%が赤色の車である。車は国産車・輸入車の2種類があり、赤色の車のうち、20%が国産車で、80%が輸入車である。全体に占める国産車の割合が80%であるとき、白色の車に占める輸入車の割合はいくらか。

**1**　0 %　　**2**　4 %　　**3**　8 %　　**4**　12%
**5**　16%

車の数を100台として表を作る。すると、赤の国産・輸入の台数の内訳がわかる。

|   | 国産 | 輸入 |   |
|---|---|---|---|
| 白 |   |   | 75 |
| 赤 | (20% | 80%) | 25 |
|   | 80 | 20 | 100 |

第1章 第1部 数的推理
第2章 第1部 数的推理
第3章 第1部 数的推理
第4章 第1部 数的推理
第5章 第1部 数的推理
第6章 第1部 数的推理
第7章 第1部 数的推理
第8章 第1部 数的推理
第9章 第1部 数的推理
第10章 第1部 数的推理

- ・比に直したり、連立方程式を使うなど、いろいろな解法がある。ただ、本問のように割合だけで具体的な数量がない問題は、実際に数値を決めてみると、かなりやさしくなる。
- ・判断推理での重要テクニックだが、表を使ったまとめ方だと一目瞭然となる。

|  | 国産 | 輸入 |  |
|---|---|---|---|
| 白 |  |  | 75 |
| 赤 | 5 | 20 | 25 |
|  | 80 | 20 | 100 |

ここから、白の国産は $80-5=75$(台)、白の輸入は $20-20=0$(台)となる。

当然ではあるが、$0\div75=0$

よって 0 %となる。

**正解　1**

**2**　ある品物に原価の20%増しの定価をつけたが、売れ残ったので、残りを定価の1割引ですべて売ったところ、全体で原価の12.8%の利益があった。定価で売れたのは全体の何%か。

**1**　12.8%　　**2**　28.0%　　**3**　40.0%

**4**　52.5%　　**5**　61.0%

- ・売買算では、原価＝仕入値、定価、売値の3つを割り出すのがポイントである。
- ・求めるものを $x$ と置き、条件を式で表す。その際、計算しやすいように原価や商品の個数を具体的な数で表すとよい。
- ・売上げの内訳には、定価120円で売ったものと、売値108円で売ったものがある。

%の利益というのは、普通、原価に対しての割合となる。

この問題では、原価や商品の個数が指定されていないから、原価が1個100円のものが100個あり、そのうち $x$ 個が定価通り売れたとする。

原価総額は $100\times100=10000$円

定価は1個 $100\times(1+0.2)=120$円

定価の1割引は、

$120\times(1-0.1)=108$円(売値)

(売上げ)－(原価)＝(利益)

なので、

$\{120x+108(100-x)\}-10000$
$\qquad\qquad=10000\times0.128$

$12x+800=1280$

これを解くと　$x=40$

**正解　3**

**3**　ある商店ではＡ商品を決まった値段で仕入れ、2割増しの定価をつけている。今月のＡ商品は売れ残りそうだったため、仕入れた数の $\dfrac{3}{4}$ は定価で売ったが、$\dfrac{1}{4}$ は定価の240円引きにしたところ、全部売り切れ、Ａ商品全体では1割の利益が

定価ですべて売れれば2割の利益になるはず。

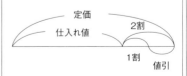

あったという。この商品の仕入れ値はいくらか。

**1** 500円　　**2** 540円　　**3** 600円

**4** 640円　　**5** 720円

・原則は、仕入れ値・定価・売値の関係で、方程式を立てることを考える。

A円の原価の $a$ %増しの定価は、
$(1+0.01a) \times$ A円

B円の定価の $b$ %引きの売価は、
$(1-0.01b) \times$ B円

・本問のように、具体的な個数がない場合は、適当な数をあてはめるとかなり簡単になる。ただし、実際に何個仕入れたかは決まらない。

**4** A県の過去20年間の人口の増加を、0〜19歳、20〜39歳、40〜59歳、60歳以上の4つの年代別に調べると、各年代の人口増加率はそれぞれ25%、40%、20%、100%で、各年代の20年間で増加した人数は同じだった。A県の現在の人口が462万人であるとすると、20年前の人口として正しいものはどれか。

**1** 290万人　　**2** 310万人　　**3** 330万人

**4** 350万人　　**5** 360万人

・普通に方程式を立てる方法は、基本として常にできなければならない。

・何を $x$ としたら式が立てやすいか。

・増加人数を $x$ とおく方法、増加人数に適当な数を仮定する方法、20年前の各年代の人口を $a$、$b$、$c$、$d$ とおく方法など、やりやすい方法を試してみる。

しかし、1割の利益だったということは、値引きした分が仕入れ値の1割にあたる。

ここで、全部で4個仕入れたと考えて、3個は定価で売り、1個は240円引きにしても、1割の利益が出ることには変わりはない。240÷0.1＝2400(円)が4個分の仕入れ値となる。

※割合に当たる量÷割合＝元の量
1個分の仕入れ値は、2400÷4＝600(円)

**正解　3**

同じ増加人数を $x$ 人とおき、20年前の各年代の人口を $x$ で表し、現在の人口で立式する。

$(x \div \dfrac{25}{100} + x) + (x \div \dfrac{40}{100} + x)$

$+ (x \div \dfrac{20}{100} + x) + (x \div \dfrac{100}{100} + x)$

$= 4620000 \rightarrow x = 280000$

この280000を増加率で割れば20年前の各年代の人口がでる。

**正解　4**

[別解]

$x$ の代わりに計算しやすい人数を仮定してもよい。この方が実戦的。20年間の増加人数を200人と置くと、

20年前は　$200 \div \dfrac{25}{100} + 200 \div \dfrac{40}{100}$

$+ 200 \div \dfrac{20}{100} + 200 \div \dfrac{100}{100} = 2500$

現在は　$2500 + 200 \times 4 = 3300$

よって、現在の人口と20年前の人口の比は　$3300 : 2500 = 33 : 25$

20年前の人口を $a$ とすると、

第1章　第1部 数的推理
第2章　第1部 数的推理
第3章　第1部 数的推理
第4章　第1部 数的推理
第5章　第1部 数的推理
第6章　第1部 数的推理
第7章　第1部 数的推理
第8章　第1部 数的推理
第9章　第1部 数的推理
第10章　第1部 数的推理

**5** 下図のように、A〜Fの車輪にベルトが掛けられている。Aは半径5cm、Bは半径15cm、Cは半径4cmでBと同じ軸に固定され、Dは半径10cm、Eは半径6cmでDと同じ軸に固定され、Fは半径5cmである。ベルトと車輪が滑らずに、Aが$\frac{1}{4}$回転するとき、Fの回転数として、正しいのはどれか。

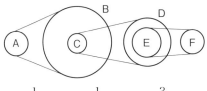

**1** $\frac{1}{50}$  **2** $\frac{1}{25}$  **3** $\frac{3}{50}$

**4** $\frac{2}{25}$  **5** $\frac{1}{10}$

・滑車・歯車の、回転数は半径に反比例する。
・BとC、DとEは、回転数は同じである点に注意。

**6** 100%アルコール液に水を加えて、消毒用の55%アルコール水溶液を作ろうとしたが、誤って45%の水溶液を600g作ってしまった。これに、87.5%アルコール水溶液と水を加えて55%水溶液を1000g作ることにしたが、このとき加える87.5アルコール水溶液は何gか。

**1** 300g  **2** 320g  **3** 350g

**4** 380g  **5** 400g

・食塩水の問題と同じ。①食塩÷食塩水＝濃度、②食塩÷濃度＝食塩水、③食塩水×濃度＝食塩。本問では、②を使えるようにする。
・45%の水溶液600g中にアルコールは何gあるか。

---

$33:25＝462万人：a$　となるので
$a＝350万人$

回転数は半径に反比例するから、半径の比が$a：b$なら回転数の比は$b：a$
回転数の比から、各車輪の回転数の関係を考えると、
①$A：B＝15：5＝3：1$より
　$A×\frac{1}{3}＝B$
②$B＝C$（軸が同じ）
③$C：D＝5：2$より　$C×\frac{2}{5}＝D$
④$D＝E$（軸が同じ）
⑤$E：F＝5：6$より　$E×\frac{6}{5}＝F$

Aは$\frac{1}{4}$回転するから、

$$\frac{1}{4}×\frac{1}{3}×\frac{2}{5}×\frac{6}{5}＝\frac{1}{25}$$

**正解　2**

作りたい55%水溶液1000gの中のアルコールは、
　$1000×0.55＝550（g）$
誤って作った45%水溶液600gの中のアルコールは、
　$600×0.45＝270（g）$
最後に加えなくてはいけないアルコールの量は、
　$550－270＝280（g）$
したがって、87.5%水溶液に280gのアルコールが含まれていなくてはいけないから、
　$280÷0.875＝320（g）$

**正解　2**

· 55%水溶液1000 g の中にアルコールは何 g あるか。

**7** 濃度16%の食塩水600 g がある。まずこの食塩水を何 g か捨て、それと同じ重さの食塩を加える。さらにそこから最初と同じ重さの食塩水を捨て、同じ重さの水を加えると、濃度が25%となった。捨てたり加えたりしたのは何 g か（ただし120 g 以下とする）。

**1** 50 g **2** 80 g **3** 96 g
**4** 100 g **5** 120 g

· 食塩水を一部捨てても濃度は変化しない。
· 食塩水に水を加えても食塩の量は変わらない。
· 二次方程式 $ax^2 + bx + c = 0$ の解の公式
$$x = \frac{-b \pm \sqrt{b^2 - 4ac}}{2a}$$

※公式を用いずに、選択肢の値を方程式に代入して見当をつけるのでもよい。

基本に従って、食塩で式を立てると、
（①初めの食塩水中の食塩－②捨てた食塩水の中の食塩＋③加えた食塩－④捨てた食塩水の中の食塩＝⑤最後の食塩水中の食塩）

① $600 \times \dfrac{16}{100}$

② $x \times \dfrac{16}{100}$

③ $x$

④ $x \times \dfrac{①－②＋③}{600}$

⑤ $600 \times \dfrac{25}{100}$

式を整理して、
$7x^2 - 3400x + 270000 = 0$

解の公式より、$x = \dfrac{2700}{7}$、$100x \leqq 120$ なので、$x = 100$

**正解　4**

第1章 第1部 数的推理
第2章 第1部 数的推理
第3章 第1部 数的推理
第4章 第1部 数的推理
第5章 第1部 数的推理
第6章 第1部 数的推理
第7章 第1部 数的推理
第8章 第1部 数的推理
第9章 第1部 数的推理
第10章 第1部 数的推理

速度・時間・距離

## ■単位をそろえ、図を描きながら式を立てる

　使われている**距離・時間・速度の単位が何なのか**に注意をし、効率的に単位をそろえることからはじめる。数値として与えられていないところを文字・記号にして、速度・時間・距離に関する基本的な式を立てていく。実際に問題を解くときは、**線分図などを描いて具体的に考えを進める**ことになるが、この時も、$\dfrac{距離}{時間}$ を意識して作図するとよい。

## **1** 速度・時間・距離

Level 1 ▷ **Q12,Q13**　Level 2 ▷ **Q34**

　1時間に進む距離が時速、1分間に進む距離が分速、1秒間に進む距離が秒速である。
**時速 $v$ km で動くもの**が、$h$ 時間に $L$ km 進むとすれば、
　　　$L = v \times h$　　　が成り立つ。これは、速度、時間、距離の間の基本的な関係式である。
**時速が $v$ km(km/時)のとき、分速は $\dfrac{1000}{60} v$ (m/分)、秒速は $\dfrac{1000}{60 \times 60} v$ (m/秒)**

秒速が $a$ (m/秒) のとき、分速は $60a$ (m/分)、時速は $3.6a$ (km/時)

　これらの関係を自在に使えるようにしよう。

### 【基礎演習】
　ある都市AからBまで行くのに、鉄道で行くと6時間かかり、航空機で行くと鉄道の5分の1の時間で行くことができる。航空機の時間当たりの運賃は鉄道の8倍である。AB間の鉄道の運賃が1万円であるとき、航空機の運賃はいくらになるか。
　**1**　15000円　　**2**　16000円　　**3**　17000円　　**4**　18000円　　**5**　19000円
　<解き方>
・鉄道と航空機の時間あたりの運賃の割合（運賃/時間）を出す。
・この運賃・時間・運賃/時間は、距離・時間・速度の関係と同じ。
・比の意味をよく考えること。

　鉄道の運賃の割合（運賃/時間）は、［10000(円)÷6 (時間)］
　航空機の運賃の割合は鉄道の8倍なので、［10000(円)÷6 (時間)］×8

　航空機のAからBの時間は、鉄道 × $\dfrac{1}{5}$ ＝航空機なので、　$6 \times \dfrac{1}{5}$ (時間)

　運賃の割合×時間＝運賃であるから、　$10000 \div 6 \times 8 \times 6 \times \dfrac{1}{5} = 16000$(円)

**正解　2**

第1章　第1部　数的推理
第2章　第1部　数的推理
第3章　第1部　数的推理
第4章　第1部　数的推理
第5章　第1部　数的推理
第6章　第1部　数的推理
第7章　第1部　数的推理
第8章　第1部　数的推理
第9章　第1部　数的推理
第10章　第1部　数的推理

[別解]

　　かかる時間の比は、　鉄道：航空機＝$1 : \dfrac{1}{5} = 5 : 1$

　　時間当たりの運賃の割合の比は、　鉄道：航空機＝$1 : 8$
　　したがって同じ距離を行くときの運賃の比は、　鉄道：航空機＝$5 \times 1 : 1 \times 8 = 5 : 8$
　　AB間の航空機運賃を$x$とすると、　$10000 : x = 5 : 8$　　よって、$x = 16000$（円）

## **2** 旅人算・1人の移動　　　　　Level 1 ▷ **Q13**　　Level 2 ▷ **Q34**

### ［1］　速さの計算

　　時速$u$kmで$a$時間走り、次に時速$v$kmで$b$時間走ったとすると、

$$u \,\mathrm{km/時} \qquad\qquad v \,\mathrm{km/時}$$
$$a\,時間 \qquad\qquad b\,時間$$

　　全距離が$(ua + vb)$km、かかった時間が$(a+b)$時間なので、「**平均速度**」は、

$$\dfrac{全ての距離}{全ての時間} = 時速\dfrac{ua + vb}{a+b}\,\mathrm{km}\,となる。$$

　　速度は割合なので、平均だからといって$(a+b) \div 2$という計算はできない。

### ［2］　時間での立式

　　速度に関する問題は、距離を$x$(km) として、時間の方程式を立てるパターンを基本としておくとよい。たとえば、「8：00発の列車に乗るため、家から駅まで時速5kmで歩いたところ、駅に着いたのは8：01だった。そこで、歩くのを速めて時速6kmにしたら、駅に着いたのは7：55だった。家から駅までの距離は何kmか」という問題では以下のようになる。
**[考え方の手順]**
①家から駅までの距離を$x$kmとする。

②時速5kmの場合の所要時間は$\dfrac{x}{5}$（時間）

③時速6kmで歩くときの所要時間は$\dfrac{x}{6}$（時間）

④その時間の差が6分だから、$\dfrac{x}{5} - \dfrac{x}{6} = \dfrac{6}{60}$　　　$x = 3$ (km)

**【基礎演習】**
　　A君は駅から友人の家に向かって自転車を時速9kmで走らせていた。出発してから10分後に、このままでは約束の時間に4分遅れることに気づき、スピードを時速24kmに上げたので、約束の時間の1分前に着いた。駅から友人の家までの距離は何kmか。

**1**　1.8km　　**2**　2.1km　　**3**　2.7km　　**4**　3.5km　　**5**　3.6km

**＜解き方＞**

　時速を分速に直す。時速9kmは分速150m、時速24kmは分速400mとなる。

①距離を$x$(m) として、時間で立式する。

②分速150mで行った場合の所要時間は、$\dfrac{x}{150}$（分）

③途中から分速400mとした結果の所要時間は、$10+\dfrac{x-150\times10}{400}$（分）

④この差が$1+4=5$（分）なので、$\dfrac{x}{150}-(10+\dfrac{x-150\times10}{400})=5$　　$x=2700$(m)

**正解　3**

**［別解］**

　時間を$x$として、距離で立式。時速9kmのまま走っていたら何分かかっていたのか、かかる時間の差に着目して方程式を立てる。

①出発してから約束の時間まで$x$分あるとする。

②分速150mでは、4分余分にかければ友人の家に着くから、駅から友人の家までは、150$(x+4)$ mである。

③分速150mで10分、つまり1500m走った後に分速400mで$(x-11)$分走ると友人の家に着くから、駅から友人の家までは、$1500+400(x-11)$ mである。

④距離は等しいことから、$150(x+4)=1500+400(x-11)$　　$x=14$
　　求める距離は　$150\times(14+4)=2700$m$(=2.7$km)

**［3］　ダイヤグラムの利用**

　列車運行図として使われるダイヤグラムで上の問題を表現すると、右図のようになる。**縦軸に距離、横軸に時間をとると、進行状況を表す線分の傾きが速度になる。**

　9km/時で$t+1+4$（分）進んだ距離と、24km/時で$t$分進んだ距離が等しいことがわかる。

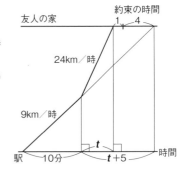

$$9\times\dfrac{t+5}{60}=24\times\dfrac{t}{60}\quad\therefore t=3$$

$$9\times\dfrac{10}{60}+24\times\dfrac{3}{60}=2.7(\text{km})$$

ダイヤグラムを使わなくても問題は解ける。ただ、**移動するものが2つ以上だったり、速度や時間に変化がある問題**だと、ダイヤグラムに慣れておいた方が、考え方も計算処理も楽になる。着眼点を見つけるテクニック、および複雑な図表を利用する新傾向問題の準備として、積極的にダイヤグラムを利用してみよう。

**【基礎演習】**

　A地からある駅に行くのに毎時10kmの速さならば、ある電車の発車時刻15分前に到着し、また、毎時6kmの速さならば、同じ電車の発車時刻15分後に到着する。このと

きA地から駅までの距離は何kmか。ただし、電車の停車時間は考えないものとする。

**1** 7.5km **2** 8km **3** 8.5km **4** 9km **5** 9.5km

**＜解き方＞**

A地から駅までを$x$kmとして、時間について方程式を立てる。

10km/時で行くと6km/時より15＋15＝30（分）早く着くのだから、

$$\frac{x}{6} - \frac{x}{10} = \frac{15+15}{60} \quad \text{これより} \quad x = 7.5\text{(km)}$$

正解 **1**

**[別解]**

この問題は方程式で解くのがベストだが、基本の段階でダイヤグラムの解法に慣れておきたい。

同じ距離を行くのに30分＝0.5時間の差があるから、10km/時で到着した時刻には、6km/時ではまだ駅から$6 \times 0.5 = 3$km手前にいる。

A地から駅までを$x$kmとすると1時間で進む距離は、10：6なので、

$10 : 6 = x : x - 3$　よって、$x = 7.5$

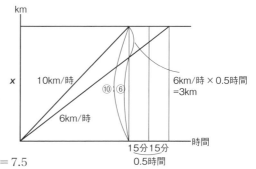

---

## **3** 旅人算・2人の移動

Level 1 ▷ **Q12,Q13**

複数の移動の問題には、2人が出会った後1人が向きを変え一緒になって進むとか、後から出た人がもう1人に追いついた後引き返すとか、いろいろなパターンがある。基本は、**2人が同じ方向に進むなら「速さの差」、逆の方向なら「速さの和」**になることである。

**[1] 1人が他の人を追い越す場合（同じ方向）**

BがAの前方$a$kmのところにいて同時に出発し、Aが時速$u$kmで、Bが時速$v$kmで進むとする。

$u > v$のとき、Aは$\dfrac{a}{u-v}$時間後にBに追いつく。

AはBに1時間で、**速さの差（$u - v$）kmずつ近**づき、さらに追い抜かれていく。

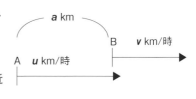

**[2] 2人が向かい合って進んで出会う場合（逆の方向）**

時速$u$kmで進むAと、時速$v$kmで進むBが、$L$km離れたところから向かい合って進むとき、2人は$\dfrac{L}{u+v}$時間後に出会う。

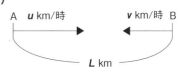

第1章 第1部 数的推理
第2章 第1部 数的推理
第3章 第1部 数的推理
第4章 第1部 数的推理
第5章 第1部 数的推理
第6章 第1部 数的推理
第7章 第1部 数的推理
第8章 第1部 数的推理
第9章 第1部 数的推理
第10章 第1部 数的推理

AはBに1時間で、**速さの和（$u + v$）km ずつ近づき、さらに出会ってから離れていく。**

　ある人Aが自宅から3km離れた待ち合わせ場所Pに向かって、待ち合わせ時刻ちょうどに着くように歩き出した。15分たった所で忘れ物に気がついたAは自宅に連絡し、弟のBに持ってきてもらうことにした。Bはすぐ自転車で自宅を出、同時にAは自宅の方に向かって引き返した。Bから忘れ物を受け取ったAは、自転車を借りてPに向かった。Bは歩いて自宅に戻った。AがPに着いたときに、Bはちょうど自宅に戻った。A、Bの歩く速度は共に4km/hで、自転車に乗ったときの速度はA、B共に同じである。Aが自宅に連絡している時間的ロスはないものとして、AがPに着いたのは待ち合わせ時刻の何分前（あるいは後）か。

**1**　15分前　　**2**　10分前　　**3**　5分前　　**4**　ちょうど　　**5**　5分後

**＜解き方＞**

　自宅をO、Aが引き返した地点をQ、AがBに出会った地点をRとする。また、OR $= a$km とし、自転車に乗ったときの速度を$x$km/hとして、① OQ間でABが出会うまでの時間が等しいことと、②AがP、BがOに着く時間が等しいことで式を立てる。

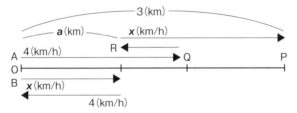

$$OQ = 4 \text{(km/h)} \times \frac{15}{60} \text{(h)} = 1 \text{(km)}$$

このとき、（BがOからRに進む時間）＝（AがQからRに戻る時間）より、

$$\frac{a}{x} = \frac{1-a}{4}$$

また、（BがRからOに戻る時間）＝（AがRからPに進む時間）より、

$$\frac{a}{4} = \frac{3-a}{x}$$

これを解くと、$x = 12$、$a = \dfrac{3}{4}$

　（AがQからPへ歩く時間）－（AがQからR、Pと進む時間）

＝（AがQからPへ歩く時間）－（Bが自宅を出て、また自宅に戻る時間）

$$= \frac{3-1}{4} - \left(\frac{a}{x} + \frac{a}{4}\right) = \frac{1}{4}$$　　これは初めの予定の方が$\dfrac{1}{4}$時間長いことを示す。

よって、15分早く着いたことになる。

**正解　1**

## ［3］ 2人が周回移動する場合

陸上のトラックや池の周りを2人が移動する場合も、**同じ方向なら速さの差、逆方向なら速さの和で考えれ
ばよい**。例えば、600mの池のまわりをAが60m/分、
Bが40m/分で進む場合、

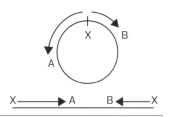

①逆方向に進めば、$600 \div (60 + 40) = 6$分ですれ違い、
②同方向に進めば、$600 \div (60 - 40) = 30$分で追い抜く。

---

**【基礎演習】**

　頂点が時計回りにABCDの順に並んでいる長方形があり、辺の比はAB：BC＝3：2
である。今、速さの比が5：3の甲と乙が、それぞれ頂点A、Dにいる。2人同時に出
発して両方とも時計回りで辺上を回ると、4分で甲が乙に追いついた。では、A、Dを
同時に出発して、甲が反時計回り、乙が時計回りだと、何秒で出会うか。

**1** 12.0秒　　**2** 13.5秒　　**3** 15.0秒　　**4** 16.5秒　　**5** 17.0秒

**＜解き方＞**

　長さ、速さを文字で表し、方程式を立てる。
追いついたとき、出会ったときの甲、乙両者
の動いた距離に着目する。

　AB、BCの長さを$3a$、$2a$(cm)、甲と乙の速
さを秒速$5b$、$3b$(cm)とする。

　4分間で追いつくということは、甲乙間の
$8a$の距離を、速さの差$(5b - 3b)$ cm/秒で、
240秒かかって追いつくことなので、

　$8a \div (5b - 3b) = 240$　　よって　$a = 60b \cdots ①$

　次に、AD間の$2a$の距離を$t$秒で甲乙が出会うとすると、

　$2a = 5bt + 3bt$　　よって　$2a = 8bt \cdots ②$

①②より、$a$を消去して、$120b = 8bt$　　よって　$t = 15.0$

**正解　3**

---

## ［4］ 複数が移動する場合のダイヤグラム

複数が往復するなど複雑な移動になってくると、線分図だけでは全体像がつかみづらくな
る。このような問題でダイヤグラムを活用すると、簡単な比の計算で処理できる場合がある。

---

**【基礎演習】**

　ある2組のグループが駅からB町まで行くのに、1組目はタクシーで、2組目は1組
目と同時に徒歩で出発した。2組目は、1組目をB町で降ろしたタクシーと出会うまで
時速5.4kmで歩き続け、そこからそのタクシーに乗ってB町に着いた。このため、2
組目が駅でそのタクシーを待っていた場合に比べて、9分早く着いた。タクシーの速さ
を時速48kmとし、乗降の時間は考えないものとして、駅とB町との距離は何kmか。

**1** 8.9km　　**2** 14.2km　　**3** 16.0km　　**4** 17.8km　　**5** 35.6km

第1章　第1部 数的推理
第2章　第1部 数的推理
第3章　第1部 数的推理
第4章　第1部 数的推理
第5章　第1部 数的推理
第6章　第1部 数的推理
第7章　第1部 数的推理
第8章　第1部 数的推理
第9章　第1部 数的推理
第10章　第1部 数的推理

<解き方>
ダイヤグラムを描くと下の図のようになる。

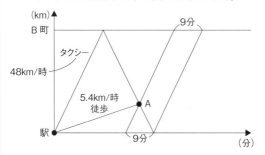

時速を分速に直すと、人の歩く速さは5.4×1000÷60＝90m/分

タクシーの速さは48×1000÷60＝800m/分

ダイヤグラムから、2組目とタクシーが出会った場所をA地点とすると、駅とAをタクシーなら9分で往復することがわかる（A地点は駅からタクシーで4.5分かかる）。

駅とAの距離は、800×4.5＝3600（m）である。

2組目は3600÷90＝40（分）歩いたことになる。ということは、タクシーは駅とB町を40＋4.5＝44.5分で往復するので、駅とB町の距離は、800×44.5÷2＝17800（m）となる。

正解　**4**

[別解]

時速48km
（分速800m）

1組目

駅　　　　　　　　　　　　　　　　　　　　B町

2組目
時速5.4km（分速90m）

なぜ9分早く着いたかというと、図の点線部分をタクシーが走らなかったからである。つまりこの点線部分が往復9分（片道4.5分）である。

この点線部分の片道＝800×4.5＝3600m　この距離を2組目は3600÷90＝40（分）で歩いたことになる。

すなわちタクシーも2組目と出会うまで40分間走ったということでもある。

状況図でタクシーは駅とB町を40＋4.5＝44.5分で往復するので駅とB町の距離は、

800×44.5÷2＝17800（m）＝17.8（km）　となる。

# **4** 列車の通過（通過算）

## ［1］ 鉄橋やトンネルの通過

電車が鉄橋やトンネルにさしかかって、完全に通過するまでの時間は、電車の進んだ距離を速度で割れば求められる。進んだ距離は、鉄橋やトンネルの長さではないことに注意しよう。このことは、図を描いてみればわかる。

通過した距離は、（鉄橋やトンネルの長さ）＋（電車の長さ）である。電車の長さを考慮するところがポイントである。

速度を$v$、トンネルの長さ $M$ m、電車の長さを $N$ mとすると、時間は$\dfrac{M+N}{v}$である。

トンネルなどと異なり、**長さ（幅）の無視できる電柱などを完全に通過するときは、Mがゼロになるが、少なくとも通過する電車の長さ（$N$ m）は進む**ことになるので注意すること。

---

**【基礎演習】**

ある鉄道では、同じ長さの鉄橋が、400mごとに並んでる。今、長さ100mで一定の速さで走っている列車が、鉄橋を渡り始めてから渡り終わるまでに75秒かかり、渡り終えてから15秒で次の鉄橋を渡り始める、ということを繰り返している。鉄橋の長さは何mか。

**1** 1000m **2** 1100m **3** 1200m **4** 1400m **5** 1500m

**＜解き方＞**

列車の進む距離を列車の先頭が移動した距離と考える。必ず自分で図を描いてみること。

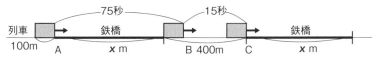

まず列車の速さを求める。鉄橋間は400mだが、15秒で走る距離は図のBC間なので、列車の長さを引いて、$400-100=300$m、列車の速さは　$300\div15=20$(m/秒)となる。

鉄橋を渡るのに75秒かかるが、その距離は図のABなので、

（75秒で走る距離）＝（鉄橋の長さ）＋（列車の長さ）より、

$$20\times75\quad=\quad x\quad+\quad100$$

これを解いて、$x=1400$

**正解　4**

## [2] 電車どうしのすれ違い

電車どうしがすれ違っている時間も、進む距離を見かけの速度で割れば求められる。向かい合う場合と、追い越す場合を図にかくと、下のようになる。

電車の長さを$M$、$N$、電車の速さを$s$、$t$、とすると、すれ違うのに必要な時間$T$は、

$$T = \frac{M+N}{s+t}$$

**すれ違う場合**

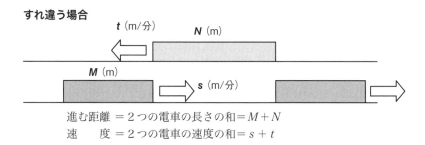

進む距離 ＝２つの電車の長さの和＝$M+N$
速　　度 ＝２つの電車の速度の和＝$s+t$

追い越すのに必要な時間 $T$ は、　$T = \dfrac{M+N}{s-t}$

**追い越す場合**

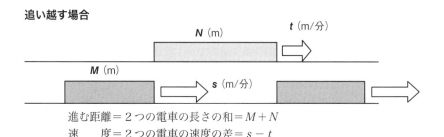

進む距離＝２つの電車の長さの和＝$M+N$
速　　度 ＝２つの電車の速度の差＝$s-t$

## [通過算の基本テクニック]

◎列車が通過するということは、列車自身の長さを進むこと
◎鉄橋・トンネルの通過…進む距離は、[**鉄橋の長さ＋列車の長さ**]
◎電柱の前の通過…進む距離は、[**列車の長さ**]　（電柱は幅を無視できる）
◎２つの列車のすれ違いも、それぞれの長さを考えれば２人のすれ違いと同じ
　向かい合ってすれ違う…進む距離は、[**列車の長さの和**]　速さは、[**列車の速度の和**]
　追いつき追い越す…進む距離は、[**列車の長さの和**]　速さは、[**列車の速度の差**]

### 【基礎演習】

　一定の速さで走っている長さ100mの急行電車があり、ちょうど鉄柱の所で前方から来た時速72kmで走っている貨物列車に出会った。すれ違うのに10秒かかり、すれ違っ

た後15秒して貨物列車が鉄柱を通過した。鉄柱の幅を考えないものとして、急行電車の速さを求めよ。

**1** 時速40km **2** 時速72km **3** 時速108km **4** 時速120km
**5** 時速144km

<解き方>

3つの状態を図に描き、貨物列車の長さをまず求める。

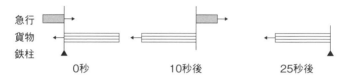

貨物列車の分速は $72 \div 3600 \times 1000 = 20\text{m}/$秒である。

図の左と右を比べると、貨物列車は鉄柱を通過するのに25秒かかる。

よって、貨物列車の長さは、

$$20 \times 25 = 500（\text{m}）\quad である。$$

図の左と中央を比べると、急行電車と貨物列車の先頭は10秒間に $100 + 500 = 600（\text{m}）$ 離れている。急行電車の速さを $x$(m/秒) とすると、

$$10x + 20 \times 10 = 600 \quad より、$$
$$x = 40（\text{m}/秒）$$

時速に直すと $40 \times 3600 \div 1000 = 144（\text{km}/時）$

**正解 5**

## スピードチェック！

**1** A、B2つの駅があり、今、A駅からB駅に向かって列車が出発した。ところが、全行程の $\frac{2}{3}$ の地点で地震が起こり、予定時間の $\frac{1}{6}$ もの間その地点で立ち往生してしまった。その後運転を再開したが、安全確保のため、今までの $\frac{1}{3}$ の速さで徐行せざるを得なくなり、B駅には到着予定時刻よりも90分遅れて到着した。当初の予定では、A駅を出発して何分後にB駅に到着することになっていたか。

**1** 108分 **2** 120分 **3** 144分
**4** 168分 **5** 180分

予定時間を $x$(分) とする。地震が起こるまでの時間は $\frac{2}{3}x$ (分)。停止時間は $\frac{1}{6}x$(分)。

残り $\frac{1}{3}$ の距離を運転するのにかかる時間は、地震がない場合は $\frac{1}{3}x$ だが、速度が $\frac{1}{3}$ になったので、時間は3倍になる。よって、

$$\frac{1}{3}x \times 3 = x（分）$$

問題文より、

- 予定時間を$x$とおいて、問題文を数式化しよう。
- 速度と時間は反比例の関係であることに注意。

「速度が$\dfrac{1}{3}$→時間は3倍」

**2** ある公園に1周840mの円形の遊歩道がある。遊歩道を右回りに毎分40mの速さで散歩するAと左回りに毎分80mの速さでジョギングするBがX地点を同時に出発した。AとBが初めてすれ違ったとき、Bは財布を落とした。AはBが財布を落としたことに気付き、立ち止まって財布を拾い、これまでとは逆方向に毎分100mの速さで追いかけてBに財布を届けようとした。AがBとすれ違ってから、Bを追いかけ始めるまでに6秒かかったとすると、AがBに追いついた地点から出発したX地点までの距離はいくらか。

**1** 160m **2** 180m **3** 200m

**4** 220m **5** 240m

- AとBは初め、どのくらい離れていて、毎分何mの速さで近づくか。
- どの地点で2人はすれ違い、6秒間にBは、どのくらい動いているか。
- Aは毎分どのくらいBに近づくか、単位に気をつけて計算する。

**3** 9km離れたA、B2地点間を往復するレースがある。甲、乙2人が同時にAを出発して、Bから1kmの地点で2人は出会い、また甲がBに着いてから36分後に乙が先にゴールした。2人とも一定の速さで走っているものとして甲の速さを求めよ。

**1** 時速1.6km **2** 時速6.0km

**3** 時速8.0km **4** 時速9.0km

**5** 時速9.7km

$\dfrac{2}{3}x + \dfrac{1}{6}x + x$

$= x + 90$

これを解けばよい。

**正解 1**

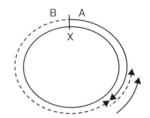

A、Bがはじめに出会うまでの時間は、$840 \div (40 + 80) = 7$(分)

財布を拾っている6秒の間にAは、

$80 \times \dfrac{6}{60} = 8$(m) だけ進む。

次に、A、Bが出会うまでの時間は、$8 \div (100 - 80) = 0.4$(分)

その間Bは80m/分で走り続けるから、

$(7 + \dfrac{6}{60} + 0.4) \times 80 = 600$(m)

1周840mなので、Xまでの距離は、$840 - 600 = 240$(m)

**正解 5**

乙がBに到着した時間を$x$分としてダイヤグラムを描くと、

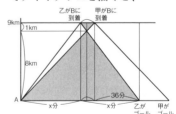

・ダイヤグラムを描いて三角形の相似比に着目すると、計算が非常に楽になる。
・方程式の場合は、甲の速さを$x$km/時として乙の速さを$x$で表して式を立てる。甲と乙が出会うまでに何km走っていたかに注目する。

乙と甲がBについた時間差は$x-36$分。網掛けの上下の三角形の相似に着目して、相似比は1：8であることから、

$x-36 : 2x = 1 : 8$

よって、$x = 48$

甲はBまでの9kmを、$48+48-36=60$（分）$=1$（時間）で走っているので、$9 \div 1 = 9$（km/時）

**正解　4**

[別解]

甲が8km走る間に乙は10km走るので、甲の速さを時速$x$kmとすると、乙の速さは$x \times \dfrac{10}{8} = \dfrac{5}{4}x$

となる。甲が9km走るのにかかる時間と、乙が18km走るのにかかる時間の差が、36分$= \dfrac{3}{5}$時間

なので、$18 \div \dfrac{5}{4}x - 9 \div x = \dfrac{3}{5}$

これを解いて、$x = 9$

**4** ある人がA町からB町に向かって一定の速さで歩いている。この人がA町発B町行きのバスに7分ごとに追い越され、B町発A町行きのバスに5分ごとに出会った。A町行き、B町行き共にバスは同じ間隔で運行している。バスは何分何秒ごとに発車しているか。

**1** 5分40秒　　**2** 5分50秒
**3** 6分00秒　　**4** 6分10秒
**5** 6分20秒

・問題文で出てくる数値は時間しかない。速さを適当に決められれば、立式・計算は楽になる。
・状況図やダイヤグラムを描いて、バスと歩きの時間・速さの関係が見つけられると、速く確実に解けるので試してみよう。

バスの速さを$a$（m/分）、歩きの速さを$b$（m/分）、発車間隔を$x$（分）として、バスの速さで式を立てる。

$$\frac{ax+7b}{7} = \frac{ax-5b}{5} = a$$

これより $5ax + 35b = 35a \cdots ①$
$7ax - 35b = 35a \cdots ②$

①②の両辺を加えると

$12ax = 70a$

$x = \dfrac{35}{6} = 5\dfrac{5}{6}$（分）

**正解　2**

(参考)

条件が時間しかないので、比の式が作りやすいようダイヤグラムを描いてもよい。

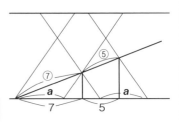

$$7 + 7 - a : a = ⑦ : ⑤ \quad よって、$$
$$a = \frac{35}{6}$$

**5** 山の頂上からふもとに向かって、一定の速さで下っている人が、前方から来るバスには10分ごとに出会い、後方から来るバスには16分ごとに抜かれた。上り、下りどちらのバスも同じ時間間隔で走っており、下りのバスは上りのバスの2倍の速さで走るものとする。バスは何分何秒ごとに走っているか。

**1** 12分40秒 **2** 13分00秒
**3** 13分20秒 **4** 13分40秒
**5** 14分00秒

・バスの時間間隔が等しく、下りは上りの速さの2倍であることに注意して、ダイヤグラムを作る。
・方程式を作る場合は、上りと下りで、次のバスまでの距離が違うことに注意して、旅人算のテクニックを使う。

前の問題と同様、条件が時間と速さの比のみなので、比の取りやすいダイヤグラムを自由に描ける。

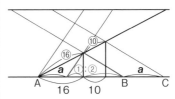

赤線の部分のバスの進行に注目すると、同じ距離を速さが2倍で進んでいるので、時間は2倍になる。

AB：BC＝⑯：⑩より、
$$16 + 2(16 - a) : a = ⑯ : ⑩$$
$$a = \frac{40}{3} = 13\frac{1}{3}（分）$$

**正解 3**

**[別解]**
歩く人、上りバス、下りバスの速さを、$p$、$q$、$2q$（m/分）、バスの時間間隔を$x$分とする。
（1）上りバスと出会ったとき次の上りバスは$qx$(m)前方にいて、10分間で出会うので、
$$qx = 10p + 10q \cdots ①$$
（2）下りバスに抜かれたとき、

次の下りバスは $2\,qx$ (m) 後方に
いて、16分間で追いつかれるので、
$$2qx = 16 \times 2q - 16p \quad より$$
$$qx = 16q - 8p \cdots ②$$
①②から $qx$ を消去すると、$q = 3p$
①に代入して、 $3px = 10p + 30p$

$p > 0$ なので、 $x = \dfrac{40}{3}$ （分）

第1部　数的推理　第1章

第1部　数的推理　第2章

第1部　数的推理　第3章

第1部　数的推理　第4章

第1部　数的推理　第5章

第1部　数的推理　第6章

第1部　数的推理　第7章

第1部　数的推理　第8章

第1部　数的推理　第9章

第1部　数的推理　第10章

## ■典型的な出題・解法パターンを身につけよう

いくつかの基本的な解法で解ける問題がある。たとえば、**平均点では総点**に着目し、**仕事算では1日あたりの仕事量**を考える。また、川の流れでは、船が上流に向かうのか、下流に向かうのかによって、**川の流れの分だけ速度が異なる**。いずれも**単純な公式の背後にある具体的な状況を、図表に表し、式に変形していく**。

# 1 平均

原則では、平均点＝$\dfrac{総点}{人数}$ であるが、資料解釈でもよく出題されるように、実数が示され

ずに、割合や比率で平均を求めさせる場合もある。たとえば、3つのクラスの人数の比が2：3：5で、それぞれのクラスの平均点が50点、60点、70点のとき、全体の平均点は、

$$\dfrac{50 \times 2 + 60 \times 3 + 70 \times 5}{2 + 3 + 5} = 63 となる。$$

### [平均算の基本テクニック]

◎平均算では方程式を立ててもよいが、面積図で表すと、平均の関係をつかみやすく計算も楽になる。たとえば、「合格率40%のある試験で、受験者全員の平均点は60点だった。合格者の平均点は合格最低点より15点高く、不合格者の平均点は合格最低点より20点低かった。合格最低点は何点か。」という問題について面積図を書くと右のようになる。

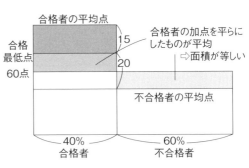

合格者を40人、不合格者を60人として、図の影のついた部分が等しいことから、不合格者の平均点が全体の平均点からどれだけ低いかを求める。

$$40 \times (15 + 20) \div 100 = 14 \quad よって合格最低点は、\quad 60 - 14 + 20 = 66(点)$$

### 【基礎演習】

ある人たちの2割をAグループに、4割をBグループに、残りの4割をCグループに分けた。AグループとBグループを合わせた人たちの平均身長は、Cグループの人たちの平均身長より15cm高かった。また、Aグループの人たちの平均身長は、BグループとCグループを合わせた人たちの平均身長より10cm高かった。全体での平均身長は160cmであった。Bグループの人たちの平均身長と全体の平均身長との差はいくらか。

**1**　2 cm　　**2**　3 cm　　**3**　4 cm　　**4**　5 cm　　**5**　6 cm

**＜解き方＞**

　Aグループ、Bグループ、Cグループの人たちの平均身長をそれぞれ$x$cm、$y$cm、$z$cmとする。A、B、Cの人数の比は1：2：2より、

$$\frac{x+2y}{3} - z = 15$$

$$x - \frac{y+z}{2} = 10$$

$$\frac{x+2y+2z}{5} = 160$$

（参考）面積図は以下のようになる。

　これを解くと$x = 168$、$y = 165$、$z = 151$

　$y$と全体の平均身長との差は、$165 - 160 = 5$（cm）

正解　4

## 2 時計

　時計の長針と短針の関係で、一定の角度になる時刻や回数を問う問題である。長針は60分で360°回転、短針は60分で30°回転なので、**長針の速さ6°／分、短針の速さ0.5°／分**として、2人が円をまわる問題と考えてもよい。

　ここでは典型的な長針と短針が重なる時刻を、3時と4時の間で探してみよう。長針が短針を追いかけて追いつく旅人算と考えられる。

**［考え方の手順］**

①重なる時刻を3時$x$分とし、長針が文字盤を進む**「分」**を基本単位にとる。

②長針の分速1「分」に短針も合わせる。1時間で短針は長針に換算して5「分」進むので、1分あたり$\dfrac{5}{60} = \dfrac{1}{12}$「分」進む。

③重なった時刻の長針、短針の位置を、文字盤の12の位置から見れば、3時には長針短針は15分の差があるので、

$$x = 15 + \frac{1}{12}x \quad となり、\quad x = \frac{180}{11} = 16 + \frac{4}{11}（分）＝約16分22秒$$

　また、これも典型的な**進みの早い（遅い）時計**に関する問題の場合では、単位時間あたりに進む(遅れる)速度は普通一定なので、**正しい時計との比例関係を利用して解く**ことになる。

**【基礎演習】**

　一定の割合で正しい時刻よりも進む時計Aと、1時間で10分遅れる時計Bがある。正午の時報で共に正しい時刻に合わせたところ、その日Aが15時を示したときにBは14時を示していた。夕方になり、Aの時計が19時を示すときの正しい時刻を求めよ。

**1**　17時20分　　**2**　17時24分　　**3**　17時30分　　**4**　17時36分

**5**　17時40分

## ＜解き方＞

時計の進んだ時間は比例関係になるので、それを使う。

| | 進度 | Aが15時 | Aが19時 |
|---|---|---|---|
| A | | 3時間 | 7時間 |
| 正しい時計 | 1時間 | $x$ | $y$ |
| B | 50分 | 2時間 | |

表の太枠の関係から$x$を求める。正しい時計が1時間進むとBは$\dfrac{5}{6}$時間進むので、正しい時計とBの時計の比例関係から、　$x:2=1:\dfrac{5}{6}$　が成り立つ。

これから、　$\dfrac{5}{6}x=2$　　$x=\dfrac{12}{5}$　　（$\dfrac{12}{5}=2$時間24分）となる。

次に、Aと正しい時計の比例関係より、　　$3:\dfrac{12}{5}=7:y$　$3y=\dfrac{12}{5}\times7$　$y=\dfrac{28}{5}$

$\dfrac{28}{5}$時間＝5時間36分　12時＋5時間36分＝17時36分

**正解　4**

# 3 年齢

年齢についての問題では、当然だが誰もが一定に増えていくことがポイント。つまり**2人の年齢の差は常に一定**となる。ただ、2人の年齢の比は変化することから、問題のバリエーションが出てくる。また、年齢については、100歳を大きく超えないとか、親の年齢が10歳なんてことはない、**現実的な視点**も加味する必要がある。

たとえば、母と子の現在の年齢の比が5：1であって、5年後に3：1になる場合、現在の子の年齢を求めてみる。

**[考え方の手順]**

①現在の子の年齢を$x$歳とすれば、母の年齢は$5x$歳。

②5年後、母は$(5x+5)$歳になり、子は$(x+5)$歳。

③5年後に3：1になることから、　$(5x+5):(x+5)=3:1$

　よって、　$5x+5=3(x+5)$　$x=5$　つまり、子は現在5歳となる。

---

**【基礎演習】**

　父、母、兄、弟の4人家族がいて、現在4人の年齢の和は100歳である。10年前、父母の年齢の和は、兄弟の年齢の和の11倍であった。また10年後には、母の年齢は、兄弟の年齢の和と等しくなる。現在の父の年齢を求めよ。

　**1** 40歳　　**2** 42歳　　**3** 44歳　　**4** 46歳　　**5** 48歳

全体像をつかむ
POINT整理

第1章　第1部　数的推理
第2章　第1部　数的推理
第3章　第1部　数的推理
第4章　第1部　数的推理
第5章　第1部　数的推理
第6章　第1部　数的推理
第7章　第1部　数的推理
第8章　第1部　数的推理
第9章　第1部　数的推理
第10章　第1部　数的推理

＜解き方＞

　父、母、兄、弟の現在の年齢を $a$、$b$、$c$、$d$ とすると、①現在、②10年前、③10年後3つの方程式が立てられる。式の形に注意し、2つの未知数を含み、それぞれの方程式に共通する箇所を1つのまとまりと見て解く。

$$\begin{cases} a+b+c+d=100 & \cdots① \\ (a-10)+(b-10)=11\,\{(c-10)+(d-10)\} & \cdots② \\ (b+10)=(c+10)+(d+10) & \cdots③ \end{cases}$$

下の2つの式を整理すると、

$$a+b=11(c+d)-200 \ \cdots②' \qquad b=c+d+10 \ \cdots③'$$

①と②′で、$a+b$、$c+d$ をひとまとまりにして考えて解く。

②′を①に代入して、$12(c+d)-200=100 \qquad c+d=25$

これを③′に代入して、$b=35$　これらを①に代入すると、$a=40$

正解　**1**

# 4 川の流れ

　川の水が上流から下流に向かって一定の速度で流れているとする。船が下流から上流へ進むときは、川の流れに逆らうため進みが遅くなり、逆に上流から下流に下っていくときは、川に流されて速く進む。静水時に船が時速 $u$ km で進み、川の流れが時速 $v$ km のとき、実質的な速度は以下のようになる。

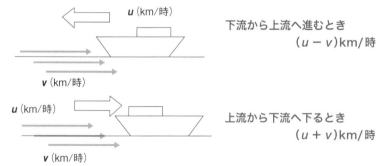

$u$ (km/時)

下流から上流へ進むとき
$(u-v)$ km/時

$v$ (km/時)

$u$ (km/時)

上流から下流へ下るとき
$(u+v)$ km/時

$v$ (km/時)

　このように、流水算で扱う船の実際の速度は、(静水時の速度)±(川の流れ) になる (ただし、川の流れに沿わずに、川を横切るときは、ベクトルを使って考える)。

　たとえば、「川の上流・下流を行き来するA船は、上りと下りの時間の比が 2 : 1 となる。このときA船より静水での速さが $\dfrac{1}{2}$ のB船では上りと下りの時間の比はいくつになるか」について考える。

①A船で、時間の比 (2 : 1) なら、速さの比 (1 : 2)。

②これより、次のように設定して考えることができる。

上り20km/時、下り40km/時、川の流れの速さ（40－20）÷2＝10km/時、
静水時の速さは40－10＝30km/時

③B船の速さは、静水時30÷2＝15km/時、上り15－10＝5km/時、下り15＋10＝
25km/時

④時間の比は速さの逆比だから、上り：下り＝25：5＝5：1　となる。

【基礎演習】

　流れの速さが一定の川の上流A地点と下流B地点との間を船が往復している。この船がB地点からA地点まで上るのにかかる時間は、A地点からB地点まで下るのにかかる時間の3倍である。流れの速さが1.5倍になったとき、B地点からA地点まで上るのにかかる時間と、A地点からB地点まで下るのにかかる時間との比はいくらか。ただし、船の速さは途中で変化しないものとする。

　**1**　6：1　**2**　7：1　**3**　7：2　**4**　9：1　**5**　9：2

<解き方>

　時間と速さは逆比の関係であり、同じAB間で時間が3倍かかるということは、下りの速さは上りの速さの3倍である。時間が3倍かかる　→　速さが$\frac{1}{3}$

　上りの速さ＝(静水時の速さ－川の流れの速さ)
　下りの速さ＝(静水時の速さ＋川の流れの速さ)
　すなわち、上りの速さを1とすると、下りの速さは3、静水時の速さは2、川の流れの速さは1ということになる。

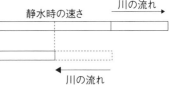

　川の流れが1.5倍になった場合には、
　上りの速さ＝2－1.5＝0.5　下りの速さ＝2＋1.5＝3.5
　よって、上りの速さ：下りの速さ＝0.5：3.5＝1：7
　時間の比は、速さの比の逆比になるから、上りの時間：下りの時間＝7：1

**正解　2**

※速さだけ指定されているので、適当な距離を決めて、式を立ててもよい。

# 5 仕事算

Level 2 ▷ **Q35**

　仕事算では、全体の仕事量を1とし、単位あたりの量を考えるのがポイント。仕事算の応用である、パイプで水槽に水を出し入れする「注排水」や、「行列受付」の処理などの場合も原理は同じである。

[仕事算の基本テクニック]

◎ある仕事をAが終わらせるのに $a$ 日かかれば、Aの1日あたりの仕事量は全体の$\frac{1}{a}$

同じ仕事をBが終わらせるのに $b$ 日かかれば、Bの1日あたりの仕事の量は全体の$\frac{1}{b}$

50

◎もし、AとBの2人が仕事をすれば、1日あたり全体の $\dfrac{1}{a}+\dfrac{1}{b}$ が終わるため、

$$\dfrac{1}{\dfrac{1}{a}+\dfrac{1}{b}}=\dfrac{ab}{a+b}$$ 日でその仕事がすべて終わる。

---

**【基礎演習】**

　ある仕事を仕上げるのに、A1人で行うと32日、B1人で行うと96日、C1人で行うと24日、それぞれかかる。AとBの2人がこの仕事を共同で4日間行った。この後Cも加わって3人で行うとすると、仕事を仕上げるのにあと何日かかるか。ただし、A、B、Cがそれぞれ行う1日の仕事量は一定である。

**1**　6日　　**2**　8日　　**3**　9日　　**4**　10日　　**5**　12日

**＜解き方＞**

　全体の仕事量を1とおくと、A、B、Cそれぞれの1日の仕事量は $\dfrac{1}{32}$、$\dfrac{1}{96}$、

$\dfrac{1}{24}$ AとBの2人が4日間で行った仕事量は、$\left(\dfrac{1}{32}+\dfrac{1}{96}\right)\times 4=\dfrac{1}{6}$

　残りの仕事量は、$1-\dfrac{1}{6}=\dfrac{5}{6}$　　この残りの仕事を3人で仕上げると、

$\dfrac{5}{6}\div\left(\dfrac{1}{32}+\dfrac{1}{96}+\dfrac{1}{24}\right)=10$〔日〕かかる。

**正解　4**

---

## スピードチェック！

**1**　ある試験において、A、B2つの会場別に得点を集計した。受験者はA100人、B110人で合格者はBの方がAより2割多かった。合格者平均点はA、Bそれぞれ60点、75点で、不合格者平均点は共に20点であった。受験者全体の平均点はBの方が7点高かった。このときB会場での合格者数を求めよ。

**1**　35人　　**2**　42人　　**3**　49人

**4**　50人　　**5**　54人

・平均点＝総点÷人数
・AとBでは受験者の数が異なることに注意する。

Aの合格者を $x$ 人とするとBの合格者は $1.2x$ 人。不合格者はA、Bそれぞれ、$(100-x)$、$(110-1.2x)$ 人である。
それぞれの総計をとって表にまとめると、
〔A会場〕

|  | 平均点 | 人　数 | 合計点 |
|---|---|---|---|
| 合格 | 60 | $x$ | $60x$ |
| 不合 | 20 | $100-x$ | $20(100-x)$ |
| 全体 |  | 100 |  |

第1章 第1部 数的推理
第2章 第1部 数的推理
第3章 第1部 数的推理
第4章 第1部 数的推理
第5章 第1部 数的推理
第6章 第1部 数的推理
第7章 第1部 数的推理
第8章 第1部 数的推理
第9章 第1部 数的推理
第10章 第1部 数的推理

・合格者・不合格者それぞれの総計をとり整理するとわかりやすくなる。

〔B会場〕

| | 平均点 | 人　数 | 合計点 |
|---|---|---|---|
| 合格 | 75 | $1.2x$ | $90x$ |
| 不合 | 20 | $110 - 1.2x$ | $20(110 - 1.2x)$ |
| 全体 | | 110 | |

A全体の合計点は、$2000 + 40x$点
B全体の合計点は、$2200 + 66x$点となる。
Bの平均点の方がAより7点高いので、

$$\frac{2000 + 40x}{100} + 7 = \frac{2200 + 66x}{110}$$

両辺に1100をかけて整理すると、
$x = 35$
B会場での合格者数は、
$1.2 \times 35 = 42$

**正解　2**

**2**　2つの時計A、Bがある。Aは1時間につき5分遅れ、Bは1時間につき3分進む。午前0時に2つの時計を正しく合わせると、Aが午前11時をさしたときにBが示す時刻として正しいものは、次のうちどれか。

**1**　午後0時27分　　**2**　午後0時30分
**3**　午後0時33分　　**4**　午後0時36分
**5**　午後0時39分

・2つの時計が1時間に動く時間（分）を、1目盛り（1分）の距離だと考えてみよう。
・Aの11時間後は、Bの何時間後にあたるだろうか。

Aは1時間につき5分遅れるので、1時間に55（分）動く。
Bは1時間につき3分進むのだから、1時間に63（分）動く。
2つの時計が同じ時間に動く比は、
　A：B＝55：63
Aが11時をさしたということは、
$11 \times 60 = 660$（分）　動いたことになる。
Bの動いた目盛りを$x$とすると、
　$660 : x = 55 : 63$　　$x = 756$
　$756 \div 60 = 12.6$（時間）
　$0.6 \times 60 = 36$（分）
よって、Bは12時36分になる。

**正解　4**

**3**　川の上流にあるA市と、下流にあるB市を結ぶ定期船がある。船は時速25kmで、A市からB市へは30分、B市からA市へは45分で運航している。この航路を時速50kmの船がB市から

まず、AB間の距離と川の流れの速さを求める。
それぞれ$x$km、$y$km/時とすると、
川下りのときと川上りのときの

A市へ行くときに要する時間を求めよ。ただし川の流れは一定とする。

**1** 20分　　**2** 22分30秒　　**3** 25分
**4** 27分30秒　　**5** 30分

・川上りのときは、川の流れの分だけ遅くなり、川下りのときは速くなることに注意する。
・船の速度は静水におけるものと考える。

定期船の進むスピードは、それぞれ、$25 + y$、$25 - y$(km/時)となるので、距離と速さの関係から、

$$x = (25 + y) \cdot \frac{30}{60}$$

$$x = (25 - y) \cdot \frac{45}{60}$$

が成り立つ。

これを解くと、$y = 5$、$x = 15$
よって求めるのは、15kmの距離を時速50kmで川上りするときにかかる時間なので、それを$t$(時間)とすると、

$15 = (50 - 5) \cdot t$

$t = \dfrac{1}{3}$(時間)$= 20$分

**正解　1**

**4**　A、B、Cの3人がいる会社に、ある仕事が入った。その仕事はAとBが協力して行うと4日かかり、BとCで行うと12日、Aのみだと5日かかる。この仕事をCだけが行うと何日かかるか。ただし、A、B、C3人のそれぞれが行う1日の仕事量は一定である。

**1** 25日　　**2** 30日　　**3** 35日
**4** 40日　　**5** 45日

・全体の仕事量を1と置き、A、B、Cそれぞれが単独で行った場合にかかる日数を文字で表す。それをもとにそれぞれが1日に行う仕事量を計算し、方程式を立てる。

全体の仕事量を1として、A、B、Cが単独で行ったときの日数を$a$、$b$、$c$とすると、1日の仕事量はそれぞれ$\dfrac{1}{a}$、$\dfrac{1}{b}$、$\dfrac{1}{c}$。

AとBが4日でやる仕事量は、$4\left(\dfrac{1}{a} + \dfrac{1}{b}\right)$で、これは1に等しい。

他の2つも同様に考えると、

$4\left(\dfrac{1}{a} + \dfrac{1}{b}\right) = 1$

$\therefore \dfrac{1}{a} + \dfrac{1}{b} = \dfrac{1}{4}$　…①

$12\left(\dfrac{1}{b} + \dfrac{1}{c}\right) = 1$

$\therefore \dfrac{1}{b} + \dfrac{1}{c} = \dfrac{1}{12}$　…②

$5 \cdot \dfrac{1}{a} = 1$　$\therefore \dfrac{1}{a} = \dfrac{1}{5}$　…③

第1章 第1部 数的推理
第2章 第1部 数的推理
第3章 第1部 数的推理
第4章 第1部 数的推理
第5章 第1部 数的推理
第6章 第1部 数的推理
第7章 第1部 数的推理
第8章 第1部 数的推理
第9章 第1部 数的推理
第10章 第1部 数的推理

③を①に代入し、$\dfrac{1}{5} + \dfrac{1}{b} = \dfrac{1}{4}$

より、$\dfrac{1}{b} = \dfrac{1}{20}$

②に代入して、$\dfrac{1}{20} + \dfrac{1}{c} = \dfrac{1}{12}$

より、$\dfrac{1}{c} = \dfrac{1}{30}$

求めるのは $c$ なので、$c = 30$

**正解 2**

---

5 ある牧場では、牛1頭につき毎日1kgずつの
エサが必要である。現在いる牛が1日当たりに必
要なエサのちょうど何日分かのエサの在庫がある。
いま、牛の数が20頭減ると、現在よりも20日遅
くちょうどエサがなくなり、もし、20頭増える
と、10日早くちょうどエサがなくなることにな
る。牛は現在何頭いるか。

**1** 50頭　　**2** 54頭　　**3** 60頭
**4** 64頭　　**5** 70頭

・仕事算の応用問題である。
・何を未知数として方程式を作ればよいか。
・牛の頭数とエサの在庫日数は反比例することに
　着目しよう。
・頭数×日数＝在庫量（$x \times y = a$ の反比例の関係）
　→　連立方程式を立てる。

牛が $x$ 頭で、$y$ 日分のエサの在庫
があるとする。すると、エサの
在庫量は、$xy$。
牛が20頭減ると、20日増える
のだから、エサの在庫量は、$(x -
20)(y + 20)$ とあらわせる。
同様に、20頭増えると、20日減
るのだから、エサの在庫量は、
$(x + 20)(y - 10)$ となる。
連立方程式を立てると、
　$xy = (x - 20)(y + 20)$　…①
　$xy = (x + 20)(y - 10)$　…②
①より、$x - y = 20$
②より、$-x + 2y = 20$
よって、$x = 60$、$y = 40$

**正解 3**

✤ **MEMO** ✤

Level 1 p124、p125、p132、p133、p136〜p139　Level 2 p178〜p181

## ■問題文をしっかり読み、内容を正しくつかむ。

　ここでは前章のパターンにあてはまらない文章題を取り上げる。何より大切なのは、**問題文をしっかり読み、図表を活用して、出題意図を理解する**こと。そして、求める量や未知数を文字でおき、式を立てる。たいていは方程式を解くことで解答できるが、**できるだけ解答時間を短縮する工夫を練習しておきたい**。なお、**与えられた量が整数のときは、整数解のテクニックも意識**して解こう。

## 1 1次方程式　　　　　　　　　　　　　　Level 1 ▷ Q09,Q12,Q14

　未知数が$x$の場合は、$ax = b$（$a \neq 0$、$a$、$b$は定数）の形で表されるものが1次方程式。未知数が$x$と$y$なら、$ax + by = c$の形になる（2元1次方程式）。基本の解き方は、問題文で与えられた条件を式に直し、それを変形して$ax = b$の形にし、$x = \dfrac{b}{a}$となる。

---

**【基礎演習】**
　ある採用試験の結果は、全受験者の平均点が35点で、その25%が合格というものであった。合格者の平均点は合格点より10点高く、不合格者の平均点は合格点より30点低かった。合格点は何点であったか。

　**1**　40点　　**2**　45点　　**3**　55点　　**4**　60点　　**5**　65点

**＜解き方＞**
　全受験者の平均点＝（合格者の平均点＋不合格者の平均点）÷2ではない。
　受験者を100人とすると、合格者は25人、不合格者は75人。合格者と不合格者の平均点の差は、$10 + 30 = 40$（点）
　（合格者の合計点）＋（不合格者の合計点）＝（全受験者の合計点）
　不合格者の平均点を$x$として式を立てると、　$25 \times (x + 40) + 75x = 100 \times 35$　$x = 25$
　ここから合格点は、　$25 + 30 = 55$（点）

正解　**3**

---

※第5章の平均算の復習として、面積図も描いてみよう。

## 2 連立1次方程式　　　　　　　Level 1 ▷ Q15　　Level 2 ▷ Q35,Q36

　いくつかの未知数を含む1次方程式がいくつかあって、それらを同時に満たす解を見つけるのが連立1次方程式問題。未知数を1つずつ消去していき解を求める。

第1章 第1部 数的推理
第2章 第1部 数的推理
第3章 第1部 数的推理
第4章 第1部 数的推理
第5章 第1部 数的推理
第6章 第1部 数的推理
第7章 第1部 数的推理
第8章 第1部 数的推理
第9章 第1部 数的推理
第10章 第1部 数的推理

## ［1］ 連立方程式の解法

（1）未知数が２つの場合

実際に、次の方程式を２通りの方法で解いてみる。

$$\begin{cases} 2x + 3y = 16 \cdots ① \\ 3x - 2y = 11 \cdots ② \end{cases}$$

〔方法１・代入法〕

まず、①より$y$を$x$で表す。

$$y = \frac{16 - 2x}{3} \cdots ③$$

これを②に代入すると、

$$3x - 2 \cdot \frac{16 - 2x}{3} = 11$$

$$9x - 32 + 4x = 33$$

$$13x = 65 \qquad よって、x = 5$$

これを③に代入して、$y = 2$

〔方法２・消去法〕

①②より、$x$を消去することを考える。

①×３より、$6x + 9y = 48$ …③

②×２より、$6x - 4y = 22$ …④

③－④より$6x$が消えるので、$13y = 26$

これから、$y = 2$

これを①に代入して、$x = 5$

（2）未知数が３つの場合

基本の考え方は未知数が２つの場合と同じだが、未知数が３つの場合は、解を求めるために式も３つ必要。ここでは、消去法で次の連立方程式を解いてみる。

$$\begin{cases} 2x + 3y + 5z = -1 & \cdots ① \\ 3x - 5y + z = 2 & \cdots ② \\ 4x + y + 2z = 9 & \cdots ③ \end{cases}$$

①－②×５より$z$を消去して、$-13x + 28y = -11$ …④

②×２－③より$z$を消去して、$2x - 11y = -5$ …⑤

この$xy$についての連立方程式を解く。④×２＋⑤×13より、$-87y = -87$

よって、$y = 1$　　⑤に代入して、$x = 3$　　②に代入して、$z = -2$

---

**【基礎演習】**

A、B、Cの３人がビー玉を何個かずつ持っており、以下のようにビー玉をやり取りした。

「Aが持っているビー玉の数の$\frac{1}{4}$をBに、次にBが、Aからもらったビー玉を含め、持っている数の$\frac{1}{5}$をCに、さらにCが、Bからもらったビー玉を含め、持っている数の$\frac{1}{8}$をAにあげた」

このやり取りの結果、A、B、Cが持っているビー玉の数は、それぞれ42個、36個、21個となった。やり取りする前にCが持っていたビー玉の数は何個だったか。

**1** 12個　　**2** 13個　　**3** 14個　　**4** 15個　　**5** 16個

**＜解き方＞**

A、B、Cが初めに持っていた個数を、$a$、$b$、$c$とする。

問題文より、３人の個数は、次のように変化する。

$$A : a \quad \rightarrow \quad \frac{3}{4}a \quad \rightarrow \quad \frac{3}{4}a + \frac{1}{8}\{c + \frac{1}{5}(b + \frac{1}{4}a)\} = 42 \quad \cdots ①$$

$$B : b \quad \rightarrow \quad b + \frac{1}{4}a \quad \rightarrow \quad \frac{4}{5}(b + \frac{1}{4}a) = 36 \quad \cdots ②$$

$$C : c \quad \rightarrow \quad c + \frac{1}{5}(b + \frac{1}{4}a) \quad \rightarrow \quad \frac{7}{8}\{c + \frac{1}{5}(b + \frac{1}{4}a)\} = 21 \quad \cdots ③$$

②より、$(b + \frac{1}{4}a) = 45$　これを、③に代入して $c$ を求める。

$$\frac{7}{8}(c + \frac{1}{5} \times 45) = 21 \quad よって、c = 15$$

正解　**4**

※ $(b + \frac{1}{4}a)$ という式に注目しよう。その場合、$(b + \frac{1}{4}a) = X$ とおいて式を変形

してもよい。

## [2] 不定方程式（未知数の数よりも式が少ない場合）

　未知数より式の数が少なければ、解は完全には確定しない。たとえば、未知数 $x$、$y$、$z$ を含む方程式、A＝B＝Cでは、A＝B、B＝Cの2つの連立方程式が得られ、$x$、$y$、$z$ は確定しない。ただし、**式以外の他の条件が提示されている場合は、それと合わせて考え、答えを導くことができ、次の2つのテクニックを用いることになる。**

### [不定方程式の基本テクニック]

◎ $x$、$y$ を $z$ を用いて表す。

　A＝B、B＝Cの連立方程式から、**$y$ を消去して $x = f(z)$、$x$ を消去して $y = f(z)$** とし、他の条件を加えて答えを限定していく。

◎ $x$、$y$、$z$ を他の文字 $k$ で表す。

　**A＝B＝C＝$k$ とおいて、A＝$k$、B＝$k$、C＝$k$ の3式から、$x$、$y$、$z$ を $k$ で表す。**

---

### 【基礎演習】

　満水になっているプールに、注水口A、Bと排水口Cがある。AとCを開くと48分で水はなくなり、BとCを開くと1時間でなくなる。また、3つとも開くと4時間でなくなるという。ではCのみを使って排水したときに要する時間は何分か。

　**1**　22分　　**2**　24分　　**3**　26分　　**4**　28分　　**5**　30分

### <解き方>

　A、B、Cそれぞれの1分当たりに出る水量を $a$、$b$、$c$ (m³/分) とし、プールの容積を $k$ (m³) とする。また求める時間を $t$ 分とすると、

$k + 48a = 48c$ より、　　　　　　$k = (c - a) \cdot 48$　…①

$k + 60b = 60c$ より、　　　　　　$k = (c - b) \cdot 60$　…②

$k + 240(a + b) = 240c$ より、　$k = (c - a - b) \cdot 240$ …③

Cのみで排水して $t$ 分かかるから、$k = ct$ …④

　$t$ を求めるには、①②③の３本の式から、$b$、$k$ をそれぞれ $c$ で表し、④に代入する。

①②より、　$48(c - a) = 60(c - b)$ 　∴$-4a + 5b = c$ …⑤

②③より、　$60(c - b) = 240(c - a - b)$ 　∴$4a + 3b = 3c$ …⑥

⑤+⑥より、　$8b = 4c$ 　$b = \dfrac{1}{2}c$

②に代入して、$k = \left(c - \dfrac{1}{2}c\right) \cdot 60 = 30c$

よって④に代入すると、$30c = ct$ 　となり、$c \neq 0$ 　なので 　$t = 30$

正解　**5**

## **3** 最小公倍数の応用

Level 1 ▷ **Q07**

最小公倍数は、素因数分解を考えれば求められる。共通因数に残りの因数をかければよい。

(例)　$4 = \boxed{2} \times 2$ 　　　　　※連除法

　　　$6 = \boxed{2} \times \quad 3$

最小公倍数 $= \boxed{2} \times 2 \times 3 = 12$ 　　　$2 \times 2 \times 3 = 12$

　周期に関する問題では、最小公倍数の考え方が有効なことが多い。

　例えば、右図でP、Qが１辺の長さが等しい正
方形と正六角形を同じ速さでまわるとき、４と
６の最小公倍数である12単位時間ごとに出会う。
繰り返しの周期は、最小公倍数と関係する。

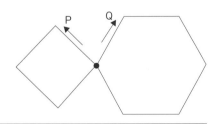

　日本の暦の十干十二支（じっかんじゅうにし）も典型的なもの。還暦
の60歳が最小公倍数である。

---

**【基礎演習】**

　ある鉄道会社の操車場に、午後４時には22本の電車がある。この後、６分ごとに３
本出ていき、８分ごとに１本電車が入って来る。操車場から電車がなくなるのは何時何
分か。

　**1**　午後４時30分　　**2**　午後４時48分　　**3**　午後４時54分

　**4**　午後４時56分　　**5**　午後５時

**＜解き方＞**

　増えるものと減るものが時差のある組になっているので、６分と８分の最小公倍数に
注目する。６と８の最小公倍数は24なので、まず24分ごとに考える。

第1章　第1部　数的推理
第2章　第1部　数的推理
第3章　第1部　数的推理
第4章　第1部　数的推理
第5章　第1部　数的推理
第6章　第1部　数的推理
第7章　第1部　数的推理
第8章　第1部　数的推理
第9章　第1部　数的推理
第10章　第1部　数的推理

24分で、3×4＝12本　出て、1×3＝3本　入ってくるので、24分で9本がなくなると考えられる。

　すると48分後には18本がなくなり、22－18＝4本残ることがわかる。

　あとは簡単な図を描いて、

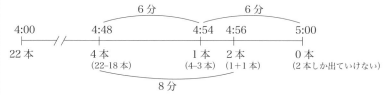

　続く6分で4－3＝1本。8分で1＋1＝2本。12分で0本。

　よって、電車がなくなるのは、48＋12＝60(分後)

正解　**5**

# 4 料金体系

Level 1 ▷ **Q09**

　一定の基本料金があって、それ以後は使用量やかかった時間ごとに比例して増えていく場合と、タクシー料金のように、一定時間ごとに上がっていく場合がある。前者の方が簡単。また、使用期間・使用量に応じて割引が適用され、基本料金・従量料金が下がっていく場合など複雑な場合もあるが、基本パターンは以下のグラフの組み合わせになる。

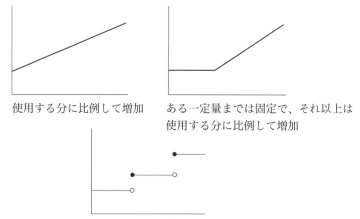

使用する分に比例して増加　　　ある一定量までは固定で、それ以上は
　　　　　　　　　　　　　　　　使用する分に比例して増加

使用する分に応じて、段階的に増加

**【基礎演習】**

　ある市の水道料金は、大口、小口の2つの種類があり、共にある量までは固定料金で、超過分に対しては水量に比例した料金をとっている。大口、小口の固定料金はそれぞれ7000円、1000円であり、固定料金のみで最大限に使える水量の比は10：1である。

超過分に対しては1m³当たり、大口2円、小口5円が課される。このとき、1500m³の水の料金は同じであり、どちらも固定料金のみでは使えないという。小口の固定料金で使える水量は何m³までか。

**1** 80m³ **2** 90m³ **3** 100m³ **4** 110m³ **5** 120m³

**＜解き方＞**

固定料金を$a$、超過料金の単価を$b$、固定料金で使える最大の量を$t$とすると、問題文の料金体系は次のようになる。

$xm^3$使ったときの料金$y$円は、

$$\begin{cases} （x \leq t \text{のとき}） & y = a \\ （x > t \text{のとき}） & y = a + b(x - t) \end{cases}$$

ここで、小口、大口の固定料金で使える最大の量を$t$、$10t(m^3)$ とする。

| | 固定料金 | 超過分 | 超過料金 |
|---|---|---|---|
| 小口 | $t$m³まで1000円 | $1500 - t$ | 5（円/m³） |
| 大口 | $10t$m³まで7000円 | $1500 - 10t$ | 2（円/m³） |

すると、1500m³の料金は上の表から、

　　小口　$1000 + 5(1500 - t)$（円）

　　大口　$7000 + 2(1500 - 10t)$（円）　となる。

この2つが等しいので、

　　$1000 + 5(1500 - t) = 7000 + 2(1500 - 10t)$　　　これを解くと、　$t = 100$

したがって100m³まで、小口の固定料金で使うことができる。

正解　**3**

---

## スピードチェック！

**1** AとBの箱があり、それぞれの箱に赤玉と白玉が入っている。Aの箱には赤玉と白玉が3：2の割合で入っている。Bの箱には赤玉の数はわからないが、白玉が50個入っている。いま、Bの箱からAの箱へ、Aの箱に入っている赤玉と同じ個数だけ移したら、Aの箱の中にある赤玉と白玉の個数がそれぞれ60個となった。残ったBの箱を見ると、最初に入っていた赤玉と白玉の比と同じであった。最初にBの箱に入っていた赤玉の個数は何個か。

**1** 25個 **2** 28個 **3** 30個

Aには赤：白＝3：2で入っていて、BからAの赤玉と同じ個数だけ移したのだから、移した玉は比の3にあたる数である。

移した後に、Aは赤・白60個ずつ（1：1）になるのだから、移した玉の赤：白の比は、3を1：2に分割したものと考えられる。

そして、Bは移した前後で赤白の比が変わらないのだから、移した玉の比と、もとの玉の比は同じである。したがって、最初にBに入

全体像をつかむ
POINT整理

第1章 第1部 数的推理
第2章 第1部 数的推理
第3章 第1部 数的推理
第4章 第1部 数的推理
第5章 第1部 数的推理
第6章 第1部 数的推理
第7章 第1部 数的推理
第8章 第1部 数的推理
第9章 第1部 数的推理
第10章 第1部 数的推理

**4** 32個 **5** 35個

- 最初にAの箱に入っていた赤玉と白玉の個数をそれぞれ$3x$、$2x$として、方程式を立てる。
- ここでは、比の考え方の練習をしておこう。慣れると計算もラクで確実に正解が出る。

**2** A地点から200km離れたB地点にトラックでガソリンをドラム缶に詰めて合計450 L運んだ。そのトラックには一度にガソリン90 Lのドラム缶を積むことができ、燃料タンクにはガソリンが20 Lまで入る。このトラックはガソリン1 Lにつき10km走ることができる。A地点と中間地点Cを何回か往復した後、C地点とB地点を再び往復してガソリンを運んだ。A地点で最低いくらのガソリンを用意したか。ただし、A地点で用意するガソリンは、トラックが燃料として使用できるものを含めるものとする。

**1** 520 L **2** 560 L **3** 620 L
**4** 650 L **5** 680 L

- トラック自身の燃料をどう計算するか。
- C地点にガソリン全部を運んだとき、燃料はどれだけ使用したか。
- C地点からガソリン全部をB地点に運んだとき、

っていた赤の個数を$x$とすると、
$1:2 = x:50$　よって、$x = 25$

**正解　1**

**[別解]**
最初にAの箱に入っていた赤玉と白玉の個数をそれぞれ$3x$、$2x$とすると、Bから移した玉は$3x$なので、
$3x + 2x + 3x = 60 \times 2$
よって、$x = 15$
Aには赤45個、白30個が入っていたので、Bから移した玉は、
赤：白$= 15:30 = 1:2$
Bは移した後も赤白の比が変わらないのだから、最初にBの箱に入っていた赤白の比は$1:2$と考えられる。最初Bに白玉50個入っていたので、
$1:2 = y:50$　$y = 25$

ガソリン運搬分

A　　　　　　　　　　C

燃料分

450 Lのガソリンを90 Lずつ運ぶから、$450 \div 90 = 5$　A～Cで、5回運び（A→C）、4回戻る（C→A）。
ここでトラックが使う燃料は、
$(5 + 4) \times 100 = 900$(km)走り、燃料は$900 \div 10 = 90$( L)
ここで、トラック自身が使う燃料も運ぶものと考えるから、C～Bの運搬に必要な分の燃料もAからCに移動しておかなければならない。
C～Bで使う燃料はA～Cと同じ90 Lで、それをACの1往復

燃料はどう調達したか。

で運ぶ。その1往復のための燃料は、$(100 \times 2) \div 10 = 20$（L）
よって、Aで用意するガソリンは、
$(450 L) + (A\sim C の燃料) + (燃料の移動分) + (C\sim B の燃料)$
$450 L + 90 L + 20 L + 90 L$
$= 650 L$

**正解　4**

**3**　ある本を4日で読んだ。1日目は全体の$\dfrac{1}{5}$より60ページ多く読み、2日目は残った量の$\dfrac{1}{3}$より10ページ多く読んだ。3日目は残った量の$\dfrac{3}{5}$より30ページ少ない量を読み、4日目は残りを読んだ。4日目で読んだ量は、本全体のページ数の$\dfrac{1}{6}$より80ページ多かった。3日目に何ページ読んだか。

**1**　330ページ　**2**　360ページ　**3**　420ページ
**4**　450ページ　**5**　480ページ

・本の総ページ数を$x$として方程式を立てる。
・それぞれの日にどれだけの量を読んだのかを、1日目から順番に考える。

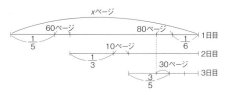

図より、

1日目　$\dfrac{1}{5}x + 60$

2日目　$\dfrac{1}{3}\{x - (\dfrac{1}{5}x + 60)\}$
$+ 10 = \dfrac{4}{15}x - 10$

3日目　$\dfrac{3}{5}\{x - (\dfrac{1}{5}x + 60)$
$- (\dfrac{4}{15}x - 10)\} - 30$
$= \dfrac{8}{25}x - 60$

4日目　$\dfrac{1}{6}x + 80$

となり、これを加えると$x$になる。したがって、

$\dfrac{1}{5}x + 60 + \dfrac{4}{15}x - 10 + \dfrac{8}{25}x$
$- 60 + \dfrac{1}{6}x + 80 = x$

この方程式を解くと、$x = 1500$
求めるものは3日目の読書量なので、代入すると、

$\dfrac{8}{25} \cdot 1500 - 60 = 420$

**正解　3**

**4**　ビデオテープが1本あり、標準録画で60分、3倍録画で180分だけそれぞれ録画できる。160分の番組を最初は標準録画で、残りを3倍

テープの長さを60とし、標準で$x$の長さ、3倍で残りの$60 - x$の長さだけ使うとする。

録画で録画し、1本のテープをちょうど最後まで使うことで番組がすべて収まるようにセットした。ところが番組が面白くなかったので、5分で録画をやめた。3倍録画で録画すると、残りのテープで何分録画できるか。

**1** 130分　　**2** 140分　　**3** 155分
**4** 165分　　**5** 170分

・テープの長さは何cmかわからないが、時間60分に対応させて、単位を考えない値で60とする。
・標準録画、3倍録画で使うテープの長さをそれぞれ$x$、$60-x$と考えると解きやすい。
・3倍録画の場合、テープの使用する長さは標準の3分の1であるが、この問題では考えなくてよい。

**5**　ある遊園地の入場料は大人2000円、子供1500円で、乗り物券は大人・子供ともに1000円である。ある日の子供の入場者数は大人の半分より45人少なく、また乗り物券を買った人は、全入場者の$\dfrac{5}{6}$だったので、総売上げは195万円未満であった。もし大人があと8人入場していれば、その8人の入場料を加えただけで総売上げは195万円を超えたはずである。この日の乗り物券は何枚売れたか。

**1** 200枚　　**2** 300枚　　**3** 400枚
**4** 500枚　　**5** 600枚

$x+3(60-x)=160$（分）が成り立つ。
これを解くと、$x=10(>5)$
したがって、録画をやめるまでの5分間は標準録画だったことになる。
このとき残りのテープの長さは、
$$60-5=55$$
このテープをすべて3倍録画で録画すると、
$$55\times3=165$$
となり、165分まで録画できる。

**正解　4**

大人$x$人、子供$y$人が入場し、乗り物券が$z$枚売れたとすると、
$$y=\frac{x}{2}-45 \quad \cdots①$$
$$z=\frac{5}{6}(x+y)$$
$$2000x+1500y+1000z<1950000$$
$$1950000<2000(x+8)+1500y+1000z$$
上の2つの等式から、$z$を$x$で表すと、
$$z=\frac{5}{4}x-\frac{75}{2} \quad \cdots②$$
となる。したがって①②を2つの不等式に代入して解くと、
$$x<\frac{2055}{4}=513.75$$
$$x>\frac{2039}{4}=509.75$$
$x$、$y$は整数で、①式から$x$は偶数になるので、

$x = 510$、512が考えられる。
また、②において$x$が4の倍数
ならば、$z$は整数とならない。よ
って、$x = 510$に絞られる。これ
を②に代入して、$z = 600$

**正解　5**

**6**　ある宝くじ発売所の前に発売時間前から人が並
び、開始後も行列に加わる人がいる。発売窓口が
6個のとき70分で行列がなくなり、8個のとき
42分で行列がなくなるという。では発売窓口を
24個にしたとき、行列は何分でなくなるか。た
だし、開始後1分間ごとに一定の人数が行列に加
わるものとし、各窓口の処理能力も、すべて一定
で等しいものとする。

| **1** | 10分 | **2** | 10分30秒 | **3** | 11分 |
|---|---|---|---|---|---|
| **4** | 11分30秒 | **5** | 12分 | | |

・1分間で行列から減る人数を、窓口の個数、窓
口の処理能力、行列に加わる人数、で表すこと
が基本。

・増加する要素と減少する要素の変化の条件から、
処理時間などを求める、「仕事算」の応用問題
である。ニュートンが考え出した問題といわれ
ている。

発売前に並んでいる人数を$A$人、
1つの窓口で1分間に処理できる
人数を$a$人、窓口の個数を$n$個、
行列に加わる人数を$b$人／分、行
列がなくなるまでの時間を$t$分と
する。

まず1分当たりに行列からは
$an - b$(人)減ることがわかる。
よって、行列がなくなった時、
$A = (an - b) t$　が成り立つ。

これから、
$A = (6a - b) \cdot 70$　…①
$A = (8a - b) \cdot 42$　…②
また、求める答えを$x$分とすると、
$A = (24a - b) \cdot x$　…③
という3つの式が得られる。
①②から、
$70(6a - b) = 42(8a - b)$
これを解くと、　$b = 3a$
①(もしくは②)に代入して、
$A = 210a$
これらを③に代入して、
$210a = (24a - 3a)x$
$210a = 21ax$
$a \neq 0$なので　$x = 10$

**正解　1**

Level 1 p140〜p149　　Level 2 p182〜p185

## ■可能な場合を順序よく調べつつ、計算は規則的に。

　場合の数や確率を求める問題では、**考え方が大切であり、単純に公式をあてはめよう
としてはいけない**。いろいろ条件が複雑に組み合わさった問題が多いので、単純な公式
だけではすまないのである。最初は考えられるすべての場合を効率よくあげていくこと
が重要で、このとき辞書式配列などを意識する。**思いつきであげると、抜け（数え忘
れ）が出るので要注意**。

## **1** 最短経路

Level 1 ▷ **Q16,Q19**

途中の分岐点について、そこまでたどりつく数を順に足して、ゴールまでの総数を求める。

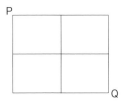

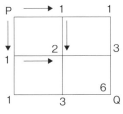

P→Qの最短経路は6通り

組合せの考え方でも解ける。

**4本の辺を通るが、その中でどこに縦の道（2本）を入れるかの組合せ**と考える。

$$_4C_2 = \frac{4 \times 3}{2 \times 1} = 6$$

---

**【基礎演習】**

　右の図でAからBへ行く最短経路は何通りあるか。

**1**　30通り
**2**　32通り
**3**　34通り
**4**　36通り
**5**　38通り

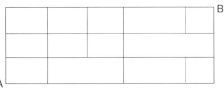

**<解き方>**

　各交点にたどり着くまでの行き方を、
Aに近い順に数える。

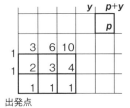

出発点

1経路進むごとに、何通りあるかを数えていけば解ける。例えば、

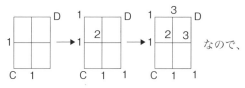

なので、

Cから Dへの最短経路は6通りだと考えられる（図中の数字はそれぞれの交点にCから至る最短経路の数を表している）。

このように考えると、例題の場合38通りの経路が考えられる。

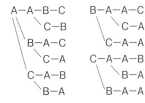

**正解　5**

第1章 第1部 数的推理
第2章 第1部 数的推理
第3章 第1部 数的推理
第4章 第1部 数的推理
第5章 第1部 数的推理
第6章 第1部 数的推理
第7章 第1部 数的推理
第8章 第1部 数的推理
第9章 第1部 数的推理
第10章 第1部 数的推理

## 2 場合の数

Level 1 ▷ **Q17**　　Level 2 ▷ **Q37**

ある事象の考えられるすべての場合の総数を求めるのが場合の数の問題。解き方の基本として、樹形図と辞書式配列がある。

樹形図：可能な場合をすべて表示するときの図。「根」を左にして木が枝を張るように右の方に場合を分けていく。

辞書式配列：ＡＡＡ、ＡＡＢ、ＡＡＣ、などのように、辞書にある単語の並びと同じように並べた順序。

例：A、A、B、Cの4つの文字を並べる方法

・辞書式配列

```
AABC   AACB   ABAC
ABCA   ACAB   ACBA
BAAC   BACA   BCAA
CAAB   CABA   CBAA
```

・樹形図

```
A-A-B-C      B-A-A-C
     C-B           C-A
  B-A-C        C-A-A
     C-A      C-A-A-B
  C-A-B            B-A
     B-A      B-A-A
```

以上12通り

**【基礎演習】**

図のように、円周を4等分した点から線を引いて円を5つの部分に分けた。この部分を決められた5色で塗り分ける場合、何通りの塗り方が考えられるか。ただし回転して同じ塗り方になる場合は、同じものと考える。

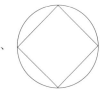

**1**　15通り　　**2**　20通り　　**3**　25通り　　**4**　30通り

**5**　35通り

<解き方>

　5色を決めて、正方形の色を決める。そのときの弓形の色の塗り方が何通りあるか考える。色を塗る方向を決めてやると考えやすい。樹形図は正確にしあげることが大切である。

　円は、正方形と4つの等しい形をした弓形に分けられているので、回転を考えると弓形の塗り方に注意しなければならない。
　今、5色をABCDEとして、Aを正方形の所に塗った場合の数を求める。B〜Eの4色を、回転を考えて塗り分けねばならないので、Bを固定して、Bから時計回りで塗る塗り方を求めれば良い。

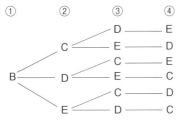 

の6通りとなる。
　正方形にB〜Eを塗った場合も同様なので、求める解答は、
　6×5＝30(通り)

**正解　4**

---

## 3 順列

Level 1 ▷ **Q18,Q20**

　順列とはいくつかのものを1列に並べることで、$n$個の異なるものを並べる方法は全部で、
　　$n！＝n(n-1)(n-2)……2・1$　　通りある。
　$n！$は「$n$の階乗」と読み、$n$から始まるかけ算を1までかけた答えを表す。
　$n$個の異なるものから$k$個を選んで並べる方法は、全部で、
　　$_nP_k＝\dfrac{n！}{(n-k)！}＝n(n-1)(n-2)……(n-k+1)$　通りある。

　同じものが複数ある場合、例えばAが$p$個、Bが$q$個、Cが$r$個で、$p+q+r＝n$のとき、すべてのA、B、Cを並べる方法は、全部で、
　　$\dfrac{n！}{p！q！r！}$　通りになる。

　また、$n$個の異なるものを円形に並べる方法（円順列）は$(n-1)！$通りあり、裏表を区別しなければ（じゅず順列）、総数はさらにその半分になる。

### 【基礎演習】

　テニスの練習をした3人がジャンケンをして、負けた1人または2人が用具の片付けをすることとした。3人がそれぞれ任意にグー、チョキ、パーのうちの1つを出すとき、1回のジャンケンで勝負がつく確率はどれか。

**1** $\dfrac{1}{3}$　**2** $\dfrac{1}{2}$　**3** $\dfrac{2}{3}$　**4** $\dfrac{3}{4}$　**5** $\dfrac{5}{6}$

**＜解き方＞**

　ジャンケンの出し方は3人が3通りずつ出す可能性があるから、　$3 \times 3 \times 3 = 27$(通り)

　ここで、「1回のジャンケンで勝負がつく確率」＝「アイコにならない確率」なので（余事象）、まずアイコになる場合の数を考える。アイコ＝（3人とも出し方が同じ）＋（3人とも異なる）であるから、グーを○、チョキを×、パーを△とすると、

　3人とも同じ＝○○○、×××、△△△　の3通り。

　3人とも異なる（3種類の順列)＝○△×、○×△、△○×、△×○、×○△、×△○
$= 3 ! = 6$(通り)

　よって、アイコになるのは、$3 + 6 = 9$(通り)

　したがって、アイコになる確率　$\dfrac{9}{27} = \dfrac{1}{3}$　1回で勝負がつく確率　$1 - \dfrac{1}{3} = \dfrac{2}{3}$

正解　**3**

---

## **4** 組合せ

Level 1 ▷ **Q16,Q19**　　Level 2 ▷ **Q38**

　組合せとはいくつかのものから何個か選んで組にすることで、$n$ 個の異なるものから $k$ 個を選ぶ方法は、全部で、

$$_n\mathrm{C}_k = \frac{n\,!}{k\,!\,(n-k)\,!} = \frac{n(n-1)(n-2)\cdot\cdot\cdot\cdot\cdot(n-k+1)}{k(k-1)\cdot\cdot\cdot 2\cdot 1} \text{通り。}$$

**【基礎演習】**

　図のように、縦5本横4本の直線からつくられた図形がある。この中に何個の長方形（正方形も含む）があるか。ただし、同じ形でも、1本でも別の直線を用いていれば、違うものとして数える。

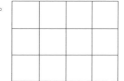

　**1**　60個　　**2**　65個　　**3**　70個　　**4**　75個　　**5**　80個

**＜解き方＞**

　図形の性質を考える。この場合、縦線を2本、横線を2本選ぶと、1つの長方形ができることに気づけばよい。

　5本の縦線から2本を選ぶ選び方は、$_5\mathrm{C}_2 = \dfrac{5 \times 4}{2 \times 1} = 10$(通り)

　4本の横線から2本を選ぶ選び方は、$_4\mathrm{C}_2 = \dfrac{4 \times 3}{2 \times 1} = 6$(通り)

　したがって、これをかければ、求める解答が得られる。

　$10 \times 6 = 60$

正解　**1**

**[別解]**

　それぞれ同じ形の長方形に注目して数えてもよい。

第1章　第1部　数的推理
第2章　第1部　数的推理
第3章　第1部　数的推理
第4章　第1部　数的推理
第5章　第1部　数的推理
第6章　第1部　数的推理
第7章　第1部　数的推理
第8章　第1部　数的推理
第9章　第1部　数的推理
第10章　第1部　数的推理

# 5 整数の組合せ

Level 2 ▷ **Q32**

100円硬貨、50円硬貨、10円硬貨を使って200円を表す方法は、

(100円の枚数, 50円の枚数, 10円の枚数)

=(2，0，0)，(1，2，0)，(1，1，5)，(1，0，10)，(0，4，0)，

(0，3，5)，(0，2，10)，(0，1，15)，(0，0，20)

の9通り。このタイプの問題は、上のように**規則的に書きあげること**が第一歩。そこからルール、規則性が見つけ出せればよい。

---

**【基礎演習】**

1から10までの整数のカードが1枚ずつ、計10枚ある。このうち4枚を取り出し、その4枚の中で、ある3枚を取り出すと、その和が残りの1枚より小さくなるような組合せは何通りあるか。

**1** 6通り **2** 8通り **3** 11通り **4** 14通り **5** 16通り

**＜解き方＞**

問題は、「$1 \leqq a < b < c < d \leqq 10$を満たす整数$a$、$b$、$c$、$d$のうち、$a + b + c < d$となるような$a$、$b$、$c$、$d$の組合せは何通りあるか」という問題に置き換えることができる。小さい順に$a + b + c$を設定し、残りの1枚になりえる$d$を考える。

①$a + b + c = 6$のとき、$a$、$b$、$c$は（1，2，3）の1通り

$d$は7、8、9、10の4通りで　$1 \times 4 = 4$通り。

②$a + b + c = 7$のとき、$a$、$b$、$c$は（1，2，4）の1通り

$d$は8、9、10の3通りで　$1 \times 3 = 3$通り。

③$a + b + c = 8$のとき、$a$、$b$、$c$は（1，2，5）、（1，3，4）の2通り

$d$は9、10の2通りで　$2 \times 2 = 4$通り。

④$a + b + c = 9$のとき、$a$、$b$、$c$は（1，2，6）、（1，3，5）、（2，3，4）の3通り

$d$は10の1通りで$3 \times 1 = 3$通り。

したがって、これらの和は　$4 + 3 + 4 + 3 = 14$(通り) である。

正解　**4**

---

# 6 確率

Level 1 ▷ **Q19,Q20**

ジョーカーを除く52枚のトランプから1枚を選ぶとき、選んだ1枚がハートである確率は、$\dfrac{13}{52} = \dfrac{1}{4}$である（ハートが13枚あるため）。

このように確率の計算では、場合の数を求めることが基本になる。

ハートでない確率は、$1 - \dfrac{1}{4} = \dfrac{3}{4}$で、1からハートである確率を引けばよい（**余事象**）。

2枚続けて選んだとき、2枚ともハートである確率は、$\dfrac{13}{52} \cdot \dfrac{12}{51} = \dfrac{1}{17}$

（1枚選んだ後に残った51枚のうち12枚がハート）

になり、**確率の積で求める**ことになる。

確率の積：Pの起こる確率が $p$ で、Pが起こったときに $q$ の確率でQが起これば、全体に
　　　　　おけるQの起こる確率は $p \times q$ となる。

---

**【基礎演習】**

　ある地方の9月の天気を、雨が降る日と降らない日の2つに分けると、雨が降った日の
翌日に雨が降る確率は $\dfrac{1}{4}$ である。また、雨が降らない日の翌日に雨が降る確率は $\dfrac{1}{3}$
である。9月1日に雨が降ったときに9月4日も雨が降る確率を求めよ。

**1** $\dfrac{39}{128}$　　**2** $\dfrac{43}{128}$　　**3** $\dfrac{27}{64}$　　**4** $\dfrac{47}{192}$　　**5** $\dfrac{59}{192}$

**＜解き方＞**

9月2日、9月3日の天気について場合分けし、それぞれの確率を出す。
まず、翌日の天気の確率をすべて求めると、

9月1日からの天気の変化を描くと、

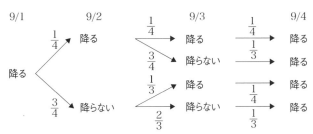

となるから、求める確率は、

$$\dfrac{1}{4} \cdot \dfrac{1}{4} \cdot \dfrac{1}{4} + \dfrac{1}{4} \cdot \dfrac{3}{4} \cdot \dfrac{1}{3} + \dfrac{3}{4} \cdot \dfrac{1}{3} \cdot \dfrac{1}{4} + \dfrac{3}{4} \cdot \dfrac{2}{3} \cdot \dfrac{1}{3}$$

$$= \dfrac{1}{64} + \dfrac{1}{16} + \dfrac{1}{16} + \dfrac{1}{6} = \dfrac{59}{192}$$

**正解　5**

**1** 図のように、正方形に2つの対角線を引き4つの部分に分ける。この分けられた部分を赤、黄、緑の3色（1色しか使わなくてもよい）を使って塗る方法は、全部で何通りあるか。ただし、回転させて重なる塗り方は同じとみなし、裏返ししないものとする。

**1** 20通り　　**2** 21通り　　**3** 22通り

**4** 23通り　　**5** 24通り

・回転して重なる配置はどんな場合か。

・何色使うかで場合分けして、基準の色と残りの配置の仕方を丁寧に考える。

・一度しっかり考えておくと、問題のバリエーションに対応できる。

（Ⅰ）1色で塗る場合
→Aの1色選ぶだけで、3通り

（Ⅱ）2色で塗る場合

①AABBのタイプ（ABを区別しない）
→2色を選ぶだけで、${}_3C_2 = 3$ 通り

②ABABのタイプ（ABを区別しない）
→2色を選ぶだけで、${}_3C_2 = 3$ 通り

③ABBBのタイプ（ABは区別する）
→${}_3C_2 \times 2 = 6$ 通り

（Ⅲ）3色で塗る場合

①ABACのタイプ（BCを区別しない）
→Aに3色を選ぶだけで、3通り

②AABCのタイプ（ABCは区別する）
→3色の順列だから、${}_3P_3 = 6$ 通り

以上から、$3 + 3 + 3 + 6 + 3 + 6 = 24$ 通り

**正解　5**

---

**2** りんご、バナナ、なしを1620円の予算で、合計10個以内ならばどんな買い方をしてもよいと言われた。りんごは3個買った。残りの予算内で、バナナとなしを買うとき、その買い方は何通りあるか。1個当たりの値段は、りんご、バナナ、なしそれぞれ100円、120円、240円で、バナナ、なしとも少なくとも1個は買うものとする。

**1** 19通り　　**2** 21通り　　**3** 23通り

**4** 25通り　　**5** 27通り

・連立不等式の表す領域をグラフに描き、その中の格子点（どの座標も整数である点）の個数を調べる。

バナナ $x$ 個、なし $y$ 個を買うと考えて、グラフを用いて解く。

問題から、

$x + y \leq 7$ 　…①

$120x + 240y \leq 1320$

$\therefore x + 2y \leq 11$ 　…②

一般に $ax + by = c$ のときは、$x$ 切片が $\dfrac{c}{a}$、$y$ 切片が $\dfrac{c}{b}$ となるので、①②を示す領域を図示するとグラフのようになる（座標軸以外の境界を含む）。

ただし、図は説明のためのもので、実際には、以下のように①と②を

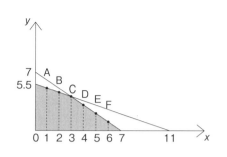

満たす整数を探したほうが速い。

図のA、B、C、D、E、Fの座標は、A（1、5）、B（2、4.5）、C（3、4）、D（4、3）、E（5、2）、F（6、1）なので、

$x=1$のとき、$y=1$、2、3、4、5
$x=2$のとき、$y=1$、2、3、4
$x=3$のとき、$y=1$、2、3、4
$x=4$のとき、$y=1$、2、3
$x=5$のとき、$y=1$、2
$x=6$のとき、$y=1$

の計19個あるので、19通りの買い方ができる。

**正解　1**

**3**　3個のサイコロを振ったとき、出た目の数の和が15になる確率を求めよ。

**1** $\dfrac{1}{108}$　　**2** $\dfrac{5}{216}$　　**3** $\dfrac{1}{36}$

**4** $\dfrac{7}{216}$　　**5** $\dfrac{5}{108}$

・3個のサイコロを区別し、和が15になるのはどんなときかを考える。

・順列・組合せの公式をそのまま当てはめるだけでなく、簡単な表を作って漏れのないよう数え上げる。

目の出方は、（5、5、5）、（4、5、6）、（3、6、6）の3通りが考えられる。また、サイコロをA、B、Cとして、それぞれの場合の数を決定する。

①（5、5、5）の場合は1通りしかないので、確率は $\dfrac{1}{6} \times \dfrac{1}{6} \times \dfrac{1}{6} = \dfrac{1}{6^{3}}$

②（4、5、6）の場合、サイコロを（A, B, C）とすると、（4、5、6）、（4、6、5）、（5、4、6）、（5、6、4）、（6、4、5）、（6、5、4）の6通りあるので、このときの確率は、$\dfrac{1}{6^{3}} \times 6 = \dfrac{6}{6^{3}}$

③（3、6、6）の場合、（3、6、6）、（6、3、6）、（6、6、3）の3通りあるので、確率は、$\dfrac{1}{6^{3}} \times 3 = \dfrac{3}{6^{3}}$

①～③を加えて、$\dfrac{1}{6^{3}}(1+6+3) = \dfrac{5}{108}$

**正解　5**

**4**　ある製品がある。1次検査でこの製品が不良品になる確率は0.12だが、その中には2次検査で0.17の確率で良品が見つけられる。また、1次検査の良品の中にも、2次検査で0.18の確率で不良品が見つけられる。2次検査の結果、良品である確率に最も近いのはどれか。

**1**　0.72　　**2**　0.74　　**3**　0.76
**4**　0.81　　**5**　0.92

・1次で不良だが、2次で良と判断されるものの確率は？
・1次で良かつ2次で良と判断されるものの確率は？

1次検査で良品と判定され、2次検査でも良品と判定される確率は、
（1－0.12）（1－0.18）＝0.7216
1次検査で不良品と判定され、2次検査で良品と判定される確率は、
0.12×0.17＝0.0204
したがって、2次検査の結果、良品である確率は、0.0204＋0.7216＝0.742≒0.74

**正解　2**

**5**　図のようなマス目にコマを置いてサイコロを振り、奇数が出たらそのマス目から左方向へ、偶数が出たら右方向へそれぞれ出た数の分だけマス目を移動させることとする。この操作を2度繰り返したとき、コマが最初のマス目より右方向にある確率はいくらか。ただし、サイコロの数の出る確率はすべて同じとする。

**1**　$\dfrac{5}{12}$　**2**　$\dfrac{1}{2}$　**3**　$\dfrac{7}{12}$　**4**　$\dfrac{2}{3}$　**5**　$\dfrac{3}{4}$

・右に行く場合を考えてもいいが、できるだけ少ないほうを考えたほうがミスは少なくなる。

偶数のほうが目の値が大きいので、左に行く場合のほうが少ない。左に行く場合を考えると、
（1回・2回）＝（奇・奇）、（奇＞偶）、（偶＜奇）　の場合が考えられる。
（奇・奇）＝（5・5）、（5・3）、（5・1）、（3・5）、（3・3）、（3・1）、（1・5）、（1・3）、（1・1）＝3×3＝9通り
（奇＞偶）＝（5・4）、（5・2）、（3・2）＝3通り
（偶＜奇）＝（4・5）、（2・5）、（2・3）＝3通り
全部で9＋3＋3＝15（通り）
すべての目の出方は、6×6＝36通りだから、左に行く確率は、
$$\dfrac{15}{36}＝\dfrac{5}{12}$$
よって、右に行く確率は、
$$1－\dfrac{5}{12}＝\dfrac{7}{12}$$

**正解　3**

74

**6** 10名の子供たちを5名ずつの2つのグループに分けて、かけっこをさせる。A君は、その10名のうちでは2番目に走るのが速い。グループ分けを無作為に行うとすると、A君がグループの中で1等になる確率はいくらか。なお、子供たちの走る速さは、どのようにグループ分けされても変わらないものとする。

**1** $\dfrac{1}{4}$  **2** $\dfrac{1}{3}$  **3** $\dfrac{3}{7}$  **4** $\dfrac{1}{2}$  **5** $\dfrac{5}{9}$

・1番速い子供と、A君が別々のグループに入る確率を求める。

1番目に走るのが速い子供をBとし、Aがいるほうをチームa、Bがいるほうをチームbとする。10名を5名ずつのグループに分けるのは、10から5を選ぶ組み合わせになる。

$$_{10}C_5 = \frac{10 \times 9 \times 8 \times 7 \times 6}{5 \times 4 \times 3 \times 2 \times 1} = 252$$

(通り)
次に、A、Bを除いた8人から、4人を選ぶ組み合わせは、

$$_8C_4 = \frac{8 \times 7 \times 6 \times 5}{4 \times 3 \times 2 \times 1} = 70(通り)$$

この4人は、チームaかチームbに入る2通りがあるから、70×2＝140(通り)
したがって、AとBが別のチームになる確率は、$\dfrac{140}{252} = \dfrac{5}{9}$

**正解　5**

**7** 4個の数字、1、2、3、4を並べて4けたの整数をつくる。可能なすべての場合を考え、1枚ずつカードに数を記入する。このカードの中から1枚を選ぶ。次にそのカードを元に戻し、もう1枚選ぶ。こうして得られる2つの数に対し、一、十、百、千のどこかの位の数字がひとつでも同じになっている確率はいくらか。

**1** $\dfrac{3}{8}$  **2** $\dfrac{7}{12}$  **3** $\dfrac{8}{9}$  **4** $\dfrac{5}{8}$  **5** $\dfrac{1}{2}$

・仮に1234を引いたとして、2回目に一が1、十が2、百が3、千が4のひとつでも同じカードを選ぶこと。
・逆に、どの位の数も一致しない場合、すなわち一が1、十が2、百が3、千が4にならない場合を考えてみる。
・最初のカードの数に対し、2番目のカードの数

できあがったカードは全部で4×3×2×1＝24(枚)ある。
2番目のカードの数の選び方も24通り。例えば最初の数を1234とすると、これとどの位の数も一致しない数は、
2143、2341、2413、3142、3412、3421、4123、4312、4321
の9個が考えられる。
これは最初の数が1234以外の数でも同様で、すべて同じ確率と考えてよい。
したがって、どの位の数も一致しない確率は、$\dfrac{9}{24}$

余事象から、どこかの位の数が一

がどうであるかを考えれば十分。あとは別のカードでも同様と考える。

・初めに引いたカードをもとに戻すことに注意。

---

**8** Aは$\boxed{1}$、$\boxed{2}$、$\boxed{3}$、$\boxed{4}$の4枚のカードから無作為に2枚選び、Bは$\boxed{2}$、$\boxed{4}$、$\boxed{6}$、$\boxed{8}$の4枚のカードから無作為に1枚選ぶ。このときAが選んだカードの和を$a$、Bの選んだカードを$b$とする。また$a>b$となる確率を$p$、$a<b$となる確率を$q$としたとき、$p$と$q$の関係を正しく表しているものを次から選べ。

**1** $p=2q-1$　　**2** $p-q=\dfrac{1}{12}$

**3** $p+q=\dfrac{11}{12}$　　**4** $p>q>\dfrac{1}{3}$

**5** $p<\dfrac{1}{2}<q$

・Aのカードの選び方は、${}_4C_2=6$通り。

・$a=b$となる場合もある。

・$a>b$となる確率と$a<b$となる確率なので、ある程度結果を予測したい。カードの数の種類から考えて、選択肢**2**の$p-q=\dfrac{1}{12}$というような$pq$の差がつくとは考えにくい。

---

**9** ある野球の試合は7試合して、先に4勝した方が優勝となる。2チームA、Bがあり、Aが勝つ確率が$\dfrac{3}{5}$でBが勝つ確率は$\dfrac{2}{5}$で、どの試合でもこの確率は変わらない。引き分けはないものとして、第6戦で優勝が決まる確率を求めよ。

---

致する確率は、$1-\dfrac{9}{24}=\dfrac{5}{8}$

**正解　4**

Aのカードの和$a$は、$1+2=3$、$1+3=4$、$1+4=5$、$2+3=5$、$2+4=6$、$3+4=7$で、$a=3$、$4$、$5$、$5$、$6$、$7$の6通り。これに対して、Bのカードは4枚だから、比較する$a \cdot b$の組は、$6 \times 4=24$通りになる。

$a>b$となるのは、$(a,\ b)=$ $(3,\ 2)$、$(4,\ 2)$、$(5,\ 2)$、$(5,\ 4)$、$(5,\ 2)$、$(5,\ 4)$、$(6,\ 2)$、$(6,\ 4)$、$(7,\ 2)$、$(7,\ 4)$、$(7,\ 6)$の11通り。
※$a=5$が2個分あることに注意。
$a=b$となるのは、$(a,\ b)=$ $(4,\ 4)$、$(6,\ 6)$の2通り。
$a<b$となるのは、$24-11-2=11$通り。

したがって、$p=q=\dfrac{11}{24}$であり、$p$と$q$の関係で正しいのは、$p+q=\dfrac{11}{12}$となる。

**正解　3**

①Aが優勝する場合、第6戦で勝利して、その前の5試合のうち3勝する組合せの数なので、

$${}_5C_3=\dfrac{5\times4\times3}{3\times2\times1}=10通り$$

Aが4勝2敗の確率は、

$$\left(\dfrac{3}{5}\right)^4\times\left(\dfrac{2}{5}\right)^2=\dfrac{324}{5^6}$$

**1** $\dfrac{288}{3125}$ **2** $\dfrac{648}{3125}$ **3** $\dfrac{936}{3125}$

**4** $\dfrac{1224}{3125}$ **5** $\dfrac{1584}{3125}$

・Aが優勝する場合とBが優勝する場合に分ける。

・ABどちらかが第5戦終了時に3勝2敗になっていれば、第6戦で優勝が決まる。

・第1戦から第6戦までの勝敗状況は次のようになる。

××○○○○、×○×○○○、×○○×○○、×○○○×○、
○××○○○、○×○×○○、○×○○×○、○○××○○、
○○×○×○、○○○××○

よって、Aが第6戦で優勝する確率は、

$$10 \times \dfrac{324}{5^6} = \dfrac{648}{5^5}$$

②Bが優勝する場合も、勝敗の場合の数は同じなので、①と同様に考えると、

$$10 \times \left(\dfrac{2}{5}\right)^4 \times \left(\dfrac{3}{5}\right)^2 = \dfrac{288}{5^5}$$

①と②より、第6戦で優勝が決まる確率は

$$\dfrac{648}{5^5} + \dfrac{288}{5^5} = \dfrac{936}{3125}$$

**正解　3**

**10** A、B 2チームが続けて試合を行い、先に3勝した方を優勝とするように決めた。最初の試合にAが勝ったとき、Aが優勝する確率はいくらか。

ただし、A、Bが1試合で勝つ確率は共に $\dfrac{1}{2}$ で、引き分けはないものとする。

**1** $\dfrac{1}{2}$ **2** $\dfrac{9}{16}$ **3** $\dfrac{3}{8}$ **4** $\dfrac{11}{16}$

**5** $\dfrac{3}{4}$

・Aは1勝しているのだから、残りの試合を「無敗、1敗、2敗」で2勝すれば優勝できる。

次の試合以降、無敗の場合は、

○−○ $\dfrac{1}{2} \times \dfrac{1}{2} = \dfrac{1}{4}$

1敗の場合は、

×−○−○ $\dfrac{1}{2} \times \dfrac{1}{2} \times \dfrac{1}{2} = \dfrac{1}{8}$

○−×−○ $\dfrac{1}{2} \times \dfrac{1}{2} \times \dfrac{1}{2} = \dfrac{1}{8}$

2敗の場合は、

×−×−○−○

$\dfrac{1}{2} \times \dfrac{1}{2} \times \dfrac{1}{2} \times \dfrac{1}{2} = \dfrac{1}{16}$

×−○−×−○

$\dfrac{1}{2} \times \dfrac{1}{2} \times \dfrac{1}{2} \times \dfrac{1}{2} = \dfrac{1}{16}$

○−×−×−○

$\dfrac{1}{2} \times \dfrac{1}{2} \times \dfrac{1}{2} \times \dfrac{1}{2} = \dfrac{1}{16}$

よって、Aが優勝する確率は、

$$\dfrac{1}{4} + \dfrac{1}{8} \times 2 + \dfrac{1}{16} \times 3 = \dfrac{11}{16}$$

**正解　4**

Level 1 p150、p151、p156〜p159　　Level 2 p186、p187

## ■三平方の定理と基本三角形と相似比を十分に活用

　まず基礎として、**三平方の定理**と、**基本的な三角形の辺の関係**を押さえる。辺の長さを求めるときは、**相似比などの条件から、その辺の長さを含む関係式（方程式）を立てて解く**。辺の比を求めるのに有効な定理もいくつかあるが、**面積比などの条件から求める**ことも忘れてはならない。また、**円に関する長さや角の関係**も頻出項目として押さえておくこと。

# **1** 三平方の定理

Level 1 ▷ **Q21,Q24,Q25**　　Level 2 ▷ **Q39**

　三平方の定理（ピタゴラスの定理）は、直角三角形の3辺に関する重要な関係式である。今までに、相似・正方形・諸公式定理を利用した数百の証明が発表され、これを利用した問題も出題される。

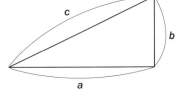

$$a^2 + b^2 = c^2$$

### 【直角三角形と相似比】

直角三角形ABCにおいて、Cから斜辺ABに垂線を下ろした足をDとする。

△ABC∽△CBD∽△ACD より、

　AB：AC＝CB：CD

　　　∴AC・CB＝AB・CD

　　　（三角形の面積の底辺と高さの関係）

　AB：BC＝CB：BD

　　　∴AB・BD＝BC²

　AB：AC＝AC：AD

　　　∴AC²＝AB・AD

※直角三角形の相似と三平方の定理は、いつでも使えるように練習をしておくこと。

### 【基礎演習】

　Aを直角に持つ直角三角形ABCがあり、AB＝2、BC＝3である。BC上にBD＝2となるように点Dをとる。

　このとき、ADの長さはいくらか。

**1** $\dfrac{2\sqrt{6}}{3}$　　**2** $\dfrac{4\sqrt{3}}{3}$　　**3** $\dfrac{5\sqrt{2}}{4}$

**4** $\dfrac{3\sqrt{2}}{2}$　　**5** $\sqrt{3}$

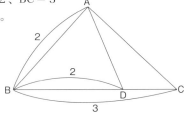

**＜解き方＞**

相似な直角三角形を考え、比をとりながら長さを決めていく。

まず、$AC = \sqrt{3^2 - 2^2} = \sqrt{5}$　である。

AからBCへ垂線AEを下ろし、$AE = x$、$BE = y$とおく。

三角形ABEと三角形CBAは相似なので、

$AB : AE = BC : AC$，　$2 : x = 3 : \sqrt{5}$

$AB : BE = BC : AB$，　$2 : y = 3 : 2$

が成り立ち、$x = \dfrac{2\sqrt{5}}{3}$、$y = \dfrac{4}{3}$

となる。

これから、$ED = 2 - \dfrac{4}{3} = \dfrac{2}{3}$である。

したがって、

$AD^2 = AE^2 + ED^2 = \left(\dfrac{2\sqrt{5}}{3}\right)^2 + \left(\dfrac{2}{3}\right)^2$

$= \dfrac{20}{9} + \dfrac{4}{9} = \dfrac{24}{9}$

よって、$AD = \sqrt{\dfrac{24}{9}} = \dfrac{2\sqrt{6}}{3}$　となる。

**正解　1**

---

## 2 基本的な三角形

Level 1 ▷ **Q24**

次の3つの直角三角形の辺の比と角の大きさは、図形の問題作成の基礎になっているから、常に頭に入れておかなければならない。

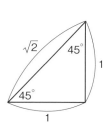
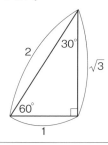
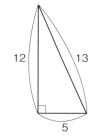

**【基礎演習】**

図のように、A点で木の頂上を見上げる角が45°、A点と反対のB点で木の頂上を見上げる角が30°である。ABの距離が16mのとき、木の高さは何mか。

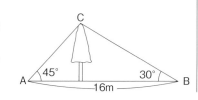

**1** $8(\sqrt{3}+1)$m    **2** $8(\sqrt{3}-1)$m    **3** $8(\sqrt{2}+1)$m

**4** $8(\sqrt{2}-1)$m    **5** $8\sqrt{2}$m

＜解き方＞

木をCDとし、その高さを$h$mとする。

三角形CADは直角二等辺三角形だから、AD$=h$である。すると、BD$=16-h$となる。

三角形CDBは30°、60°、90°の直角三角形で、CD$=h$、BD$=16-h$である。

この2辺の比は$1:\sqrt{3}$だから、

$h:(16-h)=1:\sqrt{3}$　これから、$\sqrt{3}\,h=16-h$となる。

これを解いて、$h=\dfrac{16}{\sqrt{3}+1}=\dfrac{16(\sqrt{3}-1)}{(\sqrt{3}+1)(\sqrt{3}-1)}=8(\sqrt{3}-1)$

正解　**2**

※分母の有利化

分数の分母に根号がある場合、ない形に直すことを、分母の有理化という。

① $\dfrac{m}{\sqrt{a}}=\dfrac{m\sqrt{a}}{\sqrt{a}\sqrt{a}}=\dfrac{m\sqrt{a}}{a}$

② $\dfrac{m}{\sqrt{a}+\sqrt{b}}=\dfrac{m(\sqrt{a}-\sqrt{b})}{(\sqrt{a}+\sqrt{b})(\sqrt{a}-\sqrt{b})}=\dfrac{m(\sqrt{a}-\sqrt{b})}{a-b}$

③ $\dfrac{m}{\sqrt{a}-\sqrt{b}}=\dfrac{m(\sqrt{a}+\sqrt{b})}{(\sqrt{a}-\sqrt{b})(\sqrt{a}+\sqrt{b})}=\dfrac{m(\sqrt{a}+\sqrt{b})}{a-b}$

# **3** 円

（1）共円点（四点共円定理：平面上の4点が1つの円周上にあることを共円であるという）

　①A、B、C、Dが共円点⇔$\alpha=\beta$、$\alpha+\gamma=180°$

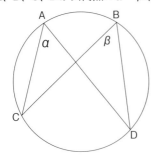
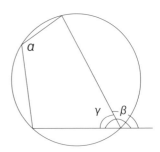

②A、B、C、Dが共円点⇔PA・PB＝PC・PD

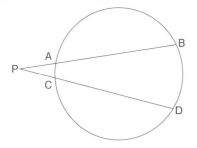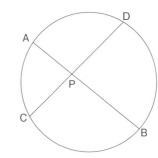

（2）円と接線
　　接線⇔半径（直径）に垂直
　　接線⇔$l^2 = ab$

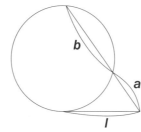

下図のように、角に挟まれた円があるとき、次の関係が成立する。

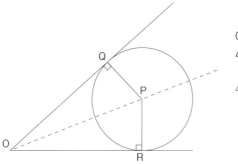

OQ＝OR
∠POQ＝∠POR

△PQO≡△PRO

【基礎演習】
　　図において、三角形ABCは AB＝4 cm、
∠B＝30°、∠C＝90°の直角三角形である。
　　三角形ABCのACの側で外接する円Oの半
径は何cmか。

**1**　$3 - \sqrt{3}$ cm　　**2**　$2 - \sqrt{3}$ cm
**3**　$3 + 2\sqrt{3}$ cm　　**4**　$1 + 2\sqrt{3}$ cm
**5**　$2 + 3\sqrt{3}$ cm

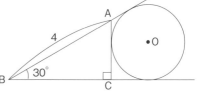

<解き方>
　　円の外部の点から円に2つの接線を引いたとき、その外部の点から、接点までの距離

は等しい。また、三角形ABCは、AB = 4 cm、∠B = 30°、∠C = 90°の直角三角形なので、AC = 2 cm、BC = $2\sqrt{3}$ cmである。

　外接円の半径を$r$ cmとし、円の中心Oから、BAの延長線、BCの延長線、ACに、それぞれ垂線OP、OQ、ORを下ろす。すると、

$$BP = BA + AP = BA + AR = BA + AC - RC$$
$$= 4 + 2 - r = 6 - r \,(AC = 2、RC = OQ = r による)$$
$$BQ = BC + CQ = 2\sqrt{3} + r$$
$$(BC = 2\sqrt{3}、CQ = RO = r)$$
BP = BQなので、　$6 - r = 2\sqrt{3} + r$

　これを解くと、　$r = 3 - \sqrt{3}$ (cm) となる。

正解　**1**

# **4** 円と角度

(中心角)　2つの半径と円弧でできる扇形の中心のところの角。

(円周角)　ある円弧と円周上の点でできる図形の、弧に向かい合う角。

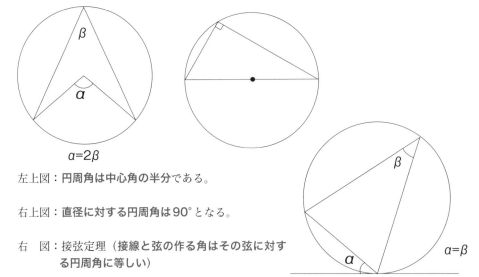

α=2β

左上図：**円周角は中心角の半分**である。

右上図：**直径に対する円周角は90°となる。**

右　図：**接弦定理（接線と弦の作る角はその弦に対する円周角に等しい）**

円周角の和と差

　$\alpha$ ＝弧AC、弧BDの上に立つ円周角の和（次頁左図）

　$\beta$ ＝弧AC、弧BDの上に立つ円周角の差（次頁右図）

全体像をつかむ
**POINT整理**

第1章 第1部 数的推理
第2章 第1部 数的推理
第3章 数的推理
第4章 第1部 数的推理
第5章 第1部 数的推理
第6章 第1部 数的推理
第7章 第1部 数的推理
第8章 第1部 数的推理
第9章 第1部 数的推理
第10章 第1部 数的推理

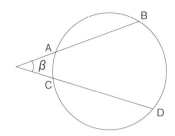

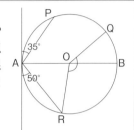

【基礎演習】

　図のようにABを直径とする円Oがある。弧AB上に、弧AP＝弧PQとなるように、2点P、Qをとる。また、反対側の弧AB上に点Rをとる。APおよびARが、点Aにおける円の接線となす角がそれぞれ、35°、50°のとき、∠QOR（点Bを内側に見る方）は何度か。

**1**　100°　**2**　105°　**3**　110°　**4**　120°　**5**　130°

<解き方>

　一般に、円において、弦と接線とのなす角は、その弦の弧に対する円周角に等しくなる（接弦定理）。

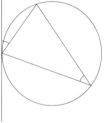

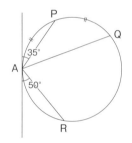

　APと、点Aにおける円の接線とのなす角が35°であるということから、弧APに対する円周角が35°であることがわかる。

　弧AP＝弧PQなので、弧PQに対する円周角も35°である。これから、∠PAQ＝35°となる。

　したがって、　∠QAR＝180°－35°－35°－50°＝60°となる。

　これは弧QBRに対する円周角だから、その中心角∠QORは60°×2＝120°となる。

**正解　4**

# 4 特別な比の関係

## [1]　メネラウスの定理

　△ABCの3つの辺と直線Lとの交点をP、Q、R（RはBCの延長線上）とすると、

$$\frac{AP}{PB} \cdot \frac{BR}{RC} \cdot \frac{CQ}{QA} = 1 \quad が成り立つ。$$

たとえば、AP＝PB、BC＝CRなら、AQ：QC＝2：1

○：分子
◎：分母

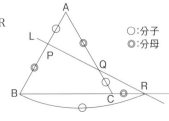

辺の比を求めるときに威力を発揮する定理だが、直接使わなくても相似の関係を組み合わせて答えを求めることもできる。

---

**【基礎演習】**

図のような三角形ABCの辺BC上、および辺AC上に、それぞれ点M、Nを、BM：MC＝AN：NC＝1：3となるようにとる。AMとBNの交点をPとしたとき、AP：PMはいくらになるか。

**1** 4：3　**2** 3：2　**3** 2：1　**4** 5：3　**5** 5：4

**＜解き方＞**

相似な三角形を探し、その相似比を考える。

MとNを結ぶ。

BM：MC＝AN：NC＝1：3より、

BC：MC＝AC：NC＝4：3なので、

三角形ABCと三角形NMCは相似である。

したがって、AB：NM＝4：3となる。

また、ABとNMは平行なので、三角形ABPと三角形MNPは相似である。

AB：NM＝4：3なので、AP：PM＝4：3になる。相似な図形に気がつけば非常に簡単である。

**正解　1**

---

## ［2］　黄金分割比

$x^2 - x - 1 = 0$ の正の解、

$$x = \frac{1 + \sqrt{5}}{2} = 1.618\cdots$$ を黄金分割比（黄金比）という。

この比の割合になっているものは美しく見えるといわれ、美術の分野で多用された。

$$x : 1 = (x + 1) : x　より、$$
$$x^2 - x - 1 = 0$$

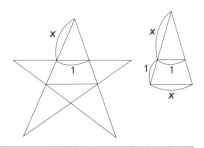

---

**【基礎演習】**

図のように、ある長方形の紙から正方形を切り離したところ、残った長方形の長辺と短辺の比は、元の長方形の比と同じであった。長辺は短辺の約何倍か。

**1** 1.2倍　　**2** 1.3倍　　**3** 1.4倍　　**4** 1.5倍

**5** 1.6倍

**＜解き方＞**

長さを文字で表し、方程式を作る。なおここでの比は黄金分割比として有名。

初めの長方形をABCDとし、切り離す正方形をABFEとする。さらに、AB＝1、AD＝xとすると、xが求める答えである。

長方形ABCDの長辺は $x$ で、短辺は 1 である。長方形CDEFの長辺は 1 で、短辺は $x-1$ である。

したがって、AD：AB＝EF：ED

$x：1＝1：(x-1)$ が成り立つ。

これから、　　$x(x-1)=1$

すなわち、　　$x^2-x-1=0$

これを解くと、　$x=\dfrac{1\pm\sqrt{1+4}}{2}=\dfrac{1\pm\sqrt{5}}{2}$

となる。$x>0$ より、$x=\dfrac{1+\sqrt{5}}{2}$

$2.2^2=4.84$、$2.3^2=5.29$ より、$\sqrt{5}≒2.2$ なので、$x≒\dfrac{1+2.2}{2}=1.6$　となる。

**正解　5**

---

### スピードチェック！

**1**　図のような△BAC＝90°、AB＝8cm、AC＝6cmの直角三角形がある。Aから辺BCに下ろした垂線の足をDとしたとき、線分ADの長さはいくらになるか。

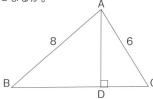

**1**　4.2cm　　**2**　4.4cm　　**3**　4.5cm

**4**　4.8cm　　**5**　5.0cm

・底辺・高さを2種類見つけ、△ABCの面積を2通りに表す。

・3：4：5の直角三角形を利用してもよい。

三平方の定理より、

$BC^2=8^2+6^2=100$

$BC=10$

△ABCの直角をはさむ2辺で面積を求めると、

$△ABC=\dfrac{1}{2}\times8\times6=24\cdots①$

BCを底辺、ADを高さとして、

$△ABC=\dfrac{1}{2}\times10\times AD$

$=5AD\cdots②$

①②より、$5AD=24$

よって、$AD=4.8$(cm)

**正解　4**

**2**　図のように交差点Oで直角に交わる2本のまっすぐな道がある。これらの道の両端にはA～Dの4人の家があり、次のことがわかっている。

OA＝OCより、△AOD≡△COD

（∵2辺とそのはさむ角が等しい）

よって、CD＝AD

第1章　数的推理　第1部
第2章　数的推理　第1部
第3章　数的推理　第1部
第4章　数的推理　第1部
第5章　数的推理　第1部
第6章　数的推理　第1部
第7章　数的推理　第1部
第8章　数的推理　第1部
第9章　数的推理　第1部
第10章　数的推理　第1部

・交差点Oから Aの家
まての距離と交差点
OからCの家まての
距離は等しい。
・Aの家とBの家の最
短距離は15km。
・Cの家とDの家の最
短距離は20km。
・Bの家とDの家の最短距離は25km。
このときAの家とCの家の最短距離は何kmか。

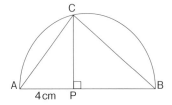

**1** 16km **2** 18km **3** 20km
**4** 24km **5** 30km

・最短距離＝直線
・合同な直角三角形と相似な三角形を見つける。

**3** 図のように、直径10cmの半円の直径AB上に、
AP＝4cmとなる点Pをとり、PにおいてABと
垂直な直線が、円周と交わる点をCとする。△
ABCの面積はいくらか。

**1** 24cm² **2** $10\sqrt{6}$ cm² **3** 25cm²
**4** $12\sqrt{5}$ cm² **5** $12\sqrt{6}$ cm²

・△ACP と△CBPはどのような関係だろうか。
・直角三角形の相似条件は？

2番目の条件より、CD＝20
＝AD （△ABDはAB：AD：BD
＝3：4：5の直角三角形）
また、△AOD∽△BAD（∵2角相
等） AO：DA＝BA：DB
AO：20＝15：25 AO＝12
したがって、AC＝AO×2＝24

**正解 4**

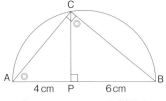

まず△ACP∽△CBPを証明する。
（△ABCに注目）
∠CAP＋∠CBP＝90° …①
（△CBPに注目）
∠CBP＋∠BCP＝90° …②
①と②を比較して、∠CAP＝∠BCP
△ACP∽△CBP（二角相等）
辺の比に注目して、
AP：PC＝CP：PB
4：PC＝CP：6 PC²＝24
PC＝$2\sqrt{6}$

よって、△ABC＝$\dfrac{1}{2}$×AB×PC

＝$\dfrac{1}{2}$×10×$2\sqrt{6}$＝$10\sqrt{6}$

**正解 2**

4 図のように、直角三角形ABCに内接する円Oがあり、円Oと辺BCとの接点をPとすると、∠AOP＝157°である。このとき、∠ACBの角度はどれか。

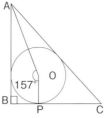

**1** 42° **2** 43° **3** 44° **4** 45°
**5** 46°

・円の接点と中心を結んで、合同な直角三角形を見つける。

図のように、辺AB、ACの接点をQ、Rとする。

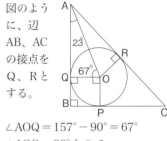

∠AOQ＝157°−90°＝67°
∠AQO＝90°なので、
∠QAO＝90°−67°＝23°
OAは∠QARの二等分線になるので、∠QAR＝23°×2＝46°
したがって、
∠ACB＝180°−(90°＋46°)＝44°

**正解 3**

5 図において、三角形ABCはBC＝7、AC＝24、∠C＝90°の直角三角形である。この直角三角形に内接する円をPとし、このPに外接し、三角形ABCに内接する円でBに近いものをQとする。このとき円Qの半径はいくらか。

**1** $\dfrac{1}{2}$

**2** $\dfrac{2}{3}$

**3** $\dfrac{3}{4}$

**4** 1

**5** $\dfrac{5}{3}$

・直角三角形の3辺が整数になる場合（ピタゴラス三角形）には、(5、12、13)、(8、15、17)、(7、24、25)、(20、21、29) などもある。

まず、円Pの半径$r$を求める。
AB＝25であることに注意すると、
(△ABCの面積)＝(△PABの面積)＋(△PBCの面積)＋(△PCAの面積)

$$=\frac{1}{2}\times(25+7+24)\times r=28r$$

また、(△ABCの面積)

$$=\frac{1}{2}\times7\times24=84$$

よって、$r=3$

円PとBCとの接点をRとすれば、次頁の図より、
PR＝3、
BR＝4

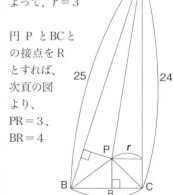

・内接円の半径の求め方として典型的な問題なので、特別な直角三角形と合わせて覚えておいたほうがよい問題。

したがって、求める円の半径を $x$ とすると、PB $= 5$ より、
$(5 - 3 - x) : x = 5 : 3$
これを解いて、$x = \dfrac{3}{4}$

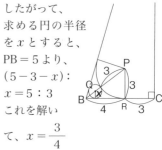

**正解　3**

---

**6** 図で三角形ABCは∠A $= 30°$、∠C $= 90°$ である。また∠DBC $= 45°$ であり、点EはABの中点である。このとき、∠EDBは何度か。

**1** $20°$
**2** $25°$
**3** $30°$
**4** $35°$
**5** $40°$

・基本的な三角形（直角二等辺三角形と、30°、60°、90°の直角三角形）の辺や角度の関係を利用する。

BC $= 1$ とすると、AB $= 2$ なので、AE $=$ EB $= 1$ である。またAC $= \sqrt{3}$ である。三角形BCDは直角二等辺三角形なので、CD $=$ BC $= 1$ である。
このことから、AD $= \sqrt{3} - 1$ とわかる。

今、図のように、点Dから辺ABへ垂線DFを引くと、

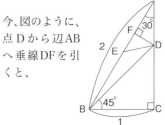

$AF = AD \times \dfrac{\sqrt{3}}{2} = (\sqrt{3} - 1) \times \dfrac{\sqrt{3}}{2}$

$\quad = \dfrac{3 - \sqrt{3}}{2}$

$FD = AD \times \dfrac{1}{2} = (\sqrt{3} - 1) \times \dfrac{1}{2}$

$\quad = \dfrac{\sqrt{3} - 1}{2}$

となる。
AE $= 1$ より、FE $=$ AE $-$ AF $= 1 - \dfrac{3 - \sqrt{3}}{2} = \dfrac{\sqrt{3} - 1}{2}$ である。
したがって、FD $=$ FE となり、

三角形FEDは直角二等辺三角形である。

これから、∠FDE＝45°となる。

以上から、

∠EDB

＝180°−∠ADF−∠FDE−∠BDC

＝180°−60°−45°−45°＝30°

**正解　3**

7　下図のように円Oの円周上の点Aから円Oの円周上の点Bを通る直線を引き、この直線と円Oの円周上の点Cを通る接線との交点をPとし、さらに、CとA、CとBを結ぶ直線を引いたところ、∠CPB＝46°、∠CBA＝72°であった。このとき、∠BACの角度はいくらになるか。

**1**　26°　　**2**　27°　　**3**　28°

**4**　29°　　**5**　30°

三角形の外角は、隣り合わない2つの内角の和に等しいので、

∠ABC＝∠BPC＋∠BCP

よって、∠BCP＝72°−46°＝26°

接弦定理より、∠BAC＝∠BCP

＝26°

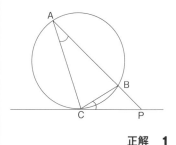

**正解　1**

第1章　第1部　数的推理

第2章　第1部　数的推理

第3章　第1部　数的推理

第4章　第1部　数的推理

第5章　第1部　数的推理

第6章　第1部　数的推理

第7章　第1部　数的推理

第8章　第1部　数的推理

第9章　第1部　数的推理

第10章　第1部　数的推理

Level 1  p152～p155    Level 2  p186、p187

## ■基本の面積公式を組み合わせ、ときには領域を分割する。

　面積を求める問題では、まず辺の長さを求めなければならないことがある。そのために使われるのは、**三平方の定理**や**基本的な三角形の辺の関係**、さらには**相似の関係**である。面積の比については、典型的な問題で十分習熟しておこう。また、**補助線を引いて図形をいくつかの領域に分割する**ことも大切なテクニックである。

## 1 多角形の面積

Level 1 ▷ **Q24**　　Level 2 ▷ **Q39**

### [1]　正多角形の面積

　正多角形の面積を求めるときにも、三平方の定理や、基本的な三角形の辺の関係が使われる。一般的に正 $n$ 角形の面積を式で表すのは大変難しい。ここでは、簡単に表せ利用頻度の高いものだけを確認する。

〔正三角形〕

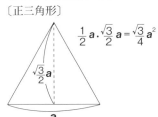

$$\frac{1}{2} a \cdot \frac{\sqrt{3}}{2} a = \frac{\sqrt{3}}{4} a^2$$

〔正六角形〕

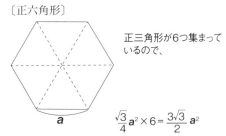

正三角形が6つ集まっているので、

$$\frac{\sqrt{3}}{4} a^2 \times 6 = \frac{3\sqrt{3}}{2} a^2$$

〔正八角形〕

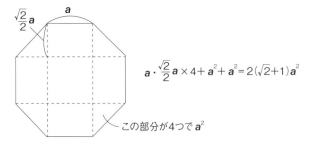

$$a \cdot \frac{\sqrt{2}}{2} a \times 4 + a^2 + a^2 = 2(\sqrt{2}+1) a^2$$

この部分が4つで $a^2$

### [2]　三角形の辺と面積

　重要な三角形の面積比については後述し、ここではその他の公式をあげておく。

（1）三角形と内接円

　　内接円の半径 $r$ とすると、

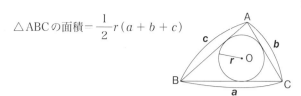

$$\triangle\text{ABC の面積} = \frac{1}{2}r(a+b+c)$$

（2）三角形の角の二等分線による比
　　AB：AC ＝ BD：CD
　　$AD^2 = AB \cdot AC - BD \cdot CD$

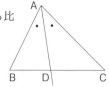

第1部 数的推理 第1章
第1部 数的推理 第2章
第1部 数的推理 第3章
第1部 数的推理 第4章
第1部 数的推理 第5章
第1部 数的推理 第6章
第1部 数的推理 第7章
第1部 数的推理 第8章
第1部 数的推理 第9章
第1部 数的推理 第10章

**【基礎演習】**

　　右図において、三角形ABCは直角二等辺三角形、三角形ABDは1つの角が60°である直角三角形である。どちらもABの長さは等しく4cmである。このとき斜線の部分の面積は何cm²か。

**1**　$4(\sqrt{2}+1)$ cm²

**2**　$4(\sqrt{2}-1)$ cm²

**3**　$4(\sqrt{3}+1)$ cm²　　**4**　$4(\sqrt{3}-1)$ cm²　　**5**　$4(\sqrt{3}-\sqrt{2})$ cm²

**＜解き方＞**

　　まず、斜線の部分の三角形の高さを求める。30°、60°、90°の三角形の3辺の比が1：2：$\sqrt{3}$ であることに注意。

　　斜線の部分の三角形をABPとし、頂点Pから辺ABに垂線PQを下ろす。そしてこのPQの長さを $h$ cmとする。

　　三角形PAQは、30°、60°、90°の直角三角形である。PQ＝$h$より、AQ＝$\sqrt{3}h$ となる。また、三角形PQBは、直角二等辺三角形であるから、QB＝PQ＝$h$ である。

　　ところで、AQ＋QB＝4より、$\sqrt{3}h+h=4$ となる。これを解くと、

$$h = \frac{4}{\sqrt{3}+1} = \frac{4(\sqrt{3}-1)}{(\sqrt{3}+1)(\sqrt{3}-1)} = 2(\sqrt{3}-1)$$

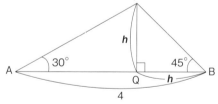

　　したがって、求める三角形の面積は、　$\frac{1}{2}\times 4 \times 2(\sqrt{3}-1) = 4(\sqrt{3}-1)$

**正解　4**

# **2** 面積比

Level 1 ▷ **Q22, Q23**

面積比に関する基本的な図を示す。あとはこれらを応用するだけである。

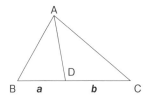

$\triangle$ABCの底辺BCを $a:b$ の比に分ける点をDとすると、$\triangle$ABDと$\triangle$ACDの面積比は $a:b$

これは、高さを $h$ としたときに、$\triangle$ABD $= \dfrac{1}{2}ah$

$\triangle$ACD $= \dfrac{1}{2}bh$ となり、$\dfrac{1}{2}ah : \dfrac{1}{2}bh = a:b$ となるからである。

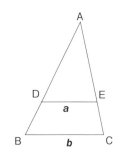

DEとBCが平行なら、$\triangle$ADEと$\triangle$ABCは相似で、
AD : AB = AE : AC = DE : BC = $a:b$
$\triangle$ADEと$\triangle$ABCの面積比は $a^2:b^2$

このとき、AD : BD = $a:b-a$
AE : CE = $a:b-a$ である。

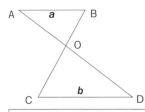

ABとCDが平行なら、$\triangle$ABOと$\triangle$DCOは相似で、
AO : DO = BO : CO = AB : DC = $a:b$
$\triangle$ABOと$\triangle$DCOの面積比は $a^2:b^2$

このときAD : AO = $a+b:a$
BC : CO = $a+b:b$

---

## 【基礎演習】

図のような平行四辺形ABCDにおいて、CDの中点をE、BCを3等分した点でBに近い方の点をFとする。AEとDFの交点をGとしたとき、灰色の部分の四角形GFCEの面積は、初めの平行四辺形ABCDの面積の何倍か。

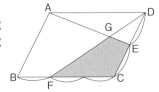

**1** $\dfrac{11}{48}$倍    **2** $\dfrac{13}{48}$倍    **3** $\dfrac{17}{48}$倍

**4** $\dfrac{5}{24}$倍    **5** $\dfrac{7}{24}$倍

## <解き方>

三角形に分解して考える。高さが等しい2つの三角形の面積の比は、底辺の長さの比になる。このことを組み合わせ、図のように簡単にして考える。

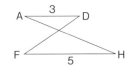

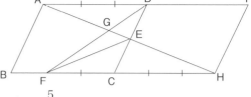

　平行四辺形ABCDの右側に、同じ形の平行四辺形DCHIを描く。

　△ADGと△HFGは相似である。AD：HF＝3：5だから、GD：GF＝3：5である。

　これから、△EGFの面積＝△EFDの面積×$\dfrac{5}{8}$であることがわかる。

　ここで、△EFDの面積を1として、求める①四角形GFCEの面積と、②平行四辺形ABCDの面積を表す。

　①四角形GFCE＝△EGF＋△EFC　で、EはCDの中点なので△EFC＝△EFD

　よって、四角形GFCE＝△EFD×$\dfrac{5}{8}$＋△EFD＝$\dfrac{5}{8}$＋1＝$\dfrac{13}{8}$

　②平行四辺形ABCD＝△BCD×2＝△FCD×$\dfrac{3}{2}$×2　（BC：FC＝3：2より）

　　　　　　　　　　＝△EFD×2×$\dfrac{3}{2}$×2　（CD：ED＝2：1より）

　　　　　　　　　　＝6

　以上から、四角形GFCE÷平行四辺形ABCD＝$\dfrac{13}{8}$÷6＝$\dfrac{13}{48}$

正解　**2**

# 3 領域の面積

領域を移動するだけで簡単に面積が求まることがある。

飛び出した部分を、円の角に入れば正方形になる場合

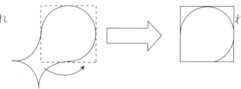

---

**【基礎演習】**

　図のような1辺の長さが10cmの正方形に円が内接している。点Bと点Dをそれぞれ中心とする半径5cmの円弧を描く。このとき、灰色部分の面積は何cm²か。

**1**　60cm²　　**2**　50cm²　　**3**　25$\pi$cm²

**4**　（25$\pi$－9）cm²　　**5**　（10$\pi$＋16）cm²

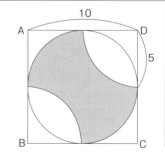

<解き方>

　図形を分割し、その部分を移動させることで、簡単に答えが求められる図形に変換できる場合がある。

　正方形に分割線を引き、正方形を4つに分ける。$p$の部分の図形、$q$の部分の図形、Pの部分の図形、Qの部分の図形は、みな合同であるから、面積は同じである。

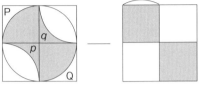

　$p$の部分をPに、$q$の部分をQに移動させると、上図右のように、左上と右下の正方形にまとまる。この部分の面積は$5 \times 5 \times 2 = 50\text{cm}^2$。

　したがって、求める面積は$50\text{cm}^2$となる。部分をきちんと計算して答えを求めることもできるが、この問題はちょっと考えれば、あっけなく答えが出る。

**正解　2**

# 4 円弧を含む図形

　円弧を含む図形の面積（左端の正方形内の灰色部分）を求める例を示す（すべて、1辺を$a$とする）。一番最後の$S$の面積を求められるところまで確認しておきたい。

$$\text{扇形の面積} = \text{円の面積} \times \frac{\text{中心角}}{360}$$

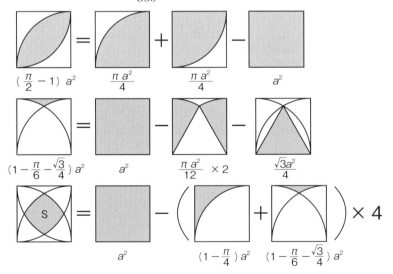

最終的に$S$の面積は、　$S = \left(1 + \dfrac{\pi}{3} - \sqrt{3}\right)a^2$

**【基礎演習】**

図のような半径6、中心角90°の扇形があり、弧ABを3等分し、Aに近い方から点P、Qとする。点PからOAに垂線PRを、点QからOBに垂線QSをそれぞれ引く。このとき、灰色部分PQSRの面積はいくらか。

**1** $9\pi - 200$

**2** $6\pi - 144$

**3** $6\pi + 3\sqrt{3} - 1$

**4** $3\pi + 2\sqrt{2}$

**5** $3\pi + 9\sqrt{3} - \dfrac{27}{2}$

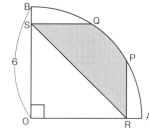

**<解き方>**

灰色の部分を含む図形の面積から、余分な図形の面積を引くと有効に求められる場合がある。円弧は扇形の面積と関係する。

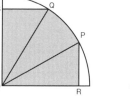 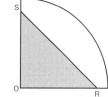

灰色部分の面積は、図形PQSORの面積から、三角形ORSの面積を引けば求められる。

OとP、OとQを結ぶ。すると、

（図形PQSORの面積）

＝（三角形PORの面積）＋（扇形OPQの面積）＋（三角形QOSの面積）

三角形PORは、OP＝6、∠POR＝30°なので、PR＝3、OR＝$3\sqrt{3}$である。したがって、

三角形POR、三角形QOSの面積は、それぞれ $\dfrac{1}{2} \times 3\sqrt{3} \times 3 = \dfrac{9\sqrt{3}}{2}$ となる。

また、扇形OPQの面積＝$6 \times 6 \times \pi \times \dfrac{1}{12}$ なので、図形PQSORの面積は $3\pi + 9\sqrt{3}$ となる。

一方、三角形ORSの面積＝$\dfrac{1}{2} \times 3\sqrt{3} \times 3\sqrt{3} = \dfrac{27}{2}$

だから、求める面積は、$3\pi + 9\sqrt{3} - \dfrac{27}{2}$ になる。

**正解 5**

第1章 第1部 数的推理
第2章 第1部 数的推理
第3章 第1部 数的推理
第4章 第1部 数的推理
第5章 第1部 数的推理
第6章 第1部 数的推理
第7章 第1部 数的推理
第8章 第1部 数的推理
第9章 第1部 数的推理
第10章 第1部 数的推理

**1** 図のように、△ABCの辺BC上に点Dがあり、BD：DC＝2：3、線分AD上に点Eがあり、AE：ED＝2：1である。このとき、△ABEと△BCEと△CAEの面積比はどれか。

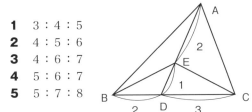

**1** 3：4：5
**2** 4：5：6
**3** 4：6：7
**4** 5：6：7
**5** 5：7：8

・高さの等しい三角形の底辺を見つける（1つとは限らない）。 底辺比→面積比
・BD：DC＝2：3から△BDEの面積を2として他の三角形の面積を求める。

△BDEの面積を2とすると、
AE：ED＝2：1なので、
△ABEの面積＝4
BD：DC＝2：3なので、
△EDCの面積＝3
AE：ED＝2：1なので、
△CAEの面積＝6
また、△BCEの面積＝2＋3＝5
よって求める面積比は、
△ABE：△BCE：△CAE
　＝4：5：6

**正解　2**

**2** 図のような三角形ABCの辺AB上、および辺AC上に、それぞれ点D、Eを、AD：DB＝1：2、AE：EC＝1：3となるようにとる。BEとCDの交点をFとしたとき、三角形FBCの面積は三角形ABCの面積の何倍か。

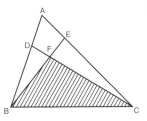

**1** $\dfrac{3}{7}$　　**2** $\dfrac{4}{9}$　　**3** $\dfrac{4}{15}$　　**4** $\dfrac{1}{2}$

**5** $\dfrac{6}{11}$

三角形FBCの面積を1とすると、AD：DB＝1：2より、三角形FACの面積は$\dfrac{1}{2}$となる。

すると、
(三角形FCEの面積)＝$\dfrac{1}{2}\times\dfrac{3}{4}$

　　　　　　　　　＝$\dfrac{3}{8}$

より、BF：FE＝$1：\dfrac{3}{8}$＝8：3

したがって、
(三角形FBCの面積)

＝(三角形ABCの面積)$\times\dfrac{3}{4}\times\dfrac{8}{11}$

＝(三角形ABCの面積)$\times\dfrac{6}{11}$

**正解　5**

**3** 図のような縦16cm、横32cmの長方形ABCDを、頂点Cが辺ABの中点Mにくるように折ったとき、斜線の部分の面積は何cm²か。

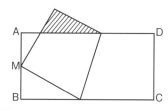

**1** $\dfrac{676}{15}$ cm²　**2** $\dfrac{675}{13}$ cm²　**3** $\dfrac{507}{10}$ cm²

**4** $\dfrac{144}{3}$ cm²　**5** 45cm²

・図の斜線の部分の面積を求めることと同じである。

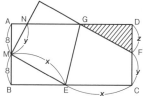

・どの部分とどの部分が同じ長さであるかを考える。隅にできる三角形は、みな相似である。この場合、相似の図形が3つできる。

左下図でEC、CF、FDの長さをそれぞれ、$x$、$y$、$z$とする。
ME $= x$ だから、BE² $= x^2 - 8^2$ である。
また、BE + EC $= 32$ より、
$$\sqrt{x^2 - 8^2} + x = 32$$
これを、$\sqrt{x^2 - 8^2} = 32 - x$ と変形して、両辺を2乗すれば、$x^2 - 64 = (32 - x)^2$ より、$x = 17$ となる。
すると、BE $=$ BC $- x = 32 - 17 = 15$ となる。
以上のことから、三角形MBEは辺の長さがそれぞれ、8、15、17の直角三角形であることがわかる。三角形MBEと三角形NAMは相似だから、
MN：AM $=$ ME：EB
$y$：$8 = x$：$15 = 17$：$15$
$$y = 8 \times \frac{17}{15}$$ となる。
すると、$z = 16 - 8 \times \dfrac{17}{15} = \dfrac{104}{15}$
である。
斜線の三角形FDGは三角形MBEと相似だから、
DG：$z =$ BE：BM $= 15$：$8$
DG $= z \times \dfrac{15}{8}$ である。
したがって、求める面積は、
$$\frac{1}{2} \times \frac{104}{15} \times \frac{104}{15} \times \frac{15}{8} = \frac{676}{15}$$ である。

**正解　1**

**4** 図のように、直径24cmの円Oと直径6cmの円Pが点Qで外接し、また、2円の共通接線Lと点S、Tでそれぞれ接している。このとき四角形OPTSの面積として正しいものは次のうちどれか。

**1** 75cm²
**2** 80cm²
**3** 85cm²
**4** 90cm²
**5** 95cm²

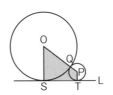

・円への接線とその接点－円の中心を結ぶ直線は垂直である。
・PからOS上に垂線PAを引いて考えよう。

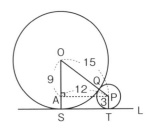

PからOS上に垂線PAを引く。
AS＝PTより、
OA＝OS－AS＝12－3＝9
△OAPは直角三角形で、
OP² ＝ OA² ＋ PA²
OP＝12＋3＝15なので、
15² ＝ 9² ＋ PA²
したがって、PA＝12
四角形OPTSは台形で、
その面積は、（上底＋下底）×高さ÷2より、

$$(3＋12)×12×\frac{1}{2}＝90$$

**正解 4**

(参考) △OAPは辺の比が3：4：5の直角三角形になる（15と9の値に着目）ことから、PA＝12を出してもよい。

**5** 図のように正八角形と正方形をいくつか使って、平面を埋めた。このときの正八角形の面積は正方形の面積の何倍か。

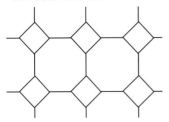

**1** 2（√2＋1）　　**2** 2（√2－1）
**3** 3（√2＋1）　　**4** 3（√2－1）
**5** 4

正方形・正八角形の1辺を1とする。

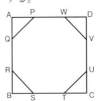

正八角形PQRSTUVWの面積は、
（□ABCDの面積）－（△AQPの面積）×4
△AQPを4つ合わせると、1辺1の正方形なので、（△AQPの面

・正方形の対角線の長さは、1辺の長さの$\sqrt{2}$倍であり、直角二等辺三角形の3つの辺の比は、$1:1:\sqrt{2}$

・右図の△APQにおいて

$$AP = \frac{\sqrt{2}}{2}$$

$$AD = AP + PW + WD$$

$$= \frac{\sqrt{2}}{2} + 1 + \frac{\sqrt{2}}{2} = 1 + \sqrt{2}$$

**6** 図のような、1辺6cmの正六角形ABCDEFの2つの対角線AE、BFの交点をGとしたとき、斜線の部分の面積は何cm²か。

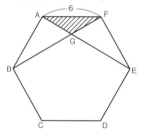

| **1** | $2\sqrt{6}$ cm² | **2** | $3\sqrt{3}$ cm² |
|---|---|---|---|
| **3** | $4\sqrt{2}$ cm² | **4** | 5 cm² | **5** | 6 cm² |

・相似な図形の原理を使って、より大きな図形との面積比を考える。

・1辺が6cmの正三角形の面積は、$9\sqrt{3}$ cm²
右の図において、△ABO＝△ABF＝$9\sqrt{3}$

積）×4＝1

また、AP＋WDは図のように、△AQPを4つ合わせた正方形の対角線の長さに等しいので、$\sqrt{2}$である。よって、AD＝$1+\sqrt{2}$

以上のことから、

（正八角形PQRSTUVWの面積）
＝$(1+\sqrt{2})^2 - 1 = 2(\sqrt{2}+1)$

**正解　1**

まず、三角形ABFの面積を求める。この三角形は、上の図のように、正三角形ABOの面積と同じである。

AB＝6cmより、高さは$3\sqrt{3}$mとなるので、正三角形ABOの面積は、

$$\frac{1}{2} \times 6 \times 3\sqrt{3} = 9\sqrt{3}\text{cm}^2$$である。

上の右図で、三角形AGFと三角形EGBは相似である。AF：BE＝1：2なのでFG：GB＝1：2である。ということは、三角形AFGの面積は、三角形ABFの

面積の$\frac{1}{3}$ということになる。

したがって、求める斜線の部分の面積は、

$$9\sqrt{3} \times \frac{1}{3} = 3\sqrt{3}\text{cm}^2$$

**正解　2**

第1章　第1部 数的推理
第2章　第1部 数的推理
第3章　第1部 数的推理
第4章　第1部 数的推理
第5章　第1部 数的推理
第6章　第1部 数的推理
第7章　第1部 数的推理
第8章　第1部 数的推理
第9章　第1部 数的推理
第10章　第1部 数的推理

**7** 下図のように長方形ABCDの辺CD上の点P
と頂点Aを結ぶ直線が辺BCの延長線と交わる点
をQとしたとき、三角形APDの面積が120cm²、
三角形PCQの面積が480cm²であったとすると、
四角形ABCPの面積はいくらか。

**1** 520cm²　　**2** 540cm²　　**3** 560cm²
**4** 580cm²　　**5** 600cm²

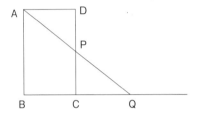

・相似な2つの三角形、△QABと△QPCの差が、
　求める四角形ABCPの面積になる。
・または、ACを結んで、相似比と面積比から、
　△APCの面積を求めていってもよい。

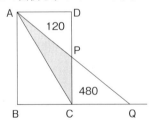

△APD∽△QPCで、面積比が
120：480＝1：4なので、相似
比は$\sqrt{1}：\sqrt{4}＝1：2$
よって、AD：QC＝1：2

△QPCは△QABとも相似で、
BC＝AD（長方形の対辺）である
ことから、相似比は、
QC：QB＝QC：QC＋BC
＝2：2＋1＝2：3
面積比は、$2^2：3^2＝4：9$

求める台形ABCPは、△QPCと
△QABの差（9－4）にあたる
部分だから、

台形ABCP＝△QPC×$\dfrac{9-4}{4}$＝

$480×\dfrac{5}{4}＝600（\text{cm}^2）$

**正解　5**

8　図のような1辺の長さが2rの正方形ABCDがある。

この正方形において、辺BCおよび辺CDを直径とする円および辺AEを半径とする円を描くとき、灰色部分の面積として正しいのは、次のうちどれか。ただし、円周率をπとする。

**1** $\dfrac{1+\pi}{12}r^2$　　**2** $\dfrac{1+\pi}{18}r^2$

**3** $\dfrac{1+\pi}{4}r^2$　　**4** $\left(2-\dfrac{\pi}{4}\right)r^2$

**5** $\left(2-\dfrac{\pi}{8}\right)r^2$

・補助線を引いて領域を分割しよう。
・その領域を移動させて、求めやすい面積にすること。

9　図は、一辺4aの正方形の中に、等しい大きさの円を4つ書き入れたものである。

このとき灰色部分の面積として正しいものは次のうちどれか。

**1** $4\pi a^2$　　**2** $4\sqrt{2}\pi a^2$
**3** $8a^2$　　**4** $8\pi a^2$　　**5** $8\sqrt{2}\pi a^2$

・領域を移動させたいのだが、どこの領域をどこに移動させればよいのだろうか。
・移動させた後の領域の面積がすぐわかるような移動をしよう。

図のように正方形の中心と点Cで囲まれる領域を2つに分割する。

そして、2つの領域を図のように移動させる。求める部分の面積は、
△ABD－扇形AEE′である。

$$\frac{1}{2}\times 2r\times 2r-\frac{1}{4}\pi r^2$$

$$=\left(2-\frac{1}{4}\pi\right)r^2$$

**正解　4**

円の弦と弧でできる領域（全部で2×4個）を図のように等積移動させる。

すると、面積の等しい直角三角形が4つできる。直角三角形の面積が4つ分だから、

$$\frac{1}{2}\times 2a\times 2a=2a^2$$

$$2a^2\times 4=8a^2$$

**正解　3**

第1章　第1部　数的推理
第2章　第1部　数的推理
第3章　第1部　数的推理
第4章　第1部　数的推理
第5章　第1部　数的推理
第6章　第1部　数的推理
第7章　第1部　数的推理
第8章　第1部　数的推理
第9章　第1部　数的推理
第10章　第1部　数的推理

Level 1 p160〜p169　　Level 2 p188、p189

## ■展開図や平面に投影させた図を考えるセンスを身につける。

　まず、問題となっている立体の形を正確に把握することが大切。**対角線など、長さを求めるときは、ある方向から眺めた図（平面的な図）で考える**とうまくいく。このとき、基本的な三角形の辺の関係を利用したり、三平方の定理をあてはめよう。**最短距離を考えるときは、展開図で調べる**のが最適な方法。球の表面積や体積など覚えておかなければならない公式も多い。

# **1** 距離

Level 1 ▷ **Q27**　　Level 2 ▷ **Q40**

　いくつか例を挙げる。三平方の定理、正三角形の1辺と高さの関係などがわかっている必要がある。

①直方体の主対角線の長さ

　直方体のいちばん離れた2頂点を結ぶ直線。順に三平方の定理を組み合わせて求める。

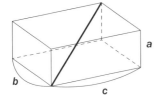 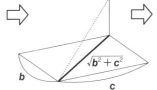 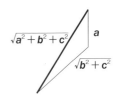

②正四面体の高さ

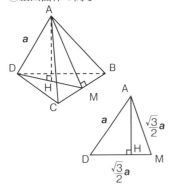

$\triangle$AMHについて、
$$AH^2 = AM^2 - MH^2$$
$$= \frac{3}{4}a^2 - MH^2 \cdots ①$$

$\triangle$ADHについて、
$$AH^2 = AD^2 - DH^2$$
$$= a^2 - (\frac{\sqrt{3}}{2}a - MH)^2 \cdots ②$$

①②を解くと、
$$MH = \frac{\sqrt{3}}{6}a, \quad AH = \frac{\sqrt{6}}{3}a$$

③正四面体の向かい合う2辺の中点の間の距離

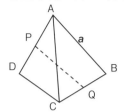 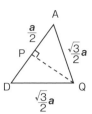

$PQ^2 = (\dfrac{\sqrt{3}}{2}a)^2 - (\dfrac{a}{2})^2$ より、

$PQ = \dfrac{\sqrt{2}}{2}a$

---

**【基礎演習】**

1辺10cmの正八面体ABCDEFの1つの面を平らな所に置いたとき、この八面体の高さは何cmか。

**1** $\dfrac{9}{2}\sqrt{3}$ cm   **2** $\dfrac{10}{3}\sqrt{6}$ cm   **3** $\dfrac{25}{4}\sqrt{2}$ cm

**4** $5\sqrt{3}$ cm   **5** $8$ cm

正八面体の1つの面を平らな所に置いたときの状態をよく考え、三角形の辺の長さの問題に帰着させる。

正八面体の三角形FDCを平らな所に置き、それを横から見ると下の右図のようになる。

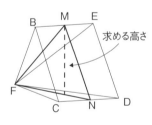 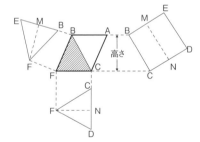

（M、Nは、BE、CDの中点）

辺10cmの正三角形の高さは、$10 \times \dfrac{\sqrt{3}}{2} = 5\sqrt{3}$ であることに注意して、平面AMFN

で切り取った断面の部分を考える。

高さを $x$ とし、$y$ を図のような長さとする。この高さ $x$ を2通りの方法で求めてみる。

まず、右側の直角三角形については、

$x^2 = 10^2 - y^2$

で、左側の直角三角形については、

$x^2 = (5\sqrt{3})^2 - (5\sqrt{3} - y)^2$ が成り立つ。したがって、

$10^2 - y^2 = (5\sqrt{3})^2 - (5\sqrt{3} - y)^2$ となり、これを解くと、

$y = \dfrac{10}{\sqrt{3}}$、$x = \dfrac{10}{3}\sqrt{6}$ となる。

**正解　2**

# **2** 最短距離

　最短距離とは2点間の距離で最短の長さのもので、普通は2点を結ぶ直線が最短であるが、ここでは主に、立体図形上の2点間の距離、それも面を伝わっていく距離を考えることにする。

　展開図を考え、2点を直線で結べば最短距離が得られる。

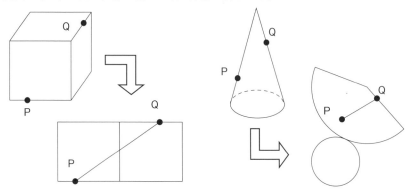

　平面の問題だが、ある点から出た光が一度反射して他の点へいく経路は以下のようになる。これは最短距離になっている（入射角＝反射角）。ビリヤード（玉つき）の問題も同様に考えることによって解ける。

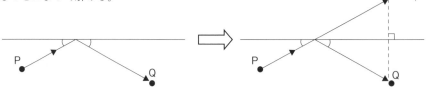

---

**【基礎演習】**

　図のような直方体ABCD - EFGHがあり、AB ＝ 6 cm、AD ＝ 3 cm、AE ＝ 5 cmである。AB上にAP ＝ 1 cmとなるように点Pをとる。また、GC上にGQ ＝ 1 cmとなるように点Qをとる。このとき、直方体の面上で点Pから点Qに至る最短距離は何cmか。

　**1**　10cm　　**2**　$\sqrt{90}$cm　　**3**　$\sqrt{80}$cm
　**4**　$\sqrt{74}$cm　　**5**　$\sqrt{68}$cm

**＜解き方＞**

　展開図を考える。2点間の距離が最短になるのは、直線の場合である。

　点Pから点Qへ至る経路のうち、距離が短いものとして、次の3つの場合が考えられる。これ以外の経路はかなり遠回りになる。

全体像をつかむ
POINT整理

第1部 数的推理 第1章
第1部 数的推理 第2章
第1部 数的推理 第3章
第1部 数的推理 第4章
第1部 数的推理 第5章
第1部 数的推理 第6章
第1部 数的推理 第7章
第1部 数的推理 第8章
第1部 数的推理 第9章
第1部 数的推理 第10章

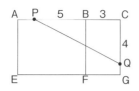
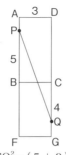
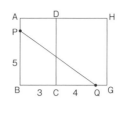

左の場合は、$PQ^2 = (PB + BC)^2 + CQ^2 = (5 + 3)^2 + 4^2 = 64 + 16 = 80$

2番目の場合は、$PQ^2 = AD^2 + (PB + CQ)^2 = 3^2 + (5 + 4)^2 = 9 + 81 = 90$

3番目の場合は、$PQ^2 = PB^2 + (BC + CQ)^2 = 5^2 + (3 + 4)^2 = 25 + 49 = 74$ である。

この結果、3番目の場合が最短であることがわかる。

正解　**4**

# 3 表面積と体積

Level 1 ▷ **Q26,Q28,Q29**　　Level 2 ▷ **Q40**

## [1]　表面積

立体図形の表面の面積の総和であり、円柱や円すいでは展開図を考える。

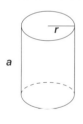
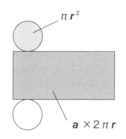
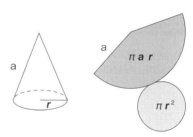

※球の表面積 $= 4\pi r^2$

## [2]　体積

いくつか例を示そう。

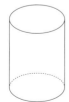

円柱、角柱など：

底面積×高さ

円すい、角すいなど：

底面積×高さ$\times \dfrac{1}{3}$

球：

$\dfrac{4}{3}\pi r^3$

## 【基礎演習】

図のような AB = 20cm、AD = 10cm、AE = 5cm の直方体を、B から辺 AD 上の点 P を通って、点 H へ最短経路で結ぶ線で分割したとき、点 A のあるほうの立体の体積はいくらか。

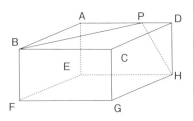

**1** 450cm$^3$ **2** 500cm$^3$ **3** 550cm$^3$
**4** 600cm$^3$ **5** 650cm$^3$

### ＜解き方＞

切断面と FG の交わる点を Q とすると、BPH が最短距離なら、□BQHP は平行四辺形で、BQH も最短距離になる。

すなわち、点 A のある立体と、点 G のある立体は、四角形 BQHP をはさんで対称形になり、体積は等しい。

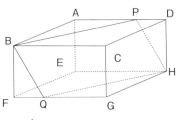

よって、求めたい体積は元の直方体の半分になる。

$$\frac{1}{2} \times 20 \times 10 \times 5 = 500$$

**正解 2**

---

## スピードチェック！

**1** 図のような AB = 4cm、AD = 5cm、AE = 6cm の直方体がある。

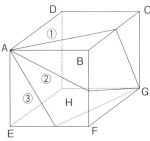

直方体の頂点 A から頂点 G に糸の長さが最短になるように糸を張った。糸の張り方は、
①辺 BC を通過する張り方、
②辺 BF を通過する張り方、
③辺 EF を通過する張り方、があるが、
糸の長さを短いものから順に並べたものはどれか。

**1** ①＜②＜③ **2** ①＜③＜②
**3** ②＜①＜③ **4** ②＜③＜①

最短経路は、展開図上では図のような直線になる。

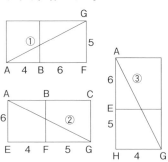

① $= \sqrt{(4+6)^2 + 5^2} = \sqrt{125}$
② $= \sqrt{6^2 + (4+5)^2} = \sqrt{117}$
③ $= \sqrt{(6+5)^2 + 4^2} = \sqrt{137}$
したがって、②＜①＜③

**正解 3**

**5** ③＜②＜①

・展開図を描こう。１つの展開図で描くよりも、別々にしたほうが確実。

**2** 図のようなひし形の紙２枚を、それぞれ点線で折り曲げ、辺どうしを接合して四面体を作った。１つの面を平らなところに置いたとき、この四面体の高さはいくらになるか。

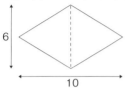

**1** 4  **2** $\dfrac{24}{5}$  **3** 5

**4** $\dfrac{27}{5}$  **5** $\dfrac{4}{5}\sqrt{34}$

・もとのひし形の一辺は
$\sqrt{3^2+5^2}=\sqrt{34}$ である。

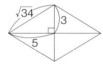

・指示どおり点線で折り曲げた２枚を組み合わせて考える。

**3** 図のように、半径６cmの球が半径８cmの下底を持つ円すい台に内接している。
円すい台の上底の半径はいくらか。

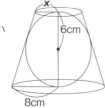

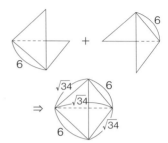

頂点から底面（二等辺三角形）に下ろした高さを次のように断面で考える。

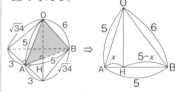

AH＝$x$とおくと
$\triangle$OAHで $OH^2=5^2-x^2$
$\triangle$OBHで $OH^2=6^2-(5-x)^2$
したがって、$5^2-x^2=6^2-(5-x)^2$

これを解いて $x=\dfrac{7}{5}$

$$OH=\sqrt{5^2-\left(\dfrac{7}{5}\right)^2}=\dfrac{24}{5}$$

**正解 2**

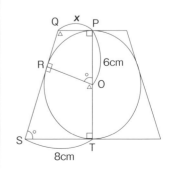

第1章 第1部 数的推理
第2章 第1部 数的推理
第3章 第1部 数的推理
第4章 第1部 数的推理
第5章 第1部 数的推理
第6章 第1部 数的推理
第7章 第1部 数的推理
第8章 第1部 数的推理
第9章 第1部 数的推理
第10章 第1部 数的推理

**1** 4.5cm **2** 5.0cm **3** 5.5cm
**4** 6.0cm **5** 6.5cm

・円への接線とその接点を通る半径は垂直になる。
・2つの四角形は相似。(OQ、OSを結び直角三角形の相似で考えてもよい。)

図のような断面で、OからTまでの点をとる。

中心Oから接点Rに垂線を下ろすと、
OP＝OR＝OT＝6

Qから引いた2本の接線の長さは等しいから、QP＝QR＝$x$

同様に、SR＝ST＝8

ここで、2つの四角形OPQRとSTORは相似。

よって、8：6＝6：$x$　これより、$x＝4.5$

**正解　1**

---

**4** 体積が1400cm³の三角すいA-BCDがある。今、AE：EB＝3：2、AF：FC＝5：1、AG：GD＝4：3となる3点E、F、Gを通る平面でこの三角すいを切断した。

このとき、2つの立体A-EFGとEFG-BCDのうち、大きいほうの立体の体積として正しいものは、次のうちどれか。

**1** 900cm³ **2** 950cm³
**3** 1000cm³ **4** 1050cm³
**5** 1100cm³

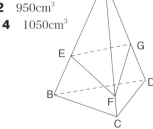

・立体A-EFGの体積を直接求めることはできない。
・線分比と面積比や体積比の関係を手がかりにしよう。

三角すいG-AEFと三角すいD-ABCの体積比を考える。

底面積の比は、△AEF：△ABC＝3：6＝1：2　(底面の辺の比から。図参照。)

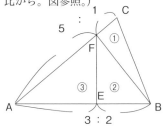

頂点からの高さの比は、GA：DA＝4：3＋4＝4：7

よって、体積比はG-AEF：D-ABC＝(1×4)：(2×7)＝2：7

求める立体は、D-ABCからG-AEFを切り取ったもので、体積比7－2＝5にあたる。

$$1400 \times \frac{7-2}{7} = 1000 \, (\text{cm}^3)$$

**正解　3**

---

**5** 図のような直径20cmの半円をまるめて直円すいをつくる。この直円すいの底面を口として、その口を上にして持ち、その中にある球を入れた

直円すいの底面の直径を$x$とすると、底面の円周は$x\pi$である。これは、初めの半円の円周部分

108

ところ、球の上端がちょうど直円すいの口の面に接した。この球の半径は何cmか。

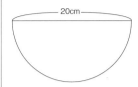

20cm

**1** $5\sqrt{3}$ cm  **2** $\dfrac{1}{2}$ cm  **3** $\dfrac{25}{4}\sqrt{2}$ cm

**4** $\dfrac{5}{3}\sqrt{3}$ cm  **5** $2\sqrt{3}$ cm

・まず直円すいの底面の直径を求める。
・全体を横から見るとどう見えるかを考える。

**6** 図のような1辺の長さが1の正三角形4つと正六角形4つからなる立体がある。1辺の長さが1の正四面体の体積を$V$とするとき、この立体の体積として正しいものは次のうちどれか。

**1** $21V$  **2** $22V$  **3** $23V$
**4** $24V$  **5** $25V$

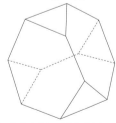

・なぜ「1辺の長さが1の正四面体の体積を$V$」が出てきたのか、これを問題の立体とどう結びつけて考えるのかがポイントとなる。
・複雑な立体は線や面を補って、理解しやすい形に直す。

の長さと同じだから、
$x\pi = 20\pi \div 2$ となり、直円すいの底面の直径は $x = 10$(cm)。
下の右の図は直円すいを横から見たものである。全体がちょうど正三角形になっている。

10cm
10cm

5cm
5cm

右図の左上の三角形は、30°、60°、90°の直角三角形で、斜辺ではない辺のうち長い方の長さが5cmになっている。したがって、求める球の半径は
$$\dfrac{5}{\sqrt{3}} = \dfrac{5}{3}\sqrt{3}\,\text{cm である。}$$

**正解　4**

1辺の長さが1の正四面体を、立体の4つの正三角形部分につなげると、辺の長さが3倍の正四面体になる。
小さな正四面体に対して、大きな正四面体の体積は長さの比である3の3乗倍（体積比）。

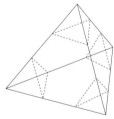

辺の長さの比が、$1:3$なので、体積比は$1^3:3^3 = 1:27$
よって、大きい正四面体－小さい正四面体×4＝$27V - V \times 4 = 23V$

**正解　3**

第1章 第1部 数的推理
第2章 第1部 数的推理
第3章 第1部 数的推理
第4章 第1部 数的推理
第5章 第1部 数的推理
第6章 第1部 数的推理
第7章 第1部 数的推理
第8章 第1部 数的推理
第9章 第1部 数的推理
第10章 第1部 数的推理

# Q01 連続する整数

**問** 4つの連続する正の整数の積に1を加えると、その数はある整数の平方となることがわかっている。この操作をして$155^2$となる4つの整数の和はいくらになるか。（地方上級）

**1** 42　**2** 46　**3** 50　**4** 54　**5** 58

## PointCheck

●連続する整数の性質　🔍 **発想ポイント**

たとえば、$(1 \times 2 \times 3 \times 4) + 1 = 25 = 5^2$ となり、題意に沿っている。他にも$(10 \times 11 \times 12 \times 13) + 1 = ($　**1**　$)^2$になる。これを逆にして、$131^2$から1を引いて、連続する4つの整数10〜13に戻すことが求められている。

**ヒント**　さらに問題の意味を理解するために、文字式で考えてみる。

4つの数を$x$、$x+1$、$x+2$、$x+3$とすると、

4つの数の積は、$x(x+1)(x+2)(x+3) = (x^2+3x)(x^2+3x+2)$　となる。

$x^2+3x+1 = A$とおくと、$($　**2**　$) = A^2 - 1$　と表せる。

これを変形すると、問題文の意味が、$A^2 = ($　**2**　$) + 1$　だと理解することができる。

$A = 155$だから、$(155-1)(155+1) = 154 \times 156$

154と156を素因数分解すると、

$154 = 2 \times 7 \times 11$　　$156 = 2 \times 2 \times 3 \times 13$

$154 \times 156 = \underline{2 \times 7} \times 11 \times \underline{2 \times 2 \times 3} \times 13 = 11 \times 12 \times 13 \times 14$

以上から、連続する4つの整数は11、12、13、14となり、

その和　$11 + 12 + 13 + 14 = 50$　が求まる。

**覚えておきたい**　**連続する整数の積**

①連続する2つの整数の積は2の倍数（少なくとも1個の偶数が含まれる）

②連続する3つの整数の積は$3! = 6$の倍数（少なくとも1個の3の倍数が含まれる）

　→2の倍数×3の倍数＝6の倍数

③連続する4つの整数の積は$4! = ($　**3**　$)$（少なくとも1個の4の倍数が含まれる）

　→4の倍数×6の倍数＝$($　**3**　$)$

④連続する5つの整数の積は$5! = ($　**4**　$)$（少なくとも1個の5の倍数が含まれる）

　→5の倍数×24の倍数＝$($　**4**　$)$

⑤連続する$m$個の整数の積は$($　**5**　$)$の倍数

　$n(n+1)(n+2) \cdots (n+m-1)$ は $($　**5**　$)$ で割り切れる

※その他にも、連続する整数の和の性質などが重要。

・連続する3つの整数の和は3の倍数。
・連続する3つの奇数の和は3の倍数。
・連続する4つの整数の和から2を引くと4の倍数。
・連続する5つの整数の和は5の倍数。

覚えておきたい　　因数分解の公式　　テクニック【因数分解】

①$ma+mb-mc=m(a+b+c)$
②$a^2-b^2=(a+b)(a-b)$
③$a^2+2ab+b^2=(a+b)^2$
④$a^2-2ab+b^2=(a-b)^2$
⑤$x^2+(a+b)x+ab=(x+a)(x+b)$
⑥$acx^2+(ad+bc)x+bd=(ax+b)(cx+d)$
⑦$a^3+b^3=(a+b)(a^2-ab+b^2)$
⑧$a^3-b^3=(a-b)(a^2+ab+b^2)$
⑨$a^3+3a^2b+3ab^2+b^3=(a+b)^3$
⑩$a^3-3a^2b+3ab^2-b^3=(a-b)^3$

【解答】
1　131　　2　$(A-1)(A+1)$　　3　24の倍数　　4　120の倍数　　5　$m!$

# A01 　正解─3

テクニック【数の性質】【素因数分解】

問題文から、$155^2-1=$（4つの連続する整数の積）を読み取る。

問題文から、　4数の積 $=155^2-1=(155-1)(155+1)=154\times156$
素因数分解して、$154=2\times7\times11$、$156=2\times2\times3\times13$
よって、4数の積 $=2\times7\times11\times2\times2\times3\times13=11\times14\times12\times13$
ここから、4つの数の和は、$11+12+13+14=50$

第1章 第1部 数的推理
第2章 第1部 数的推理
第3章 第1部 数的推理
第4章 第1部 数的推理
第5章 第1部 数的推理
第6章 第1部 数的推理
第7章 第1部 数的推理
第8章 第1部 数的推理
第9章 第1部 数的推理
第10章 第1部 数的推理

# Q02 規則性の発見

問 次の図のように、白と黒の碁石を正方形の形に並べていき、黒の碁石の総数が171になるとき、最も小さい正方形の1辺の碁石の数として、妥当なものはどれか。 （地方上級）

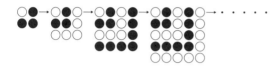

**1** 14 **2** 16 **3** 18 **4** 20 **5** 22

## PointCheck

●規則性の発見

⑴自由な発想で切り口をみつける 🔅発想ポイント

1辺が3個の正方形（2番目）と1辺が5個の正方形（4番目）をみると、碁石を並べ替えて、白黒交互に1列にでき、黒の列が白より（ **1** ）ことがわかる。

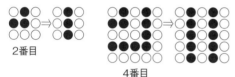

2番目

4番目

このような直列に並べ替えた黒の碁石が171個になる場合を考える。

ヒント 石の配列を変換・変形して、規則性を見つけ出す。

⑵式を解いている最中にも工夫 🔅発想ポイント

列の数が奇数のとき、1辺の碁石の数を$x$とすると、黒い碁石の列の数は、（ **2** ）÷2となり、黒の碁石が171個だとすると次の方程式ができる。

$$x \times (x-1) \div 2 = 171 \qquad x \times (x-1) = 342$$

342を素因数分解して、 $342 = （ \ \textbf{3} \ ） = 18 \times 19$

アドバイス 2次方程式の解法を使わずに、式の形から適する数を求める。

よって、1辺の碁石の数とした$x$は（ **4** ）となる。そして、この19個は、⑴で偶数番目だけでの規則性を考えたので、一番外側の白石の1辺の数である。

第1章 第1部 数的推理

第2章 第1部 数的推理

第3章 第1部 数的推理

第4章 第1部 数的推理

第5章 第1部 数的推理

第6章 第1部 数的推理

第7章 第1部 数的推理

第8章 第1部 数的推理

第9章 第1部 数的推理

第10章 第1部 数的推理

## 🔑 keypoint

　黒が171個になる正方形がいくつかあり、その中で最も辺の数の小さい正方形を求める。

　1辺が19の正方形は外側の1列が白で、一つ前の1辺が18の正方形も黒の数は同じはず。求めるのは「最も小さい正方形」の辺の碁石の数だから、答えは**（　5　）**ということになる。

【解答】

| 1 | 1列少ない | 2 | $(x-1)$ | 3 | $2 \times 3 \times 3 \times 19$ | 4 | 19 | 5 | 18個 |

# A02 正解―3

### 👉 テクニック 【数の性質】【規則性】

　3番目の正方形に注目すると、辺の数は4個で、黒は白より4個多い。ここから黒と白の関係性・規則性を見つけ出す。

　正方形の右側の辺が黒のとき、正方形の1辺を$n$個とすると、黒は白より$n$個多い。

## 🔑 keypoint

　辺の数を$n$として、正方形の面積＝黒＋白の方程式を作る。

　黒が171個のときは、白は$171-n$個で、合計すると$342-n$個。
　これを1辺$n$の正方形に並んでいる碁石の数の合計と考えると $n^2=342-n$　という式が成り立つ。
　$(n+19)(n-18)=0$　より、正方形の碁石の数$n$は18となる。

[別解]

　正方形の右側の辺が黒のとき、縦に黒・白が$m$列ずつあるとすると、黒は白より$2m$個多くなっている。よって、黒が171なら白は$171-2m$となる。

### アドバイス　黒白の関係を見つけるのに、着目するポイントが違うだけ。

　黒白の合計（＝$342-2m$）が、1辺の個数（$2m$）の平方になるのだから、1辺を2乗して342より$2m$だけ小さくなる数を見つければよい。選択肢にあてはめて考える。

## 🔑 keypoint

　辺の数を決めて黒白の数を確認したほうが計算は単純になる。

　$2m=18$とすると、$18^2=324$で、$342-324=18=2m$となり、条件に合致する。

# Q03 数列の解析と規則

**問** 次の数列は、ある一定の規則に従っている。

4 3 2 1 2 3 4 5 6 5 4 3 4 5 6 7 8 7 6 5 ……

このとき、最初に29が出てくるのは何番目か。 (地方上級)

**1** 100番目　**2** 101番目　**3** 104番目　**4** 108番目　**5** 116番目

## PointCheck

◉変化の定式化と規則性の再現

⑴変化の中の規則性を捉える　🔍**発想ポイント**

　試しに、差だけをとってみると、−1が3回と＋1が5回が繰り返されている。つまり、
（　1　）の増減で次の段階に進んでいる数列である。

4　3　2　1　2　3　4　5　6　5　4　3　4　5　6　7　8　7　6　5 ……
−1−1−1 ＋1 ＋1 ＋1 ＋1 ＋1−1　−1−1 ＋1 ＋1 ＋1 ＋1 ＋1−1−1−1 ……

**ヒント**　数列を、数字の組合せと考える。4個ずつの組と考えて、偶数組について検討
してもよい。

　したがって、4→3→2→1と減り2→3→4→5と増える規則の、8個ずつの数の組が
考えられる。

⑵規則を再現しさらに推測する　🔍**発想ポイント**　✍**解法ポイント**

　ここで、29が初めて出てくる場合を考えると、最初の組でも同様に、（　2　）数が登場
する場所に29も初めて出てくる。

　つまり、最後の5のところで、29の初出は次のような組と推測される。

　……［28→27→26→25　26→27→28→29］

　組の最後の数だけ考えると、5→7→9→11→…→29

　すなわち、5から始まって2ずつ増える奇数の数列なので、n番目の数は、（　3　）

**アドバイス**　5から始まる奇数のn番目は、初項＋公差×(n−1)＝5＋2(n−1)より
2n＋3となる。

　29＝2n＋3　より　n＝13　29は（　4　）番目の組の最後の数として登場する。

　以上から29は、（　5　）＝104　104番目に出てくる。

◉等差数列・等比数列の公式

⑴等差数列の一般項

　初項a、公差d、項数nとすると、　　　$a_n = a+(n-1)d$

問題でPoint を理解する
Level 1 Q03

第1章 第1部 数的推理
第2章 第1部 数的推理
第3章 第1部 数的推理
第4章 第1部 数的推理
第5章 第1部 数的推理
第6章 第1部 数的推理
第7章 第1部 数的推理
第8章 第1部 数的推理
第9章 第1部 数的推理
第10章 第1部 数的推理

(2)等差数列の和

末項 $l$ とすると、 $S_n = \dfrac{n(a+l)}{2}$

(3)等比数列の一般項

初項 $a$ 、公比 $r$ とすると、 $a_n = ar^{n-1}$

(4)等比数列の和

$S_n = \dfrac{a(1-r^n)}{1-r}$ $(r \neq 1)$ 、 $S_n = na$ $(r = 1)$

【解答】

**1** 8回 **2** 一番大きい **3** $2n+3$ **4** 13 **5** $13 \times 8$

# A03 正解-3

**テクニック** 【数の性質】【規則性】【数列】

数列の規則性は差を求めることが基本。どのような増減を繰り返しているかに着目する。

はじめの3回は1ずつ減り、続く5回は1ずつ増えている。

すなわち、8個先にある項は、$-1 \times 3 + 1 \times 5 = 2$ で、2ずつ増える規則性である。

**アドバイス** 合計で2ずつ増える組の、先頭の数字で考える。

1番目 （→＋8） 9番目 （→＋8） 17番目 （→＋8） 25番目 … $m$番目
4 （→＋2） 6 （→＋2） 8 （→＋2） 10 … $n$

ここで、4から始まる偶数が最初に現れる場合が計算できる。

$(n-4) \div 2 \times 8 + 1 = m$（番目）

ただ、奇数の29は、最初に偶数の30が現れたときの、1つ前に最初のものが出てくる。つまり、30の1つ前までの数を数えればいいことになる。

## keypoint

題意にあうか、順番を慎重に確認する。4から30まで、＋2が13回あり、8個の数字の組が13組あって、次に30が出てくる。

よって、最初に30が出てくるのは、

$(30-4) \div 2 \times 8 + 1 = 105$（番目）

以上から、29が最初に出てくるのは、30の1つ前なので、 $105 - 1 = 104$（番目）

115

# Q04 数の性質・魔方陣

**問** 次の図のように、正三角すいの各頂点と各辺上に1〜11の数のうちの10個を1個ずつ当てはめたところ、辺とその両端の頂点に当てはめた3つの数の和がいずれも18であった。このとき用いられていない数は何か。 (地方上級)

1　2
2　3
3　5
4　8
5　11

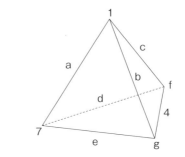

## PointCheck

◉図表と条件式の関係

⑴図の変形　🖊**解法ポイント**

　この問題のように辺と頂点の組合せを考える場合は、図を平面図に直して、具体的にあてはめていく。ただし、面積や長さを求める場合は、展開図や立面図に直したほうがわかりやすいこともある。

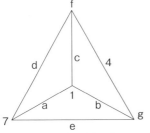

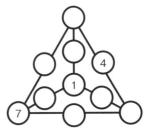

　これだけで、点＋辺＋点＝18が魔法陣の構成であることが見えてくる。そして、頂点1に接続するaの辺は、（　**1**　）－7－1＝10とわかる。

⑵限られた条件からの推測　🖊**解法ポイント**

　次に、頂点1に接続する残りの2つの辺b・cを考えると、18－1＝17なので、（　**2**　）数値からあてはめてみる。

**[考え方の手順]**

①使える数字を大きい順に、11、9、8、7、6…と書き上げて、b、cにあてはめる。

②足して18になるように、つながるf、gを決める。

③f＋4＋g＝18になればよい。

　b、cをそれぞれ9、11とおくと、頂点fは（　**3**　）、頂点gは（　**4**　）と決まる。ここで、f＋4＋gが18になる。

　残りのd、eも、d＝18－6－7＝5、e＝18－8－7＝3となり、異なる数値なので条件を満たしている。以上から、使っていない数字は（　**5**　）になる。

### ⑶可能性の検討　🔍 発想ポイント

　もし、b、cをそれぞれ11、9と、逆においたとしても、頂点fは8、頂点gは6となり、d＝3、e＝5と、それぞれ逆の結果になる。これは、辺と点の組合せが反転しただけで、使う数字の組合せには影響がないことを表している。どの場合も使わない数字は2となる。

**アドバイス**　　選択肢もあわせて検討して答えは出せるが、他の可能性がないかを確認することも大切。

### ●魔方陣　👆 テクニック 【魔法陣】

　使う数の総和から、1辺の和を考え、そこから、数が限定されたところから順にあてはめていく。いくつかの可能性がある場合は、場合の数・組合せの要領で可能性を検討していく（P14参照）。

---

【解答】

**1**　18　　**2**　大きな　　**3**　6　　**4**　8　　**5**　2

---

# A04　正解ー1

### 👆 テクニック 【数の性質】

　3数の和が18であることから、わかるところから順に当てはめていき、可能性を検討していく。

　図を見ると、辺aは両端の頂点が決まっているから、a＋1＋7＝18　となり、a＝10

> 🔑 **keypoint**
> 　1－b－g、1－c－f、f－4－gの3辺の関係に着目。頂点1につながっている辺には、大きい数を割りあてて考える。

　b＋g＝c＋f＝17であるから、（b、g）、（c、f）は（6、11）、（8、9）のどちらかである。

　他方で、4をはさむf、gは、f＋g＝14なので、（f、g）＝（6、8）となる（順不同）。f＝6、g＝8とすると、b＝9、c＝11となり、同様にd＝5、e＝3と決まる。以上から、使わない数字は2になる。

第1章 第1部 数的推理
第2章 第1部 数的推理
第3章 第1部 数的推理
第4章 第1部 数的推理
第5章 第1部 数的推理
第6章 第1部 数的推理
第7章 第1部 数的推理
第8章 第1部 数的推理
第9章 第1部 数的推理
第10章 第1部 数的推理

# Q05 倍数を表す式

**問** 4ケタの正の整数 $A = 1000a + 100b + 10c + d$ は、$A = 9(111a + 11b + c) + (a + b + c + d)$ と書ける。これを利用し、4ケタの数 6□7□ が9で割り切れるときに、2つの□に入る数字の和を求めよ。

（地方上級）

**1** 4のみ  **2** 5のみ  **3** 8のみ  **4** 4または12  **5** 5または14

## PointCheck

●数的推理の出題意図を探る

⑴解法の指示がある場合  🔍 **発想ポイント**

　この種類の問題で陥りやすいミスは、次に示す「9の倍数のルール」を知っていることで、問題文の指示に従わずに数をあてはめてしまうことから生じやすい。

🔑 **keypoint**

　単なる知識の問題ではなく、条件式の意味を理解することが目標。**Q08** なども参照のこと。

[考え方の手順]

①$9(111a + 11b + c) + (a + b + c + d)$ の、$9(111a + 11b + c)$ は9の倍数。

②$(a + b + c + d)$ が9の倍数になればよい。

③4ケタの数 6□7□ が、$(6 + b + 7 + d)$ であり、これを $9 \times (\cdots\cdots)$ の式で表す。

④$6 + b + 7 + d = 9 \times \dfrac{6 + b + 7 + d}{9} = 9 \times \left(1 + \dfrac{4 + b + d}{9}\right)$

⑤よって、$\dfrac{4 + b + d}{9}$ が整数になるような、$b + d$ を求めればよい。

　これが出題意図であり、そのために問題文が、「2つの□に入る数字の和」となっているのである。

⑵倍数のルール  ✏ **解法ポイント**

　問題の趣旨が理解できれば、「ある数の各桁の数の和が9の倍数なら、その数は9の倍数になる」ので、$6 + □ + 7 + □$ が9の倍数になるように、□を考えてみてよい。

①$6 + 7 = 13$ に1桁の数字2つを加えて9の倍数にする。

②□の最大は9なので、足す数は（　**1**　）までを検討する。

　以上から、（　**2**　）を足して18にするか、（　**3**　）を足して27にするしかない。

問題で**Point**を理解する

Level 1 **Q05**

第1章 第1部 数的推理
第2章 第1部 数的推理
第3章 第1部 数的推理
第4章 第1部 数的推理
第5章 第1部 数的推理
第6章 第1部 数的推理
第7章 第1部 数的推理
第8章 第1部 数的推理
第9章 第1部 数的推理
第10章 第1部 数的推理

覚えておきたい　**倍数のルール**　テクニック【9の倍数】

2の倍数：1の位が偶数　$100a+10b+c=2(50a+5b)+c$

3の倍数：各位の数の（　4　）が3の倍数
　　　　　$100a+10b+c=3(33a+3b)+(a+b+c)$

4の倍数：（　5　）桁の数が4の倍数　$100a+10b+c=4\times25a+10b+c$

5の倍数：1の位の数が0か5

6の倍数：各位の数の和が（　6　）で、なおかつ1の位が偶数

8の倍数：（　7　）が000か、8の倍数
　　　　　$10000a+1000b+100c+10d+e=1000(10a+b)+100c+10d+e$

9の倍数：各位の数の和が9の倍数　$100a+10b+c=9(11a+b)+a+b+c$

10の倍数：1の位の数が0

11の倍数：末位から奇数番目の数の和と、偶数番目の数の和の差が11の倍数
　　　　　$10000a+1000b+100c+10d+e$
　　　$=11(909a+9c)+11(91b+d)+(a+c+e)-(b+d)$

【解答】

1　18　　2　5　　3　14　　4　和　　5　下2　　6　3の倍数

7　下3桁

# A05　正解ー5

テクニック【倍数】

「4桁の数$A$が9で割り切れるためには、各桁の数の和が9で割り切れなければならない」ということを、問題文で示している。

$6+\square+7+\square$は9で割り切れるので、$\square+\square+13$は9の倍数になる。

$\square+\square+13=(\square+\square+4)+9$であるので、$\square+\square+4$が9の倍数になる。

よって、①　$\square+\square=9$の倍数$-4$かつ、
　　　　②　$\square+\square$は1桁の数の和だから最大18である。

　　$\square+\square=9-4=5$
　　　　　　$=18-4=14$
　　　　　　$=27-4=23(>18$なので不適$)$

以上から、2つの数の和は、5または14である。

# Q06 倍数・曜日算

**問** ある年には、13日が金曜日になる月が3回あり、これらの3つの月は、たとえば2月、5月、8月のように3か月ずつ離れていた。この年の13日が金曜日になった月のうちで、最後の月は何月か。　　　　　　　　　　　　　　　　　　　　　　　　　　（地方上級）

**1** 7月　　**2** 8月　　**3** 9月　　**4** 10月　　**5** 11月

## PointCheck

**●条件を変換して、イメージ・計算しやすく**

**(1)13日の金曜だと考えづらいので1日で比較** 🖋**解法ポイント**

「13日の金曜日」が年に3回あるというのは、「12日の木曜日」も3回あるわけで、結局は月のカレンダーが3回同じになるということ。だとすれば、月の初めの1日で同じ曜日になる3つの月を探したほうが、イメージや計算は楽になる。

**アドバイス**　曜日算は常にカレンダーのイメージを持つ。

**(2)曜日の基本は7の倍数** 👆**テクニック**【倍数】

13日が金曜なら14日は土曜だから、2週間前の1日は日曜になる。このように、（　**1**　）とその余りで考えられるよう曜日の条件を捉える。また、「逆にさかのぼって土曜から日曜が1週間」というように、7つのかたまりで考えられるようにする。ただし、「13日の金曜日」でも対処できるなら、この問題では無理に1日と考える必要はない。

**ヒント**　考えやすいように「変換・変形」。「別の日で考えても同じ」ことに気が付く。

**●12カ月と曜日の関係**

**(1)年・月と曜日** 🖋**解法ポイント**

7で割って考えると、1年365日は「7の倍数+1」なので、翌年は曜日が1曜日後にずれる。同様に、1カ月31日は「（　**2**　）」、30日は「（　**3**　）」、28日は「7の倍数」なので、それぞれ翌月の曜日は3曜日、2曜日、0曜日後にずれると考える。

試しに1月1日を日曜として、各月の1日が何曜日になるかを考えると以下のようになる。

| 1月 | 2月 | 3月 | 4月 | 5月 | 6月 | 7月 | 8月 | 9月 | 10月 | 11月 | 12月 |
|---|---|---|---|---|---|---|---|---|---|---|---|
| 日曜 | 水曜 | 水曜 | 土曜 | 月曜 | 木曜 | 土曜 | 火曜 | 金曜 | 日曜 | 水曜 | 金曜 |

| | +3 | +0 | +3 | +2 | +3 | +2 | +3 | +3 | +2 | +3 | +2 |

**(2)柔軟な発想と処理** 💡**発想ポイント**

1日が同じ曜日になる3つの月を探す。しかし、上の表では、曜日をずらして考えても、「3カ月ずつ離れて、同じ曜日」はないので、問題にあわないことになる。

## 🔑keypoint

時間をかけずに、うるう年という例外に気づくかがポイント。

| 1月 | 2月 | 3月 | 4月 | 5月 | 6月 | 7月 | 8月 | 9月 | 10月 | 11月 | 12月 |
|---|---|---|---|---|---|---|---|---|---|---|---|
| 土曜 | 火曜 | 水曜 | 土曜 | 月曜 | 木曜 | 土曜 | 火曜 | 金曜 | 日曜 | 水曜 | 金曜 |
| | +3 | +1 | +3 | +2 | +3 | +2 | +3 | +3 | +2 | +3 | +2 |

　ここでも、1年すべてをやり直すのではなく、2月からさかのぼって1月・2月を数え直す。「3カ月ずつ離れて、同じ曜日」は、（　4　）が3カ月離れて同じ土曜日になっている。これを13日の金曜（または1日の日曜）と考えれば、最後の月は（　5　）となる。

| 1月 | 2月 | 3月 | 4月 | 5月 | 6月 | 7月 | 8月 | 9月 | 10月 | 11月 | 12月 |
|---|---|---|---|---|---|---|---|---|---|---|---|
| 日曜 | 水曜 | 木曜 | 日曜 | 火曜 | 金曜 | 日曜 | 水曜 | 土曜 | 月曜 | 木曜 | 土曜 |

【解答】
1　7の倍数　2　7の倍数+3　3　7の倍数+2　4　1月・4月・7月　5　7月

# A06　正解ー1

👆**テクニック**【曜日算】【倍数】
　3カ月後の13日が同じ曜日になるには、「3カ月間の日数」が7の倍数ということ
⇒余りを集めて7の倍数になる3カ月を探す。
　1カ月の日数は、うるう年の2月も考えて、31日、30日、29日、28日の4通り。
31、30、29、28を7で割ったときの余りは、それぞれ3、2、1、0。
　これを組み合わせて、3カ月間の日数が7の倍数になるように考えると、3カ月の余りの和が、3＋2＋2＝7、3＋3＋1＝7の2通りがある。

**アドバイス**　余りの和が7で割り切れれば、7の倍数になる。

## 🔑keypoint

　例外的な、うるう年の2月や、31日の続く7月・8月に注意する。

　3＋3＋1の場合は、うるう年の1、2、3月だけである。
　3＋2＋2の場合は、3月に続く4、5、6月にあてはまる。
　以上から、うるう年の1月、4月、7月は、3か月ごとに曜日が同じ月になる。

**アドバイス**　うるう年の1・4・7はカレンダーの曜日構成が同じ。なぜなら、3か月ごとに7の倍数間隔になるから。

　1月13日が金曜日なら、4月、7月の13日も金曜日となり、最後の月は7月である。

# Q07 数の性質・剰余の計算

**問** ある人が手持ちのテニスボールの個数を調べた。ボールを2個ずつ数えると、最後に1個余った。同様に、3個ずつ、4個ずつ、5個ずつ、7個ずつというように数えると、それぞれ2個、3個、1個、6個余った。テニスボールの個数は次のうちどの範囲にあるか。

(地方上級)

1　101個〜100個　　**2**　101個〜200個　　**3**　201個〜300個　　**4**　301個〜400個
**5**　401個〜500個

## PointCheck

◉余りの処理

⑴余りが異なる場合の考え方　**⚡テクニック【余りと公倍数】**

　ある数を$A$で割って$B$の余りが出るということは、ある数は$A$の倍数より余りの$B$だけ（　**1**　）ことになる。ここから、①ある数は$A$の倍数$+B$であることと、②ある数は、あと（　**2**　）だけ大きければ$A$の倍数になるという、2つのことを意味する。

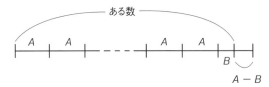

　問題のようにある数をいくつかの数字で割って「余りが異なる」というのは、上の②の「あと（$A-B$）だけ大きければ$A$の倍数になる」ことから求めていくことになる。

**アドバイス**　「2で割ると1余り、3で割ると2余る数」というのは、「あと1あれば2と3の公倍数になる数」という意味。

　したがって、「2個ずつで1あまり、3個ずつで2あまり、4個ずつで3あまり、7個ずつで6あまり」ということから、
　$2-1=3-2=4-3=7-6=1$　すべて（$A-B$）にあたる差が（　**3**　）になる。
したがって、ボールの数は、あと1個あれば2・3・4・7で割り切れる数である。
※「5個ずつで1あまり」は、$5-1=4$なので、ここには含めて考えない。

⑵最小公倍数と余りの条件　**✏解法ポイント**

　2・3・4・7の公倍数は、最小公倍数$=$（　**4**　）なので、
　　$84×2=168$　$84×3=252$　……
　よって、ボールの数は、

$84 - 1 = 83$、$168 - 1 = 167$、$252 - 1 = 251$　……
※他に条件がなければ、ボールの個数の範囲は定まらない。

### (3)限定条件から求める範囲

　ここで、5個ずつ数えて1余るというのは、前述の① 「ある数は5の倍数＋1である」という条件として考える。さらにこの問題では、選択肢を限定条件として使う。

　そこで、(2)での計算から、**( 　5　 )** $= 251$　となるので、選択肢の201〜300個の範囲が妥当という結論になる。

> **ヒント**　具体的にボールの数を決めていくとわかりやすい。選択肢が最大で500個までなので、$84 \times 5 = 420$まで検討すれば十分。

【解答】
1　大きい　　2　$(A - B)$　　3　1　　4　84　　5　$84 \times 3 - 1$

# A07　正解—3

### 👉 テクニック 【余りと公倍数】
　余りが共通の場合は「公倍数＋余り」を考えるが、余りが異なる場合は、「余り＋$x$＝割り切れる数」つまり「公倍数－$x$」を考えてみる。

　ボールの数を$X$とすると、条件から次の式のように表される。
　$X = 2a + 1 = 3b + 2 = 4c + 3 = 5d + 1 = 7e + 6$
ここで、$5d + 1$以外の各条件式は、1を足すとそれぞれ割り切れる数になる。
すなわち、$X + 1 = 2(a + 1) = 3(b + 1) = 4(c + 1) = 7(e + 1)$　となる。
ゆえに、$X + 1$は「2、3、4、7の公倍数」であり、「2、3、4、7の最小公倍数」は84だから、$X$は「84の倍数－1」である。

　選択肢は500個までの数になっており、この範囲で84の倍数を決め、$X$を考える。
　$84 \times 1 - 1 = 83$、$84 \times 2 - 1 = 167$、$84 \times 3 - 1 = 251$、$84 \times 4 - 1 = 335$、
　$84 \times 5 - 1 = 419$

## 🔑 keypoint
　最後に、「5で割ると1余り」という条件で、個数を限定する。

ここで残った条件である、ボールの数は5で割ると1余るということから、「5の倍数＋1」になっている数を探すと251だけであり、以上から、ボールの数は、251個と決まる。

# Q08 演算記号

問 任意の正の整数$a$、$b$に対して、演算$S$を$S(a \times b) = S(a) + S(b)$ とする。

このとき、$2S(3) - S(63) + \dfrac{1}{2}S(49)$ の値はいくらか。 (地方上級)

**1** $-1$ **2** $0$ **3** $1$ **4** $S(2)$ **5** $S(3)$

## PointCheck

●特殊な演算

⑴推測と方針決定 **🔍発想ポイント**

　普通の問題では、演算$S$が一定の計算を意味することが示されるが、ここではそれがない。ただ、条件式を見ると、マイナスが含まれているので、演算$S$がわからなくても、式が（ **1** ）のではないかと推測する。

⑵一般的な計算の適用（分配法則・和差のルール） **✏️解法ポイント**

　とにかく忠実に指示に従ってみると、処理の方向性が見つかることがある。
　演算$S$自体は、計算の分配法則と同じと考え、式をできるだけ分解してみる。

**アドバイス** 肢4・肢5に$S$を使った答えがあることからわかるように、演算$S$自体がどのような内容かは問題にならない。

$$2S(3) - S(63) + \frac{1}{2}S(49)$$

$$= 2S(3) - S((\ \mathbf{2}\ )) + \frac{1}{2}\{S(7 \times 7)\}$$

ここで、$-S(a \times b) = -S(a) - S(b)$ と、マイナスが各項に分配されることに注意して、

$$= 2S(3) - S(3) - S(3) - S(7) + \frac{1}{2}\{S(7) + S(7)\}$$

　さらに、①$2S(3)$は（ **3** ）であり、②逆に$S(7) + S(7)$は（ **4** ）であると考えられる。
　よって、
　与式$= S(3) + S(3) - S(3) - S(3) - S(7) + S(7)$
　　　$=$（ **5** ）
　最終的に、すべての式が消えてしまうので、答えは（ **5** ）になる。

●演算記号問題のポイント

演算記号・約束記号の問題が難しく感じるのは、そもそも式の処理が苦手であることが理由である。出題パターン自体は次の2種類くらいしかない。

(1)演算記号の処理過程を例示した後に、その処理通りに問題を解かせる
(2)演算記号の内容は示さず処理結果のみを挙げて、内容に関する処理を行わせる

問題の解法は、基本的に以下の手順による。

[考え方の手順]
①演算ルールの発見（加減乗除や数の性質などを利用）
②ルールに従って処理（一般的な演算ルールも適用）
③演算記号を含む式を、まとめたり消去したりして単純化

本問では、(1)のパターンだが、手順は実質②から行い、式を消去していくだけとなる。

【解答】
1　消えていく　　2　$3 \times 3 \times 7$　　3　$S(3)+S(3)$　　4　$2S(7)$　　5　0

# A08 正解ー2

👆 **テクニック** 【式の変形】【演算記号】

問題文の式を忠実にあてはめて、各式を変形・分解していく。

$$2S(3)=S(3)+S(3)$$
$$S(63)=S(7 \times 9)=S(7)+S(9)$$
$$S(9)=S(3 \times 3)=S(3)+S(3)=2S(3)$$
$$S(49)=S(7 \times 7)=S(7)+S(7)=2S(7)$$

問題の式に代入すると、

$$2S(3)-S(63)+\frac{1}{2}S(49)$$

$$=2S(3)-\{S(7)+2S(3)\}+\frac{1}{2}\{2S(7)\}$$

$$=2S(3)-2S(3)-S(7)+S(7)=0$$

※ $\frac{1}{2}\{2S(7)\}=S(7)$ である。

第1章 第1部 数的推理
第2章 第1部 数的推理
第3章 第1部 数的推理
第4章 第1部 数的推理
第5章 第1部 数的推理
第6章 第1部 数的推理
第7章 第1部 数的推理
第8章 第1部 数的推理
第9章 第1部 数的推理
第10章 第1部 数的推理

# Q09 比と割合 (無料分のある料金)

**問** ある航空会社では手荷物は一定の重量まで料金がかからないが、その重量を超えると、1kg増えるごとに一定料金が加算される。2人の旅行者が手荷物を一まとめにすると60kgあり、1人分として預けると超過料金が8,000円かかることがわかった。そこで1人ずつ別々に預けることにしたところ、超過料金は2,800円と1,200円であった。2人の手荷物のうち、重いほうの重量はいくらだったか。

(地方上級)

**1** 33kg **2** 34kg **3** 35kg **4** 36kg **5** 37kg

## PointCheck

◉無料・定額部分の処理 🔍**発想ポイント** 👆**テクニック**【比の応用】

よくあるサービスなので感覚的には理解できるが、なぜ2人に分けると安くなるのかをよく考えてみることが必要。結局、無料サービス券が2枚あるのに1枚しか使わない場合と考えられる。

### 🔑keypoint

2人別々に預けると無料重量が2人分あり、1人にまとめると無料重量が1人分になる。これが料金が安くなる理由。

2人を別々にすると、1人にまとめる場合より、8000 − (2800 + 1200) = ( 1 ) 円安くなる。つまり、この ( 1 ) 円が1人分の無料重量に対応する無料金額である。

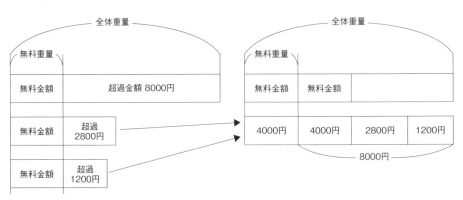

この無料部分を有料にして考えれば、重量に対して金額は ( 2 ) の関係があるはず。

アドバイス　全体に占める無料の重量と無料の金額の比率が等しくなる。

つまり、（全体重量）：（無料重量）＝（無料金額＋（ **3** ）金額）：（無料金額）
そこで、60kgの場合で、金額と重量との比を比べると、
　60：無料重量＝（（ **4** ））：（ **5** ）　　よって、無料重量＝20kg　となる。

超過金額の多いほうの重量（$A$）を考えると
　$A：20＝4000＋2800：4000$　　よって、$A＝34$kg

【解答】
| | | | | | | | | |
|---|---|---|---|---|---|---|---|---|
| 1 | 4000 | 2 | 比例 | 3 | 超過 | 4 | $4000＋8000$ | 5 | 4000 |

# A09　正解－2

**テクニック**【比の応用】【割合】

　無料になっている金額を加えれば、1人で預けても2人でも料金は変わらないことから方程式を立てる。

　無料になっている金額を$x$円とする。
　無料分も含めた料金は、1人で預けた場合が、（$8000＋x$）円。
　2人で預けた場合が、（$2800＋x＋1200＋x$）円。
　$8000＋x＝2800＋x＋1200＋x$　より、$x＝4000$（円）である。

**keypoint**

　無料分を含めれば料金の比は重量の比と等しくなる。

　ここで2人で分けて預けた場合、超過分の料金と無料になっている金額とを加えて考えれば、金額の比は重量の比と等しいので、
　　$(2800＋4000)：(1200＋4000)＝17：13$
　重いほうの重量は、全体の$\dfrac{17}{17＋13}$にあたるので、$60×\dfrac{17}{30}＝34$（kg）

第1部 数的推理 第1章
第1部 数的推理 第2章
第1部 数的推理 第3章
第1部 数的推理 第4章
第1部 数的推理 第5章
第1部 数的推理 第6章
第1部 数的推理 第7章
第1部 数的推理 第8章
第1部 数的推理 第9章
第1部 数的推理 第10章

# Q10 割合での得点の比較

**問** A～Eの5人が100点満点の試験を受けた。5人の得点について次のことがわかっているとき、Eの得点は何点か。ただし、A～Eの得点はすべて整数であるとする。

(国家一般)

●Aの得点はEの得点の $\frac{1}{3}$ であった。

●Bの得点はEの得点の $\frac{1}{5}$ であった。

●Cの得点はEの得点の $\frac{3}{2}$ であった。

●Dの得点はA～Cの得点の合計に21点を加えたものの $\frac{1}{2}$ であった。

**1** 15点　**2** 30点　**3** 45点　**4** 60点　**5** 75点

## PointCheck

◉隠れた重要ヒントの発見　**◆解法ポイント**　**◉発想ポイント**

　すぐに方程式を立てるのではなく、条件に選択肢を合わせた検討が必要。たとえば、Eの得点が100点に近づくと、Dの得点が100点を超える可能性が大きいなどである。このような検討をしていると、「Cの得点はEの得点の $\frac{3}{2}$」に着目できるようにもなる。

> **🔑keypoint**
>
> 分数式は選択肢を限定するヒントの1つと考える。

　3番目の条件から、Eの得点は（　**1**　）になるので、選択肢（　**2**　）の（　**3**　）点に絞られる。

　ここでEが30点とすると、A、B、C、Dはすべて（　**4**　）になる。

　A＝$30 \times \frac{1}{3} = 10$、B＝$30 \times \frac{1}{5} = 6$、C＝$30 \times \frac{3}{2} = 45$、D＝$(10 + 6 + 45 + 21) \times \frac{1}{2} = 41$

　しかしEが60点とすると、A、B、Cは（　**4**　）だが、D＝$(20 + 12 + 90 + 21) \times \frac{1}{2}$ ＝71.5

得点はすべて（　4　）なので、Eが（　5　）点が答えとなる。

第1章　第1部 数的推理

第2章　第1部 数的推理

第3章　第1部 数的推理

第4章　第1部 数的推理

第5章　第1部 数的推理

第6章　第1部 数的推理

第7章　第1部 数的推理

第8章　第1部 数的推理

第9章　第1部 数的推理

第10章　第1部 数的推理

【解答】

| 1 | 偶数 | 2 | 2または4 | 3 | 30または60 | 4 | 整数 | 5 | 30 |

# A10　正解−2

**テクニック** 【割合】【数の性質】

DをEで表すと、問題文の条件をまとめることができる。

条件から、$A = \frac{1}{3}E$、$B = \frac{1}{5}E$、$C = \frac{3}{2}E$

よって、$D = \frac{1}{2}\{(\frac{1}{3} + \frac{1}{5} + \frac{3}{2})E + 21\} = \frac{61}{60}E + \frac{21}{2}$

## keypoint

約分して整数になるように公倍数の中から選んでいく。

Dは整数なので、$\frac{61}{60}E$は約分されて$\frac{21}{2}$と分母が同じにならなければならない。そこで、Eは30の倍数と考えられるが、60の倍数になると$\frac{61}{60}E$の分母が2にならなくなる。

**ヒント** ある程度限定されてきたら選択肢の出番。この時点で選択肢の中から適する得点が決定できる。

100点満点なので、Eの得点は30点か90点であるが、E＝90とすると、$C = \frac{3}{2}E$より、C＝135となり妥当でない。E＝30とすると、A＝10、B＝6、C＝45、D＝41となり妥当である。以上からEは30点が正しい。

# Q11 混合比率と方程式

問 ある容器に10kgの国産米が入っている。ここからxkg取り出して代わりにxkgの輸入米を入れてよく混ぜる。この混合米からまたxkg取り出して再びxkgの輸入米を入れたところ、国産米と輸入米の割合が16：9になった。xkgとして、正しいのはどれか。

（国家一般）

**1** 1.5kg **2** 2 kg **3** 2.5kg **4** 3 kg **5** 3.5kg

## PointCheck

●濃度の応用問題 （発想ポイント）（テクニック）【割合】【比の応用】
国産・輸入について比率を確定していく。

全体の米の量を100、加える輸入米の量を $a$ として、比で考えていく。

**ヒント** 全体を100として計算しやすくする。

はじめにxkg加えた混合米の比は、国産米：輸入米＝（ **1** ）：（ **2** ）…①
最後の混合米の比は、全体が100になるから　国産米：輸入米＝16：9＝64：36
2回目にxkg加える前の混合米の比は、国産米：輸入米＝（ **3** ）：（ **4** ）…②

①と②の比が等しくなることから、

$100 - a : a = 64 : 36 - a$

$a^2 + 200a + 3600 = 0$

$(( \ \mathbf{5} \ ))(( \ \mathbf{6} \ )) = 0$

$a$ は100未満なので、$a = 20$

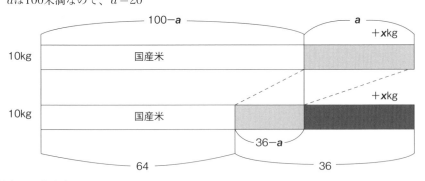

以上のことから、

$10\text{kg} : x\text{ kg} = 100 : 20$　より　$x = 2$ (kg)　となる。

第1章 第1部 数的推理

第2章 第1部 数的推理

第3章 第1部 数的推理

第4章 第1部 数的推理

第5章 第1部 数的推理

第6章 第1部 数的推理

第7章 第1部 数的推理

第8章 第1部 数的推理

第9章 第1部 数的推理

第10章 第1部 数的推理

【解答】

**1** $100-a$　**2** $a$　**3** 64　**4** $36-a$　**5** $a-20$　**6** $a-180$

# A11　正解－2

👆**テクニック**【割合】【2次方程式】

未知数を決めて、順に立式していく。

1回目に取り出される国産米は $x(\mathrm{kg})$ なので、残った国産米は $10-x(\mathrm{kg})$

1回目に混ぜた混合米の中の、国産米の割合は、全体が10kgなので、$\dfrac{10-x}{10}$

2回目に混ぜるとき、取り出される国産米は、$\dfrac{10-x}{10}x(\mathrm{kg})$

残っている国産米は、$10-x-\dfrac{10-x}{10}x(\mathrm{kg})$　…①

最後の混合米10kgに、含まれる国産米の割合は $\dfrac{16}{16+9}$ だから、

$$10\times\dfrac{16}{16+9}=6.4(\mathrm{kg})\ \cdots②$$

①＝②より、　$10-x-\dfrac{10-x}{10}x=6.4$

$x^2-20x+36=0$　$(x-2)(x-18)=0$

∴　$x=2、18$

$x<10$ より、$x=2(\mathrm{kg})$

# Q12 速度の比

**問** 校庭に２本のポールが立っている。ＡとＢがそれぞれ別のポールから同時にスタートし、互いにもう一方のポールを回って最短距離を走って帰った。２人はＡがスタートして50ｍ走った地点で出会い、次にＡがポールを回って30ｍ走った地点で出会った。Ａ、Ｂ両者の走る速さが変化しない場合、Ａ、Ｂの走る速さの比はいくらか。 (地方上級)

**1** 1:2 **2** 2:3 **3** 3:4 **4** 4:5 **5** 5:7

## PointCheck

◉**距離・時間と比** 🔍**発想ポイント** ☝**テクニック** 【比の応用】

　問題には距離しか条件がないので、まずは図でその距離の関係をしっかりつかむ。

**ヒント** 　池や２地点間を走る場合は、基準となる距離が一定。１回目出会うまで２人が走った距離の合計と、そこから２回目出会うまでに２人が走った距離の合計をくらべる。

　最初にＡとＢが出会うというのは、２人合わせて（ **1** ）の距離を走ったことになる。
　次にＡとＢが出会うというのは、２人合わせて（ **1** ）の距離を往復したことになる。
つまり、最初に出会ってから次に出会うまでに（ **1** ）の（ **2** ）倍の距離を走っている。

🗝**keypoint**
　　２人合わせて２倍走っているということは、１人ずつが２倍の距離を走っている。

　最初Ａは50ｍ走ってＢに出会っているので、次に出会うまでにＡは 50×（ **2** ）＝（ **3** ）ｍ走っていることになり、下図のように表せる。

A ① 50m ② 100m B

　ここで、「次にＡがポールを回って30ｍ走った地点で出会った」ことから、
（ **3** ）−30＝（ **4** ）ｍ　これが、最初に出会うまでにＢが走った距離である。

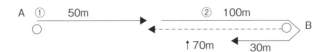

A ① 50m ② 100m B
↑70m 30m

問題でPointを理解する
Level 1 **Q12**

第1章 第1部 数的推理
第2章 第1部 数的推理
第3章 第1部 数的推理
第4章 第1部 数的推理
第5章 第1部 数的推理
第6章 第1部 数的推理
第7章 第1部 数的推理
第8章 第1部 数的推理
第9章 第1部 数的推理
第10章 第1部 数的推理

**アドバイス**　同じ時間なら、距離の比＝速さの比。同じ距離なら、時間と速さは逆比の関係。

　以上からはじめに出会うまで、同じ時間を走ったAとBの距離の比は、（　5　）の比に等しくなるので、　50：70＝5：7　が答えになる。

**ヒント**　1回目に会う時間をたとえば10分などとして、具体的な速さを求めてもよい。

【解答】
1　ポールの間　　2　2　　3　100　　4　70　　5　速さ

# **A12** 正解ー5

**テクニック**【方程式】【比の応用】
　ポールの間の距離を$x$として、出会うまでに走る距離の比を比べる。

　ポールの間の距離を$x$mとする。
　1回目に出会うまでに2人が走る距離は、
　　A：50(m)
　　B：$x-50$(m)
　2回目に出会うまでに2人が走る距離は、
　　A：ポールまで$x-50$m、折り返して30mなので、$x-50+30=x-20$(m)
　　B：ポールまで50m、折り返してから$x-30$mなので、$50+x-30=x+20$(m)

　速さが一定ということは、同じ時間にA・Bが走る距離の比は等しくなる。1回目と2回目のA：Bの走る距離の比は等しいことから、
　　$50：x-50=x-20：x+20$　　よって、$50(x+20)=(x-50)(x-20)$
　　$x^2-120x=0$　　　$x(x-120)=0$　　　ここから、$x=120$(m)
　以上から、A、Bの速さの比は、1回目に出会うまでに走った距離の比に等しいから、
　　$50：120-50=50：70=5：7$

# Q13 速度・時間・距離

問 Aは、甲町から乙町に向かって時速4kmの一定の速さで歩き始めた。BはAが出発してから1時間30分後に甲町を自転車で出発したが、このときの速さは40分でAに追いつく一定の速さであった。ところが、Bは出発してから20分後に忘れ物に気づいたので、甲町へ引き返してから再びAを追いかけることにした。Bが忘れ物に気づいてから50分以上1時間以内で、Aに追いつける自転車の速さは、次のうちどれか。ただし、甲町へ引き返したBは甲町にとどまらずに直ちにAを追いかけるものとし、また、忘れ物に気づいてからAに追いつくまでの自転車の速さは一定とする。 (地方上級)

**1** 時速15km **2** 時速17km **3** 時速19km **4** 時速21km **5** 時速23km

## PointCheck

◉比で考える速度・時間・距離

(1)時間の比から速さの比へ　⚡**テクニック**【比の応用】【速度】

　同じ距離をAとBが行く時間の比を求めて、逆比の関係から速さの比を考える。まず、AとBの時間を合計していく。

　当初の予定では、Aは90分先に歩き、Bが追いつくまでにさらに40分歩き続ける。
　したがって、当初の予定でのA、Bの時間の比は （ 1 ）：40＝13：4 である。
　次に、Bが「追いかける距離」をAが歩いたら何時間かかるかを考え、時間の合計を出す。

(2)同じ距離を歩く時間　💡**発想ポイント**

　Bの時間は、忘れ物に気づいてから50分以上1時間以内で追いつけるものである。
　これに対してAは、実際には20分後に忘れ物に気がつくまで、（ 2 ）分歩いている。さらに、Bは20分余計な距離を走っているので、その距離をAが歩くと何分かかるかを考えなければならない。

**ヒント**　　Bが忘れ物に気づくまでの距離を、Aが歩く時間に換算し加え、AとBが同じ距離を行くときの時間を求める。

　Bの20分の自転車の時間と同じ距離をAが歩く時間は、(1)で求めた比より、
　13：4＝$x$：20　$x$＝65（分）　となる。

## 🔑keypoint

　Bが忘れ物に気がついて再びAを追いかけるところからの時間（分）を考える。

　忘れ物に気づいてから50分、60分に追いつく場合のAとBの時間の比はそれぞれ、

50分の場合 **(( 3 ))**：50 より、 225：50

60分の場合 **(( 4 ))**：60 より、 235：60

> **アドバイス** 同じ距離なら、時間の比と速さの比は逆比の関係。

時間の比と速さの比は **( 5 )** の関係なので、Aの速さは4km/時で、Bの速さを$x$とすると、

$4：x＝50：225$　$x＝18$(km/時)　　　$4：x＝60：235$　$x＝15\dfrac{2}{3}$(km/時)

Bの速さはこの間になるから、時速17kmが答えとなる。

---

【解答】

**1**　$90＋40$　　**2**　$90＋20$　　**3**　$90＋20＋65＋50$　　**4**　$90＋20＋65＋60$

**5**　逆比

---

# A**13** 正解ー2

> **テクニック** 【割合】【速度】

初めのBの速さを求めて、具体的に距離を求めていく。

当初の予定どおりBが40分でAに追いついたとすると、それまでにAの歩く距離は、

$$4 \times (1\dfrac{30}{60} + \dfrac{40}{60}) = \dfrac{26}{3} \text{(km)}$$

予定ではその距離を40分で追いつくBの速さだったので、$\dfrac{26}{3} \div \dfrac{40}{60} = 13$(km/時)

この速さで、Bは忘れ物に気がつくまで走っているので、その距離は、

$$13 \times \dfrac{20}{60} = \dfrac{13}{3} \text{(km)}$$

それまでにAが歩いた距離は、　$4 \times (1\dfrac{30}{60} + \dfrac{20}{60}) = \dfrac{22}{3}$ (km)

1時間後に追いつくために、Bが走る距離は、$\dfrac{13}{3} + \dfrac{22}{3} + 4 \times 1 = \dfrac{47}{3}$ (km)

よって、Bが1時間で追いつく速さは、$\dfrac{47}{3} \div 1 = 15\dfrac{2}{3}$(km/時)　…①

同様に50分で追いつくために、Bが走る距離は、$\dfrac{13}{3} + \dfrac{22}{3} + 4 \times \dfrac{50}{60} = 15$(km)

よって、Bが50分で追いつく速さは、$15 \div \dfrac{50}{60} = 18$(km/時)　…②

①②から、$15\dfrac{2}{3} \leqq$（Bの速さ）$\leqq 18$ となり、肢2の時速17kmが妥当である。

第1章 第1部 数的推理
第2章 第1部 数的推理
第3章 第1部 数的推理
第4章 第1部 数的推理
第5章 第1部 数的推理
第6章 第1部 数的推理
第7章 第1部 数的推理
第8章 第1部 数的推理
第9章 第1部 数的推理
第10章 第1部 数的推理

# Q14 方程式・等積変形

問　図のようにＡの住んでいる土地は、正方形をしており、道路に面し、長方形の公園に接している。

今、点線のように道路の幅が4ｍ拡張されることとなったため、Ａは、土地の面積は変わらないものの、道路側を削られ、その代わりに公園の斜線部分の長方形の土地を与えられることになった。このとき、道路の拡張により減少する公園の面積は道路が拡張される前の公園の面積の何％か。

(国家一般)

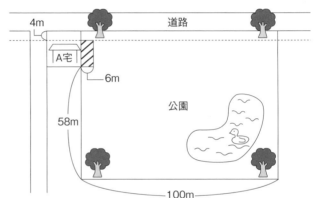

1　5.8%
2　6.4%
3　6.8%
4　7.2%
5　7.6%

## PointCheck

●等積変形の基本　🖊️解法ポイント　🔑テクニック【等積変形】

Ａ宅の1辺を$x$ｍとすると、増減してもＡ宅の（　1　）は変わらないから、

$x^2 = ((　2　))((　3　))$

$x = (　4　)$

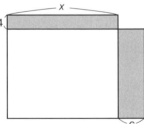

🔑 **keypoint**

等積変形は基本テクニック。図形問題以外もいつでも使えるように。

元の公園の面積 $= 100 \times (58 + (　4　)) = (　5　)$

減少する面積 $= 4 \times 100 + 6 \times ((　4　) - 4) = 448$

よって減少した割合は、 $448 \div (　5　) \times 100 = 6.4(\%)$　となる。

**【解答】**

**1** 面積　　**2** $x-4$　　**3** $x+6$　　**4** 12　　**5** 7000

# A14 正解－2

**テクニック** 【割合】【等積変形】

等積変形を活用することで、計算を頭で処理する部分が多くなり、素早い処理、計算ミス削減ができる。

A宅に与えられた土地の縦を$a$(m) とすると、元の正方形の土地の1辺は$a+4$(m)となる。

**ヒント** 面積が増減した部分だけに着目する。

A宅の、(削り取られる面積)＝(与えられた面積) なので、$4(a+4)=6a$
これを解いて　$a=8$(m)

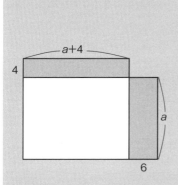

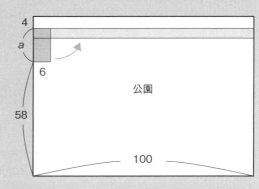

**ヒント** 減少した面積の縦の部分だけに着目する。A宅に与えた面積を等積変形して、縦の長さの割合で減少した割合を考える。

元の公園の縦は、$58+8+4=70$(m)
道路に拡張された縦は、4(m)
A宅に与えた土地を横100mに変形すると縦は、$6\times8\div100=0.48$(m)

以上から、減少する公園の面積の割合は、縦の長さの割合で考えて、
$(4+0.48)\div70\times100=6.4$(%)

第1章 第1部 数的推理

第2章 第1部 数的推理

第3章 第1部 数的推理

第4章 第1部 数的推理

第5章 第1部 数的推理

第6章 第1部 数的推理

第7章 第1部 数的推理

第8章 第1部 数的推理

第9章 第1部 数的推理

第10章 第1部 数的推理

# Q15 不等式 （長いすへの着席）

**問** ある催し物の出席者用に6人掛けの長いすと4人掛けの長いすを合わせて19脚用意した。6人掛けの長いすだけを使って6人ずつ着席させると、21人以上の出席者が着席できなかった。4人掛けの長いすに4人ずつ着席させ、6人掛けの長いすに4人ずつ着席させると、7人以上の出席者が着席できなかった。また、4人掛けの長いすに4人ずつ着席させ、6人掛けの長いすに6人ずつ着席させると、席が5人分余った。このとき、この催し物への出席者の人数として、妥当なものは次のうちどれか。 (地方上級)

**1** 95人　　**2** 96人　　**3** 97人　　**4** 98人　　**5** 99人

## PointCheck

### ●長いす問題の解法

### ⑴不等式によらない考え方 🔍 **発想ポイント**

長いすの問題では、（ **1** ）を$x$として、（ **2** ）で不等式などを立式していくのが基本。ただ、不等式からは範囲が求められ、整数解であることから範囲を限定していくことになる。しかし択一問題では、選択肢から考えると意外に計算が簡単になることがある。問題の設定を理解できたら、選択肢の数値もよく考えておこう。

### ⑵分数式の利用 ✏ **解法ポイント**

6人掛けの長いすを$x$脚、出席者の数を$y$とすると、

最後の条件「4人掛けの長いすに4人ずつ着席させ、6人掛けの長いすに6人ずつ着席させると、席が5人分余った」ということから、

$6x + 4((\ \mathbf{3}\ )) = (\ \mathbf{4}\ )$　という式が導かれる。

> **ヒント**　条件式は3つできる。前の2つは不等式になるが、最後の条件は方程式で、$x$と$y$の関係式となるので、これを中心に考える。

これを$x$について解くと、

$$x = \frac{y-71}{2}$$

> **ヒント**　分数式にすると、未知数が整数であることなどから、選択肢を限定することができる場合がある。

ここから、出席者の数$y$は（ **5** ）で、選択肢1・3・5の95人・97人・99人となるので、具体的にあてはめて、条件に合うかどうかを検討する。

$y = 95$とすると、$x = (95 - 71) \div 2 = 12$

$y = 97$とすると、$x = (97 - 71) \div 2 = 13$

$y = 99$ とすると、$x = (99 - 71) \div 2 = 14$

6人掛けが12脚・13脚・14脚のそれぞれの場合について、「6人ずつ着席させると、21人以上の出席者が着席できなかった」という条件に合うかどうかを確認する。

$y = 95$、$x = 12$ のとき、$95 - 6 \times 12 = 23$ ○
$y = 97$、$x = 13$ のとき、$97 - 6 \times 13 = 19$ × （21人以上にならない）
$y = 99$、$x = 14$ のとき、$99 - 6 \times 14 = 15$ × （21人以上にならない）
以上から出席者の数は95人となる。

**【解答】**
1 椅子の数　2 人数　3 $19 - x$　4 $y + 5$　5 奇数

# A15 正解ー1

**テクニック【不等式】**
条件から2つの不等式と方程式を作り、$x \cdot y$ の範囲を限定する。

6人掛けを$x$脚、出席者の数を$y$人とする。4人掛けは$19 - x$脚となる。
問題文の条件から　$6x \leqq y - 21$ …①
$\qquad\qquad\qquad 4 \times 19 \leqq y - 7$ …②
$\qquad\qquad\qquad 6x + 4(19 - x) = y + 5$　よって、$y = 2x + 71$ …③

**ヒント**　$y$のほうが消去しやすいので、$x$の範囲を限定してから、出席者$y$を決める。

②に③を代入して、　$4 \times 19 \leqq 2x + 71 - 7$　よって、$x \geqq 6$
①に③を代入して、　$6x \leqq 2x + 71 - 21$　よって、$4x \leqq 50$　$x \leqq 12.5$
以上から、$6 \leqq x \leqq 12.5$ となり、$x$は、6、7、8、9、10、11、12のいずれかである。

**アドバイス**　$x$を消去した場合には、$y$が $83 \leqq y \leqq 96$ という範囲になり、$x$が整数になる場合で考えることになる。

③から、それぞれ対応する$x$、$y$の値は、
$(x, y) = (6, 83)$、$(7, 85)$、$(8, 87)$、$(9, 89)$、$(10, 91)$、$(11, 93)$、$(12, 95)$
選択肢の中であてはまる$y$の人数は、95人となる。

# Q16 場合の数・複雑な経路

問 右図でAからBまで線上を通って最短経路で行くことを考える。どの線も遮断されていないときとC点とD点の2か所が遮断されているときとでは、最短経路数にいくつの差ができるか。

(地方上級)

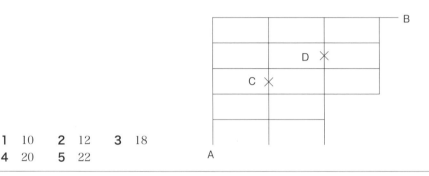

**1** 10 **2** 12 **3** 18
**4** 20 **5** 22

## PointCheck

●通行止めのある場合の最短経路 🖋解法ポイント ☝テクニック 【場合の数】【最短経路】

Aからスタートして、線が交わる角に行くまでに、何通りあるかを数えていく。

ヒント 長方形のみの基本型と、一部が欠ける場合の応用型を活用する。

まず、C、Dが遮断されていない場合は、以下のとおり。

| 1 | → | 5 | → | ( 1 ) | → | ( 3 ) | B |
|---|---|---|---|---|---|---|---|
| ↑ | | ↑ | | ↑ | | ↑ | |
| 1 | → | 4 | → | 10 | → | ( 2 ) | |
| ↑ | | ↑ | | | | | |
| 1 | → | 3 | → | 6 | | 9 | |
| ↑ | | ↑ | | ↑ | | | |
| 1 | → | 2 | → | 3 | | 3 | |
| ↑ | | ↑ | | ↑ | | | |
| | → | 1 | → | 1 | | | |

A

アドバイス 数え上げる方法は確実だが、ミスがないように細心の注意が必要。複雑でなければ、組合せによる方法（解答参照）と併用したい。

次に、C、Dが遮断されている場合は、以下のようになる。

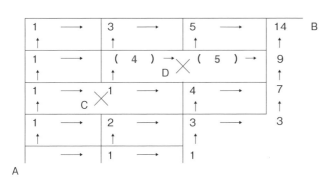

したがって、34 − 14 ＝ 20　の差ができる。

【解答】
**1**　15　　**2**　19　　**3**　34　　**4**　2　　**5**　2

# A16 正解ー4

**テクニック**　【場合の数】【最短経路】【余事象】

C、Dを使わない経路を求めてもよいが、ここでは直接最短経路の差を求める。
CまたはDを使う最短経路の数が、遮断された場合に生じる差になる。

## keypoint

C、Dの片方を通る場合と両方を通る場合がある。

Cを通る最短経路数は、
　(A→C)＝$_2C_1$＝2通り、(C→B)＝$_4C_2$＝6通り、よって、2×6＝12通り　…①
Dを通る最短経路数は、
　(A→D)＝$_4C_2$＝6通り、(D→B)＝$_2C_1$＝2通り、よって、6×2＝12通り　…②

**アドバイス**　場合の数の重複を差し引く。

①②には、CとDを両方を通る数が重複しており、C、Dを通る最短経路数は、
　(A→C)＝2通り、(C→D)＝1通り、(D→B)＝2通り、よって、2×2＝4通り
以上から、CまたはDを通る最短経路は、12＋12－4＝20通りとなる。
※最短経路＝$n$本の道の、どこで縦の$m$本の道を選ぶかの組合せ

$$= {}_nC_m = \frac{n(n-1)(n-2)...(n-m+1)}{m(m-1)...\times 2 \times 1}$$

第1部 数的推理 第1章
第1部 数的推理 第2章
第1部 数的推理 第3章
第1部 数的推理 第4章
第1部 数的推理 第5章
第1部 数的推理 第6章
第1部 数的推理 第7章
第1部 数的推理 第8章
第1部 数的推理 第9章
第1部 数的推理 第10章

# Q17 色球の並べ方

袋の中に同じ大きさの赤い玉が3個、白い玉が2個、黒い玉が1個入っている。この中から3個の玉を取り出して横1列に並べるとき、何通りの並べ方があるか。

ただし、同じ色の玉が2個以上ある場合にはそれらを区別しないものとする。（地方上級）

**1** 16通り **2** 17通り **3** 18通り **4** 19通り **5** 20通り

## PointCheck

●図表での処理　🔍発想ポイント　✏解法ポイント

玉が10個以内で、選択肢も20通りまでなので、数え上げたほうが正確で速い場合がある。

1番目に赤を選ぶと、2番目は（ **1** ）色選べるが、1番目に黒を選ぶと、2番目は（ **2** ）色になる。この関係を表で見ると下のようになる。

**ヒント**　樹形図でもいいので、手際よく正確に書ける訓練を。

| 1番目 | 2番目 | 3番目 | |
|---|---|---|---|
| 赤 | 赤 | 赤・白・黒 | 3通り |
| | 白 | 赤・白・黒 | 3通り |
| | （ **3** ） | 赤・白 | 2通り |
| 白 | 赤 | 赤・白・黒 | 3通り |
| | 白 | （ **4** ） | 2通り |
| | 黒 | 赤・白 | 2通り |
| 黒 | 赤 | 赤・白 | 2通り |
| | 白 | 赤・白 | 2通り |

以上から、（ **5** ）通りとなる。

## ●確率の基本公式

①$n$個の場合がすべて同様に起こりやすいとき、このうち$r$個の場合が起こる確率は $\dfrac{r}{n}$

②$A$が起こる確率を $P(A)$ と書く。　つねに $0 \leqq P(A) \leqq 1$

必ず起こることから$S$の確率　$P(S) = 1$

決して起こらないことがら$\phi$の確率　$P(\phi) = 0$

③$A$と$B$が同時に起こらないとき、$A$が起こる確率が$p$、$B$が起こる確率が$q$ならば、$A$または$B$の起こる確率は$p + q$

④$A$が起こる確率が$p$、$B$が起こる確率が$q$のとき、
　$A$と$B$がともに起こる確率は$p \times q$
⑤$A$が起こる確率が$p$のとき、$A$が起こらない確率は $1-p$
　（これを$A$の余事象の確率という）

【解答】
1　3　　2　赤・白の2　　3　黒　　4　赤・黒　　5　19

第1章 第1部 数的推理
第2章 第1部 数的推理
第3章 第1部 数的推理
第4章 第1部 数的推理
第5章 第1部 数的推理
第6章 第1部 数的推理
第7章 第1部 数的推理
第8章 第1部 数的推理
第9章 第1部 数的推理
第10章 第1部 数的推理

# A17 正解―4

### テクニック【場合の数】

　色により数が異なるので、どの色の玉をいくつ選ぶかで場合分けし、次に選んだ玉の並び方を考える。

(1)3個すべてが同じ色の場合
　同じ色3個の選び方は赤3個の1通りだけで、その並べ方も1通り
(2)2個が同じ色の場合
　赤2個または白2個に、異なる2色から1個選ぶので、選び方は$2 \times 2 = 4$通り
　同じ色2個と異なる色1個の並べ方は、異なる色の1個を何番目に並べるかで3通り

### keypoint

　同じ色を含む場合の順列は、並ぶ順番を決めて、色によって何番目を選ぶかを考える。

　4通りの選び方それぞれに3通りの並べ方があるので、$4 \times 3 = 12$通り
(3)3個すべてが異なる色の場合
　3個の選び方は、赤白黒の1通り
　3個の玉の並び方は、3個の順列なので、$3! = 3 \times 2 \times 1 = 6$通り
　以上から、$1 + 12 + 6 = 19$通り

# Q18 物の配分の組合せ

問　3つの異なる容器A、B、Cにリンゴ9個を盛るとき、何通りの盛り方があるか。ただし、ある容器が空になる場合も盛り方に数えるものとする。

なお、リンゴを示す9個の○と容器の区別を示す2個の│を並べた順列

○○○○│○○│○○○　　　○○○○○││○○○○

のうち前者はAに4個、Bに2個、Cに3個盛る方法に、後者はAに5個、Bに0個、Cに4個を盛る方法に対応させることができる。

(国家一般)

| 1 | 52通り | 2 | 55通り | 3 | 58通り | 4 | 61通り | 5 | 64通り |

## PointCheck

◉ヒントから出題意図を具体化　🔍発想ポイント　✏️解法ポイント

　問題文にヒントがあるが、これを使わない、もしくはヒントの趣旨が理解できない場合も、本問のように単純な並べ方であれば、樹形図で書き上げることはできる。

　Aの容器に入れるリンゴを0個として、Bの容器に入れる数を決めると、Cの容器には残りのリンゴを入れることになる。これをまとめると下の表のようになる。

> **ヒント**　完全にまとめなくても、樹形図を書いていく途中で、リンゴの配分の規則性に気づけばよい。

| A | B | C | |
|---|-----|-----|------|
| 0 | 0〜9 | ( 1 ) | 10通り |
| 1 | ( 2 ) | 8〜0 | ( 3 ) 通り |
| 2 | ( 4 ) | ( 5 ) | ( 6 ) 通り |
| 3 | 0〜6 | 6〜0 | 7通り |
| 4 | 0〜5 | 5〜0 | 6通り |
| 5 | 0〜4 | 4〜0 | 5通り |
| 6 | 0〜3 | 3〜0 | 4通り |
| 7 | 0〜2 | 2〜0 | 3通り |
| 8 | 0〜1 | 1〜0 | 2通り |
| 9 | 0 | 0 | 1通り |

以上から、$10＋9＋8＋7＋6＋5＋4＋3＋2＋1＝55$(通り)　となる。

---

【解答】
　1　9〜0　　2　0〜8　　3　9　　4　0〜7　　5　7〜0　　6　8

# A18 正解—2

👆**テクニック**【場合の数】【順列】【組合せ】

問題文のヒントのままに、リンゴ9個と区切り2個の、合計11個を並べる順列を求めればよい。

リンゴ9個と容器の区切り2個、合わせて11個の記号を並べる順列は、

$$11！ = 11 \times 10 \times 9 \times \cdots \times 3 \times 2 \times 1$$

ただし、これはリンゴ9個をA・B・C〜H・I、区切り2個をX・Yと、区別して並べているので、例えばA・B・CとB・C・Aという盛り方を2通りと数えている。

**アドバイス**　リンゴと区切りは区別しないので、リンゴの並び方と区切りの並べ方（順列）を考えて重複部分を1つにまとめる。

この中で、リンゴ9個の並び方（$9！ = 9 \times 8 \times 7 \times \cdots \times 3 \times 2 \times 1$）を重複して数えており、さらに、区切り2個の並び方（$2！ = 2 \times 1$）も重複しているので、

$9！ \times 2！$（通り）については、重複として1通りにまとめる。

以上から、リンゴの盛り方は、　$\dfrac{11！}{9！ \times 2！} = \dfrac{11 \times 10}{2} = 55$（通り）　となる。

## [別解]

リンゴ9個の列において、両端2カ所とリンゴの間8カ所、合計10カ所のどこに、区切り2個を入れるかを考える。

**ヒント**　リンゴを固定して、区切りの入れ方を考える。容器が空の場合に注意。

2個の区切りを1つずつ入れると（例：○○｜○○○｜○○○○、A 2個・B 3個・C 4個）

$${}_{10}\mathrm{C}_2 = \frac{10 \times 9}{2 \times 1} = 45（通り）$$

**アドバイス**　1つずつ入れると、容器Bが0個になる場合が考えられていない。2つまとめて入れると、区切りの間の容器Bは0個になる。

2個の区切りを2つまとめて入れると（例：○○○○○｜｜○○○○、A 5個・B 0個・C 4個）

$${}_{10}\mathrm{C}_1 = 10（通り）$$

以上から、盛り方は、　$45 + 10 = 55$（通り）

第1章 第1部 数的推理
第2章 第1部 数的推理
第3章 第1部 数的推理
第4章 第1部 数的推理
第5章 第1部 数的推理
第6章 第1部 数的推理
第7章 第1部 数的推理
第8章 第1部 数的推理
第9章 第1部 数的推理
第10章 第1部 数的推理

# Q19 確率① (サイコロと最短距離)

問 右図において、出発点をAとし、サイコロを振って出た目が6なら右へ1、それ以外の目なら上へ1動くとすると、Qに到着する確率はPに到着する確率の何倍か。(地方上級)

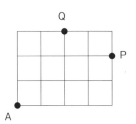

**1** 20倍　　**2** 30倍　　**3** 40倍
**4** 50倍　　**5** 60倍

## PointCheck

◉最短経路の応用問題　🔑発想ポイント

◆解答への指針◆　何回サイコロを振ればP、Qに到達するかを考え、それぞれの場合の数を出す。最短経路に関する**Q16**参照。

AからQに行くには、( 1 )回サイコロを振り( 1 )本の道を通らなければならない。
サイコロを ( 1 ) 回振るすべての場合の数は、　$6×6×6×6×6$(通り)　…①

> 🔑**keypoint**
>
> サイコロの目の出方を考える。Qに到着するためには、右に2回動かなければならない（例：6−6−他−他−他で、右右上上上）。

5回のどこかで6の目が ( 2 ) 回出ればQに到着する。
また、5回のうち何番目に6の目が2回出るかの順番の組合せは、
　$_5C_2 =$ ( 3 )$=10$(通り)
よって、AからQに行く場合の数は、$1×1×5×5×5×10$(通り)　…②

同じように、AからPに行くには ( 4 ) 本の道を通ることになるので、
サイコロを ( 4 ) 回振るすべての場合の数は、　$6×6×6×6×6×6$(通り)　…③

> 🔑**keypoint**
>
> Pに到着するためには、上に2回動かなければならない。

問題でPointを理解する
Level 1 Q19

第1章 第1部 数的推理
第2章 第1部 数的推理
第3章 第1部 数的推理
第4章 第1部 数的推理
第5章 第1部 数的推理
第6章 第1部 数的推理
第7章 第1部 数的推理
第8章 第1部 数的推理
第9章 第1部 数的推理
第10章 第1部 数的推理

6本の道で6以外の目が2回出ればよく、6本の道からどこか2本を選ぶ組合せは、${}_6C_2 = ($　**5**　$) = 15$（通り）

よって、AからPに行く場合の数は、$5 \times 5 \times 1 \times 1 \times 1 \times 1 \times 15$（通り）　…④

以上から、Qに行く確率は、②÷①、Pに行く確率は、④÷③
（Qに行く確率）÷（Pに行く確率）＝（②÷①）÷（④÷③）＝20（倍）　となる。

【解答】

| **1** | 5 | **2** | 2 | **3** | $\dfrac{5 \times 4}{2 \times 1}$ | **4** | 6 | **5** | $\dfrac{6 \times 5}{2 \times 1}$ |

# A19　正解—1

### ◎テクニック【確率】

到着する目の出方を決めて、その目の出る確率を計算する。

問題の図で、右へ進む確率は、6が出る確率で$\dfrac{1}{6}$、上へ進む確率は、6以外が出る確率で$\dfrac{5}{6}$

## 🔑keypoint

最短経路の本数×Qに到着する組合せの確率

A→Qの経路は、図では右2回、上3回進むので、${}_5C_2 = 10$（通り）
サイコロでは、6が2回、6以外が3回出ればよい。

したがって、Qに到着する確率は、$\dfrac{1}{6} \times \dfrac{1}{6} \times \dfrac{5}{6} \times \dfrac{5}{6} \times \dfrac{5}{6} \times 10$　…①

A→Pの経路は、図では右4回、上2回進むので、${}_6C_2 = 15$（通り）
サイコロでは、6が4回、6以外が2回出ればよい。

したがって、Pに到達する確率は、$\dfrac{1}{6} \times \dfrac{1}{6} \times \dfrac{1}{6} \times \dfrac{1}{6} \times \dfrac{5}{6} \times \dfrac{5}{6} \times 15$　…②

以上から、①÷②＝$\left(\dfrac{5}{6} \times 10\right) \div \left(\dfrac{1}{6} \times \dfrac{1}{6} \times 15\right) = 20$（倍）

# Q20 確率② (左右対称の並べ方)

問　箱の中に同じ大きさの7個の玉があり、その内訳は赤玉、白玉、黄玉が各2個ずつ、黒玉が1個である。この中から玉を1個ずつ取り出して左から順に横一列に7個並べるとき、色の配置が左右対称となる確率はいくらか。

（国家一般）

1　$\dfrac{1}{60}$　　2　$\dfrac{1}{90}$　　3　$\dfrac{1}{105}$　　4　$\dfrac{1}{120}$　　5　$\dfrac{1}{150}$

## PointCheck

●左右対称となる並べ方　💡発想ポイント

7個の玉の並べ方は、${}_7\mathrm{P}_7 = ($　1　$) = 5040$（通り）…①

### 🗝keypoint

左右対称の場合をイメージできること。奇数個なので、どの色を真ん中に持ってくるかを考えればよい。

左右対称になるということは、真ん中に（　2　）玉を置いて、左右どちらかの3個を決めれば反対側は決まる。左半分の3個を決めるとすると以下のようになる。

①の場所には、黒以外の（　3　）通りの選び方があり、
②の場所は①で選んだ色以外の（　4　）通りの選び方があり、
③の場所には、同じ色2個の（　5　）通りの選び方がある。
よって、左右対称の並べ方は、（　3　）×（　4　）×（　5　）（通り）…②

以上から、左右対称になる確率は、②÷①＝$\dfrac{1}{105}$になる。

【解答】
1　$7 \times 6 \times 5 \times 4 \times 3 \times 2 \times 1$　　2　黒　　3　6　　4　4　　5　2

第1章 第1部 数的推理
第2章 第1部 数的推理
第3章 第1部 数的推理
第4章 第1部 数的推理
第5章 第1部 数的推理
第6章 第1部 数的推理
第7章 第1部 数的推理
第8章 第1部 数的推理
第9章 第1部 数的推理
第10章 第1部 数的推理

# A20 正解—3

👉**テクニック**【確率】

　色が左右対称とは、1個しかない黒が中央で、赤・白・黄が左右に対称に配置されるということ。右から順番に色を取り出す確率を出して、確率の積を求める。

　1番目の玉は、赤・白・黄のどれかなので、7個のうち黒以外の6個が選べる。
　2番目の玉は、1番目の色と黒以外の色で、6個のうち4個が選べる。
　3番目の玉は、1・2番目の色と黒以外の残った色なので、5個のうち2個だけである。
　4番目の玉は、1個しかない黒を選ばなければならず、4個のうち1個だけである。
　5番目の玉は、3番目の色の残り1個なので、3個のうち1個となる。
　6番目の玉は、2番目の色の残り1個なので、2個のうち1個となる。
　7番目の玉は、1番目の色の残り1個だけである。

したがって、$\dfrac{6}{7} \times \dfrac{4}{6} \times \dfrac{2}{5} \times \dfrac{1}{4} \times \dfrac{1}{3} \times \dfrac{1}{2} \times 1 = \dfrac{1}{105}$ となる。

**[別解]**

**ヒント**　同じ色を含む場合の順列を考える。

　同じ色の玉を区別しないとすると、7個の玉の並べ方は、$_7C_2 \times {_5C_2} \times {_3C_2} \times 1$
　$_7C_2 = 1 \sim 7$の順番のどこに2個の赤を入れるかで、7から2を取る組合せ
　$_5C_2 = $残った5つの順番のどこに2個の白を入れるかで、5から2を取る組合せ
　$_3C_2 = $残った3つの順番のどこに2個の黄を入れるかで、3から2を取る組合せ
　　1　＝最後に残った順番に黒を入れるのは1通り
中央に黒を置いて、①、②、③の色を決めれば③、②、①は決まるので、①、②、③の赤・白・黄の並べ方は、3！＝3×2×1＝6(通り)

以上から、$6 \div ({_7C_2} \times {_5C_2} \times {_3C_2} \times 1) = \dfrac{1}{105}$

# Q21 平面図形① （回転した部分の面積）

問 下図のような位置にある三角形を原点Oを中心に xy 平面上で1回転させたとき、この三角形が通過する領域の面積はいくらか。

（地方上級）

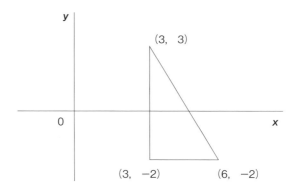

1 　38 π
2 　31 π
3 　27 π
4 　22 π
5 　15 π

## PointCheck

● 平面図形の回転　🔍 発想ポイント

軸に沿って回転したイメージを図に書き込む。

ヒント 内径・外径がつかみにくいので、図に書き込んで把握するのがベスト。

通過する領域は、外側の円と内側の円の差になるので、
内側の半径＝（ 1 ）
外側の半径＝（ 2 ）＝ $2\sqrt{10}$

したがって、求める面積は、
外側の円の面積－内側の円の面積
＝ $(2\sqrt{10})^2\pi - 3^2\pi$ ＝（ 3 ）
となる。

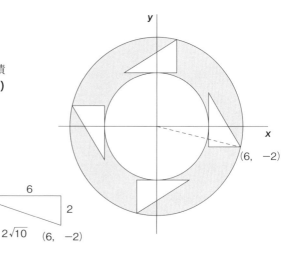

【解答】

1　3　　2　$\sqrt{6^2+2^2}$　　3　$31\pi$

# A21　正解－2

**テクニック**【回転体】【三平方の定理】

中心Oから、最も近い点までの距離がドーナツ状の領域の内径になり、最も遠い点までの距離が外径となる。

三角形が通過する領域は、中が空洞のドーナツ状である。

# keypoint

必ずしも頂点までの距離が最短とは限らず、辺上の点も考慮しなければならない。

中心Oと三角形の各頂点を結び、中心Oまでの距離が最も近い点を考えると、$x$軸と三角形の辺との交点（3，0）とわかる。したがって、ドーナツ状の領域の内径は3である。

**アドバイス**　確実に3点までの距離を比較する。計算はルートの中だけで比較すればいい。

最も遠い点は（6，－2）と考えられるが、一応中心Oから3点までの距離を確認すると、

中心Oから（3，3）までの距離：$\sqrt{3^2+3^2}=\sqrt{18}$

中心Oから（6，－2）までの距離：$\sqrt{6^2+2^2}=\sqrt{40}$

中心Oから（3，－2）までの距離：$\sqrt{3^2+2^2}=\sqrt{13}$

よって、中心Oから（6，－2）までの距離が最も遠く、$\sqrt{40}=2\sqrt{10}$が外径。

内側の円の面積は$3^2\pi=9\pi$、外側の面積は$(2\sqrt{10})^2\pi=40\pi$であり、求めるドーナツ状の領域の面積は、$40\pi-9\pi=31\pi$

第1章 第1部 数的推理
第2章 第1部 数的推理
第3章 第1部 数的推理
第4章 第1部 数的推理
第5章 第1部 数的推理
第6章 第1部 数的推理
第7章 第1部 数的推理
第8章 第1部 数的推理
第9章 第1部 数的推理
第10章 第1部 数的推理

# Q22 平面図形② （正三角形の面積比）

**問**　大きさの異なる２つの正三角形を図のように重心を合わせ、さらにBC//B'C'になるように重ねると、重なった部分を除いた大小の三角形の面積の比は４：９となる。もとの２つの正三角形の面積の比はいくらか。

(地方上級)

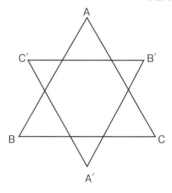

| **1** | 19：16 | **2** | 9：20 | **3** | 49：64 |
|---|---|---|---|---|---|
| **4** | 49：75 | **5** | 49：81 | | | |

## PointCheck

**●正三角形と相似**　🔍**発想ポイント**　✎**解法ポイント**

相似比・高さの比を導き出し、正三角形の面積比を求める。

重なっていない大小の三角形は、面積比が４：９なので、相似比は（　**1**　）となる。

**ヒント**　どこで三角形を比較するか。補助線を引けば高さで比較できる。

図のように頂点AとA'とを結んで、△A'B'C'と△ABCの高さの比を考える。

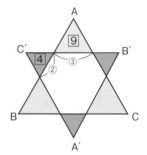

△A'B'C'の高さ：△ABCの高さ
　＝②＋③＋②：③＋②＋③＝（　**2**　）
すなわち△A'B'C'と△ABCの相似比は、７：８
したがって、面積比は、$7^2：8^2＝49：64$　となる。

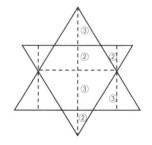

第1章 第1部 数的推理

第2章 第1部 数的推理

第3章 第1部 数的推理

第4章 第1部 数的推理

第5章 第1部 数的推理

第6章 第1部 数的推理

第7章 第1部 数的推理

第8章 第1部 数的推理

第9章 第1部 数的推理

第10章 第1部 数的推理

【解答】

1　2：3　　2　7：8

# A22 正解－3

**テクニック**【相似と辺の比】

辺BCと辺B'C'で2つの三角形を比較する。

2つの正三角形は重心が重なっており、BC//B'C'なので、重なっていない部分の3つの三角形は、それぞれ合同な正三角形である。

## keypoint

BCもB'C'も、3つの正三角形の辺を合わせた長さである。正三角形は合同なので、辺の比だけで考える。

△RC'Pと△APQと△SQB'について考えると、

面積比は、△RC'P：△APQ：△SQB'＝4：9：4

正三角形はすべて相似なので、3つの三角形の辺の比は、

C'P：PQ：QB'＝2：3：2　…①

同様に、△RBTと△A'TUと△SUCについて考えると面積比は9：4：9で、辺の比は、

BT：TU：UC＝3：2：3　…②

①②より、△A'B'C'と△ABCの対応する辺であるB'C'とBCの比は、

B'C'：BC＝2＋3＋2：3＋2＋3＝7：8

相似比が7：8なので、面積比は$7^2：8^2＝49：64$

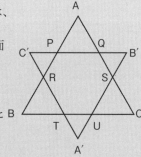

# Q23 平面図形③ （平行四辺形と三角形）

問 AB＝8、AD＝10、∠ABC＝60°の平行四辺形ABCDに下図のように平行線EF、GHを引いたところ、∠BEF＝60°、CH＝3、AE：CF＝2：3であった。このとき、△EBFの面積$S_1$と△GHDの面積$S_2$の比として正しいものは、次のうちどれか。 （地方上級）

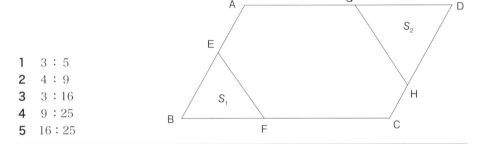

**1**　$3:5$
**2**　$4:9$
**3**　$3:16$
**4**　$9:25$
**5**　$16:25$

## PointCheck

●平行四辺形と三角形　🎯発想ポイント　✏解法ポイント

△EBFと△GHDの相似比を考え、$S_1$と$S_2$の面積比を求める。
正三角形はすべて相似であるから、△EBFと△GHDの一辺の比がわかればよい。

🔑**keypoint**

辺の長さの差$10-8$が、辺の比の$3-2=1$にあたることに着目。

△EBFは2角が60°の（　**1**　）なので、EB＝BF＝$X$とする。

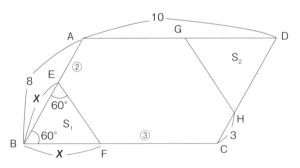

問題でPointを理解する
Level 1 Q23

第1章 第1部 数的推理
第2章 第1部 数的推理
第3章 第1部 数的推理
第4章 第1部 数的推理
第5章 第1部 数的推理
第6章 第1部 数的推理
第7章 第1部 数的推理
第8章 第1部 数的推理
第9章 第1部 数的推理
第10章 第1部 数的推理

条件から、AE：CF＝2：3だが、それぞれ、AE＝（ **2** ）、CF＝（ **3** ）となるので、比1にあたるのは、CF－AE＝（（ **3** ））－（（ **2** ））＝2　となる。

> **アドバイス**　正三角形で、EB＝BFだから成り立つことに注意。

よって$X$は、BE＝8－AE＝8－2×2＝4　…①
△GHDも（ **1** ）で、DH＝8－3＝5　…②
①②より、△EBFと△GHDの相似比は（ **4** ）で、面積比は（ **5** ）になる。

#### ●平行線と三角形の面積

①三角形の面積

$$\triangle ABC = \frac{1}{2}ah = \frac{1}{2}bc\sin A$$

$l // m \Leftrightarrow \triangle ABP = \triangle A'CP$

②2つの三角形の面積比

　a．等底（等高）ならば高さ（底）の比。
　b．1つの内角が等しいならばその角をはさむ2辺の積の比。
　c．相似ならば対応辺の2乗の比。

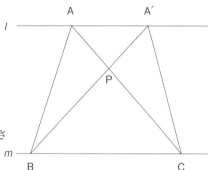

#### 【解答】

| 1 | 正三角形 | 2 | $8-X$ | 3 | $10-X$ | 4 | $4:5$ | 5 | $16:25$ |

## A23 正解ー5

> **テクニック**【平行線と角】【辺の比と面積比】
> 条件の辺の長さと比から、正三角形△EBFの辺を求める。

平行四辺形だから∠EBF＝∠HDG＝60°、またEF//GHより∠BEF＝∠DHG＝60°
よって、△EBF、△GHDはともに正三角形。

△EBFにおいて、BE＝BF＝$X$とすると、
　AE：CF＝8－$X$：10－X＝2：3　∴$X$＝4　…①
△GHDにおいて、CH＝3より、
　DH＝8－3＝5　…②

①②より、正三角形△EBFと△GHDの相似比は4：5で、面積比は辺の比の2乗だから、
$$S_1:S_2 = 4^2:(8-3)^2 = 16:25$$

# Q24 平面図形④ （直角三角形の辺の比）

**問** 1辺が12cmの正方形に図のように線分を引いたとき、図の内部にできる正方形の1辺の長さを $x$ cmとすると、$x$ の値はいくらか。 （国家一般）

1 $6\dfrac{5}{11}$

2 $6\dfrac{6}{13}$

3 $6\dfrac{7}{15}$

4 $6\dfrac{8}{17}$

5 $6\dfrac{9}{19}$

## PointCheck

●特殊な直角三角形の活用 　🖐️**テクニック**【相似な図形】【三平方の定理】

**アドバイス** 網掛け部分に相似な直角三角形が4つあるので、適当な三角形を組み合わせて、対応する辺の比を考えていく。

　問題の図の網掛け部分の直角三角形で、一番長い斜辺は三平方の定理より、（ **1** ）＝13

　また、$A$ については、相似な三角形の対応する辺から（左図）、

$$A:12=（\textbf{2}）\qquad A=\frac{12\times12}{13}$$

　よって、求める $x$ は（右図）、

$$x=A\times\frac{7}{7+5}=（\textbf{3}）\quad となる。$$

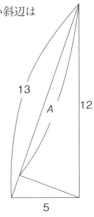

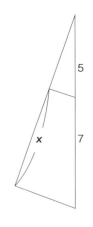

第1章 第1部 数的推理
第2章 第1部 数的推理
第3章 第1部 数的推理
第4章 第1部 数的推理
第5章 第1部 数的推理
第6章 第1部 数的推理
第7章 第1部 数的推理
第8章 第1部 数的推理
第9章 第1部 数的推理
第10章 第1部 数的推理

【解答】

1  $\sqrt{12^2+5^2}$   **2**  $12:13$   **3**  $6\dfrac{6}{13}$

# A24 正解－2

**テクニック**【相似な図形】【三平方の定理】

上下にある小さな直角三角形に着目して、$x$の上下の辺を求めていく。

問題図の網掛け部分の直角三角形で、斜辺を$a$とすると、三平方の定理から、$12^2+5^2=a^2$、$a=13$となり、3辺の比は、$12:13:5$となる。

この網掛け部分の直角三角形の内部には、図のように$y$を1辺とする直角三角形と、$z$を1辺とする直角三角形があり、この3つは、1つの鋭角が共通であるから相似になる。

よって、辺の比を対応させると、

$5:y=13:12$   $\therefore y=\dfrac{60}{13}$

$5:z=13:5$   $\therefore z=\dfrac{25}{13}$

$x+y+z=13$から、$x$は、$13-\dfrac{60}{13}-\dfrac{25}{13}=6\dfrac{6}{13}$

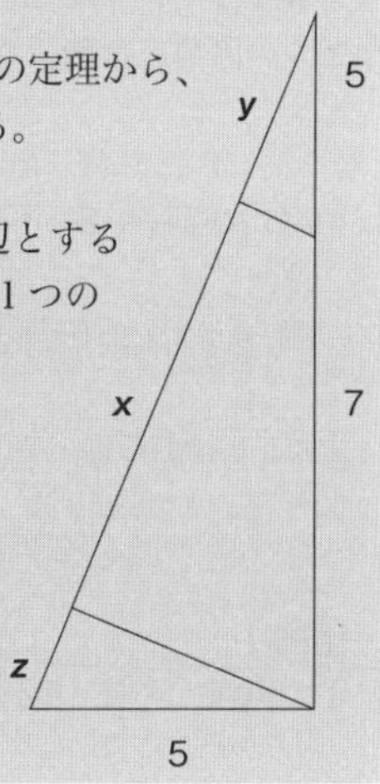

157

# Q25 平面図形⑤ （内接円と面積）

**問** 図のような1辺が8mで、残りの2辺が12mの二等辺三角形の花壇に、円形の花時計を造る。このとき、花壇からはみ出さないように造ることのできる最大の花時計の直径はいくらか。

（国家一般）

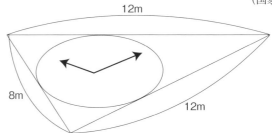

1　4m

2　5m

3　$4\sqrt{2}$ m

4　6m

5　$4\sqrt{3}$ m

## PointCheck

●内接円と三平方の定理　【円と接線】【相似】【三平方の定理】

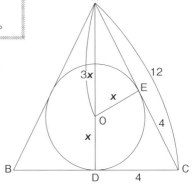

🔑 **keypoint**

円の複合問題では、補助線として半径を加える。

円の半径を $x$ とする。

二等辺三角形の頂点Aと円の中心Oを結び、底辺の接点Aまで伸ばして、図のような（　1　）な2つの直角三角形、△ADCと△AEOで考える。

（　1　）な直角三角形の対応する辺から、

AO : $x$ =（　2　）　となるので、

AO = $3x$

AD = $3x + x = 4x$

また、△ADCの三平方の定理より、AD =（　3　）= $8\sqrt{2}$

よって、$4x = 8\sqrt{2}$　$x = 2\sqrt{2}$　となり、求める円の直径は　$4\sqrt{2}$　となる。

---

**【解答】**

1　相似　　2　12 : 4　　3　$\sqrt{12^2 - 4^2}$

---

第1章 第1部 数的推理
第2章 第1部 数的推理
第3章 第1部 数的推理
第4章 第1部 数的推理
第5章 第1部 数的推理
第6章 第1部 数的推理
第7章 第1部 数的推理
第8章 第1部 数的推理
第9章 第1部 数的推理
第10章 第1部 数的推理

# A**25** 正解－3

👆**テクニック**【内接円】【三平方の定理】

半径を$r$として、三角形の面積を２通りで表し、方程式を作る。

円の中心と二等辺三角形の３つの頂点を結び、二等辺三角形を３つの三角形に分ける。

半径を$r$mとすると、３つの三角形の高さはすべて$r$mで、

底辺は、12m、12m、8mである。

よって、二等辺三角形の面積$= \dfrac{1}{2} \times (12 + 12 + 8) \times r = 16r$

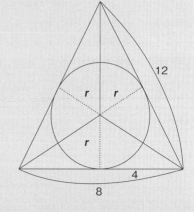

🔑**keypoint**

同じ三角形を別の視点から見る、発想の転換が必要。

二等辺三角形の頂点から底辺に垂線を下ろし、 二等辺三角形を２つの直角三角形に分ける。直角三角形の底辺は4m、斜辺は12mなので、垂線にあたるもう１つの辺は、三平方の定理により、$\sqrt{12^2 - 4^2} = 8\sqrt{2}$

よって、二等辺三角形の面積$= \dfrac{1}{2} \times 8 \times 8\sqrt{2} = 32\sqrt{2}$

以上から、$16r = 32\sqrt{2}$、円の直径$2r = 4\sqrt{2}$ (m)

# Q26 立体図形① （回転体の体積比）

問 正六角形の対角線を回転軸として回転させてできる2種類の立体のうち、大きいほうの体積は小さいほうの何倍になるか。ただし、$\sqrt{3} = 1.73$ とし、小数第2位を四捨五入する。

（地方上級）

**1** 2.1倍　　**2** 2.3倍　　**3** 2.5倍　　**4** 2.7倍　　**5** 2.9倍

## PointCheck

●正六角形の回転体　

**keypoint**

2本の対角線を見つけることが第一の関門。

対角線を軸とした回転体とは、図のように軸を取る2種類と考えられる。

何倍かを問われているので、点線より上側の回転体だけで考える。

ここで、正六角形の1辺を2として、体積を計算する。

ヒント　重複を避け、単純な数値に直して、計算をできるだけ少なくする工夫。

Aの立体は、大きい三角すい（底面半径3、高さ$3\sqrt{3}$）から、小さい三角すい（底面半径2、高さ$2\sqrt{3}$）を引いたもので、

$$( \quad 1 \quad ) \times \frac{1}{3} - ( \quad 2 \quad ) \times \frac{1}{3} = \frac{19}{3}\sqrt{3}\,\pi \quad \cdots ①$$

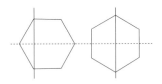

A　　　　B

Bの立体は、円すい（底面半径$\sqrt{3}$、高さ1）と、円柱（底面半径$\sqrt{3}$、高さ1）なので、

$$( \quad 3 \quad ) \times \frac{1}{3} + ( \quad 3 \quad ) = 4\pi \quad \cdots ②$$

①÷②より、$\dfrac{19}{3}\sqrt{3}\,\pi \div 4\pi = \dfrac{19}{12}\sqrt{3} \fallingdotseq 19 \times 1.73 \div 12 = 2.739\cdots$

したがって小数第2位を四捨五入して、2.7倍となる。

【解答】

1　$3^2\pi \times 3\sqrt{3}$　　2　$2^2\pi \times 2\sqrt{3}$　　3　$\sqrt{3}^2\pi \times 1$

第1章　第1部　数的推理

第2章　第1部　数的推理

第3章　第1部　数的推理

第4章　第1部　数的推理

第5章　第1部　数的推理

第6章　第1部　数的推理

第7章　第1部　数的推理

第8章　第1部　数的推理

第9章　第1部　数的推理

第10章　第1部　数的推理

# A26　正解ー4

**テクニック【回転体】**

回転体をイメージするため、回転の軸を確定する。

回転の軸は、①正六角形の隣り合う2つの頂点と結ぶ対角線と、②正六角形の向かい合う頂点と結ぶ対角線の2種類で、①の回転体のほうが体積は大きいと考えられる。

①でできる回転体は、大円すいから小円すいを取り除いた円すい台を2つ、上下につなげたもの。正六角形の一辺の長さを2とすると、小円すいの底面の半径は2、高さは$2\sqrt{3}$。大円すいの底面の半径は3となる。

この円すい台2個分の体積は、

$$(3^2\pi \times 3\sqrt{3} \times \frac{1}{3} - 2^2\pi \times 2\sqrt{3} \times \frac{1}{3}) \times 2 = \frac{38}{3}\sqrt{3}\pi$$

②でできる回転体は、上下に円すいをつけた円柱の形になる。円柱と円すいの底面にあたる部分の半径は$\sqrt{3}$、円すいの高さは1、円柱の高さは2となる。したがって、この図形の体積は、

$$(\sqrt{3}^2\pi \times 1 \times \frac{1}{3}) \times 2 + (\sqrt{3}^2\pi \times 2) = 8\pi$$

以上から、$\frac{38}{3}\sqrt{3}\pi \div 8\pi = \frac{19}{12}\sqrt{3} = 19 \times 1.73 \div 12 = 2.74$

# Q27 立体図形② （展開図と最短距離）

**問** 図のように直径1m、長さ10mの円柱状の丸太にちょうど3回転するようにロープをかける。ロープの長さの最小値はおよそいくらか。 （地方上級）

1 12.7m
2 13.7m
3 14.7m
4 15.7m
5 16.7m

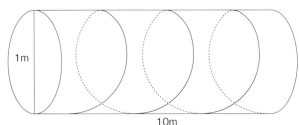

## PointCheck

**●立体図形の最短距離** 🔍**発想ポイント** ✒️**解法ポイント**

立体図形の最短距離では、展開図を作って考える。
求めるロープは図の直角三角形の斜辺になる。

**アドバイス** 1周ならイメージしやすいが、3周の場合は円柱の側面が3枚分になり、側面3枚分の斜辺になる。

円周の3倍

円柱の高さ

よって、斜辺$^2$＝$(( \quad 1 \quad ))^2 + (( \quad 2 \quad ))^2$

円周率$\pi$を3として概算する。
斜辺$^2 = 10^2 + (1 \times 3 \times 3)^2 = 181$

ここで、選択肢を合わせて検討する。
$12 \times 12 = 144$、$13 \times 13 = 169$、$14 \times 14 = 196$ から、斜辺は$( \quad 3 \quad )$の間の13.7m と見当がつく。

**ヒント** 計算しやすい数に変換して、概数で予測するテクニック。

確認のため、円周率$\pi$を3.2として概算する。
$10^2 + (1 \times 3.2 \times 3)^2 = 192.16 < 196 = 14 \times 14$

したがって、ロープの長さは、13m超14m未満なので、選択肢2の13.7と考えられる。

●展開図と最短距離

　たとえば、三角すいの周りを回る最短距離は、下の左図のような展開図で示されるが、右図のような展開図になり、最短距離は半径＋半径となる場合もある。扇形の中心角が180°を超える場合はこのように考えざるを得ない。問題にあたるときは、常に具体的に考える態度が必要になる。

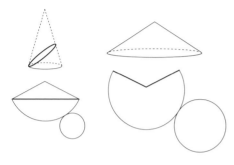

【解答】
　1　円柱の高さ　　　2　円周の3倍（1、2は順不同）　　　3　13と14

# A27　正解ー2

テクニック【立体図形の最短距離】

　最短距離のイメージができたら、三平方の定理を使って距離を求める。

　ロープを3回転させ最も短くすると、図のように円柱の展開図を3枚つなげたものを斜めに一直線にロープが引かれる。

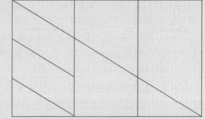

　展開図3枚の横は、直径1mの円周が3つ分で、$3\pi$ m。たては、円柱の高さ10mとなる。

　直角三角形の三平方の定理より、斜辺の2乗を求めると、
　　$10^2 + (3\pi)^2 \fallingdotseq 188.73$

$13^2 = 169$、$14^2 = 196$であることから、選択肢2か3が答えとなるはずである。
実際に計算をしてみると、$(13.7)^2 = 187.69$、$(14.7)^2 = 216.09$
以上から、肢2の13.7が正しい。

163

# Q28 立体図形③ (立体の切断と表面積)

**問** 立方体の1つの頂点に集まる3つの辺の各中点を通る平面で、角を切り離す。このようにして、立方体のすべての角を切り離したとき、切り離された8つの四面体の表面積の和 $S_1$ と残った十四面体の表面積 $S_2$ の比はいくらか。

(国家一般)

$S_1 : S_2$

1  $\sqrt{3} : 2$
2  $1 : 1$
3  $2 : \sqrt{3}$
4  $\sqrt{2} : 1$
5  $3 : 2$

## PointCheck

●立体図形の切断

**keypoint**

切断面は共通するので、直角三角形に着目すればすぐに結論は出る。

切り取られた1つの四面体には、（ **1** ）1面と合同な（ **2** ）3面がある。四面体は8個あるので、

$S_1 = (( \textbf{1} ) + ( \textbf{2} ) \times 3) \times 8$

残った十四面体は、（ **1** ）8面と正方形6面があり、正方形は（ **2** ）4面と同じなので、

$S_2 = ( \textbf{1} ) \times 8 + ( \textbf{2} ) \times 4 \times 6$

以上から、四面体の表面積の合計と十四面体の表面積は、（ **1** ）×8 + （ **2** ）×24で、面積比は（ **3** ）である。

計算して確認してみる。

 出題の意図が確実につかめれば練習のために計算をやっておくだけ。

切断面の正三角形の1辺（=正方形の1辺）を2とする。

$$S_1 = ( 2 \times \sqrt{3} \times \frac{1}{2} + 2 \times 1 \times \frac{1}{2} \times 3 ) \times 8 = 24 + 8\sqrt{3}$$

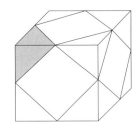

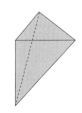

である。

$$S_2 = 2 \times \sqrt{3} \times \frac{1}{2} \times 8 + 2 \times 2 \times 6 = 24 + 8\sqrt{3} \quad である。$$

以上から、$S_1 : S_2 = 1 : 1$　となる。

---

【解答】
1　正三角形　　2　直角（二等辺）三角形　　3　1：1

---

# A28 正解ー2

**テクニック**【立体の切断】【立体の表面積】

正三角形の面積を出せば、あとは暗算でも処理は可能。

立方体の辺の長さを10とする。切り取られた一つの四面体には、直角をはさむ辺が5の直角二等辺三角形が3枚と、辺の長さ $5\sqrt{2}$ の正三角形が1枚ある。

直角二等辺三角形の面積 $= 5 \times 5 \times \dfrac{1}{2} = \dfrac{25}{2}$

正三角形の高さは $5\sqrt{2} \times \dfrac{\sqrt{3}}{2}$ なので、正三角形の面積 $= 5\sqrt{2} \times \dfrac{5\sqrt{6}}{2} \times \dfrac{1}{2} = \dfrac{25\sqrt{3}}{2}$

切り取られた四面体は8個あるので、

$$S_1 = \left(\frac{25}{2} \times 3 + \frac{25\sqrt{3}}{2}\right) \times 8 = 300 + 100\sqrt{3} \quad \cdots ①$$

次に、十四面体は、正方形が6枚と、正三角形が8枚あるので、

$$S_2 = 5\sqrt{2} \times 5\sqrt{2} \times 6 + \frac{25\sqrt{3}}{2} \times 8 = 300 + 100\sqrt{3} \quad \cdots ②$$

①＝②から、四面体の表面積の和 $S_1$ と、十四面体の表面積 $S_2$ の比は1：1となる。

第1章 第1部 数的推理
第2章 第1部 数的推理
第3章 第1部 数的推理
第4章 第1部 数的推理
第5章 第1部 数的推理
第6章 第1部 数的推理
第7章 第1部 数的推理
第8章 第1部 数的推理
第9章 第1部 数的推理
第10章 第1部 数的推理

# Q29 立体図形④ (回転体の体積)

**問** 図Ⅰ、図Ⅱのような台形ABCDがある。これらの台形を辺ADを軸にして回転させたときにできる立体の体積$V_1$と、辺BCを軸にして回転させたときにできる立体の体積$V_2$について、正しく述べているのはどれか。 (地方上級)

図Ⅰ

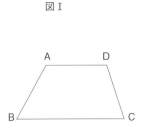

図Ⅱ

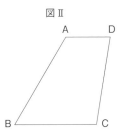

**1** 図Ⅰ、Ⅱとも$V_1 > V_2$
**2** 図Ⅰ、Ⅱとも$V_1 = V_2$
**3** 図Ⅰ、Ⅱとも$V_1 < V_2$
**4** 図Ⅰでは$V_1 > V_2$、図Ⅱでは$V_1 < V_2$
**5** 図Ⅰでは$V_1 < V_2$、図Ⅱでは$V_1 > V_2$

## PointCheck

**●回転体の基本的な考え方** 🔘**発想ポイント**

　回転体は、同じ面積を回転させても、回転軸から遠くに離れたほうが、体積は（　1　）なると考えられる。遠くを長く回るからである。

　また、軸からの距離が同じ場合では、遠くの面積が（　2　）ければ、回転体は（　1　）なるはず。つまり、軸から近い部分と遠い部分を比較して、遠いほうが体積が大きくなる。

🔑 **keypoint**

　遠くで回転する部分が多いほうが、体積が大きくなることを理解。

　図Ⅰの場合も、図Ⅱの場合も、どちらもAD側の面積が（　3　）、BC側の面積が（　1　）なっている台形なので、（ADを軸とした$V_1$）＞（BCを軸とした$V_2$）となる。

　したがって、肢1が正解となる。

【解答】

**1** 大きく **2** 大き **3** 小さく

# A29 正解－1

### ✋テクニック【回転体】

回転させる図形を分割して、増減にかかわらない部分を除いて考える。

**図Ⅰについて**

図のように台形を分割して考えると、点線ではさまれた長方形の部分は、軸AD、BC
のどちらでも円柱になり、体積は変わらない。

2つの三角形の部分は、BCを軸に回転させると
円すい2つになる。またADを軸に回転させると
円柱から円すいを取り除いた立体になる。そして、

円すいは同じ高さの円柱の $\frac{1}{3}$ の体積で、円すいを

取り除いた立体は残りの $\frac{2}{3}$ であることを考えると、

ADを軸に回転させたほうが体積が大きい。

よって、$V_1 > V_2$ となる。

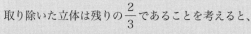

**図Ⅱについて**

**アドバイス** 感覚的に理解できるはずだが、なぜそうなるのかの理由を確認しよう。

同様に考えると、左側のABを含む三角形はADを軸と
する場合に回転体の体積が大きくなるが、右側のCDを含
む三角形はBCを軸とする場合に回転体の体積が大きくな
る。

しかし、図からABを含む三角形のほうが回転体の高さ
が高いと考えられるので、BCを軸にする場合より、AD
を軸に回転させたほうが体積の増える部分が多くなる。

よって、$V_1 > V_2$ となる。

以上の検討から、どちらの場合も $V_1 > V_2$ である。

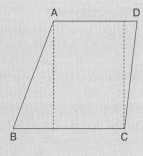

第1部 数的推理 第1章
第1部 数的推理 第2章
第1部 数的推理 第3章
第1部 数的推理 第4章
第1部 数的推理 第5章
第1部 数的推理 第6章
第1部 数的推理 第7章
第1部 数的推理 第8章
第1部 数的推理 第9章
第1部 数的推理 第10章

# Q30 立体図形⑤ (展開図と最短距離)

問 下図のような底面が正方形のピラミッドがあり、辺の長さはすべて16mである。ある人が、水平面に対して一定の勾配で、点Aからこのピラミッドに登り始めた。点Bを通ってピラミッドを1周して点Cまで来たとき、頂点から1mの位置にいたとすると、点Bは頂点から何mの位置にあるか。 (地方上級)

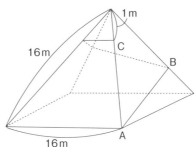

1 9m
2 8m
3 7m
4 6m
5 5m

## PointCheck

●最短距離と展開図 🔎 発想ポイント

頂点から点Bまでの距離を$x$とする。

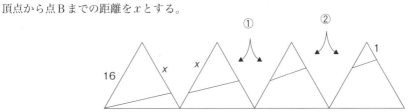

### keypoint

直線を引いてできる相似な三角形に着目。

登ってきた道より上の三角形は、すべて（ 1 ）なので、対応する辺の比は等しくなる。

よって、$16 : x = x : ①$　　　$① = \dfrac{x^2}{16}$　　　さらに、（ 2 ）$= ② : 1$　　　$② = \dfrac{x}{4}$

以上から、最初の辺の比と最後の辺の比から、

$16 : x = $（ 3 ） より、 $x = 8$　となる。

【解答】

1 相似形　　2 $\dfrac{x^2}{16}$：②　　3 $\dfrac{x}{4}$：1

# A30 正解一2

### テクニック 【最短距離】

最短距離は展開図を作り、長さを確認する。

　ピラミッドの側面を展開して、登った道を直線で表す。一定の勾配で上っていることから、登った道の上にできる三角形は、二角が等しい相似形になる。

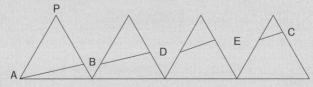

　登った道とピラミッドの辺との交点をBから順にD、Eとすると、相似な三角形の対応する辺であるから、$\dfrac{BP}{AP}=\dfrac{DP}{BP}=\dfrac{EP}{DP}=\dfrac{CP}{EP}$

### keypoint

　一定の比率で辺が小さくなっていくと考える。AP－$k$倍→BP－$k$倍→DP－$k$倍→EP－$k$倍→CP

　ここから$\dfrac{BP}{AP}=k$とすると、$DP=AP\times k^2$、$EP=AP\times k^3$、$CP=AP\times k^4$

　AP＝16、CP＝1であるから、$16k^4=1$　∴$k=\dfrac{1}{2}$

　以上から、$BP=16\times\dfrac{1}{2}=8$(m)

第1章 第1部 数的推理
第2章 第1部 数的推理
第3章 第1部 数的推理
第4章 第1部 数的推理
第5章 第1部 数的推理
第6章 第1部 数的推理
第7章 第1部 数的推理
第8章 第1部 数的推理
第9章 第1部 数的推理
第10章 第1部 数的推理

# Q31 数の性質・虫食い算

**問** ある人が銀行口座を開設することとし、生年月日が平成2年9月15日であるため、キャッシュカードの暗証番号として、2、9、1、5を1回ずつ使って作れる4ケタの数を考えることにした。案を2つ考え、それら2つの数を$x$、$y$とすると、$x$を2倍してできる4ケタの数$z$は、$y$と1つの数字が異なるだけであることに気づいた。$z$に含まれている2、9、1、5以外の数字はどれか。　　　　　　　　　　　　　　　　　　　　　　（国家一般）

**1**　0または4　　**2**　0または8　　**3**　3または6　　**4**　3または7　　**5**　6または8

## PointCheck

●条件の視覚化　🔍**発想ポイント**

(1)筆算での解法　✏️**解法ポイント**

　2、9、1、5のそれぞれを2倍すると、4、18、2、10になる。

　この2、9、1、5を組み合わせた4桁の数を、2倍して4桁の数になるということは、筆算で考えると以下のように表せる。

```
        ○○○○  ←2、9、1、5の組み合わせ
   ×        2
        □
       □□          ←□には4、18、2、10のいずれかが入る
      □□
  +)  □□
      ○○○○  ←2、9、1、5と3つが同じ
```

**ヒント**　まずは4桁の数のかけ算を、筆算を使って具体的に考える。

(2)虫食い算の発展　🔍**発想ポイント**　👆**テクニック**【虫食い算】

　上の□に4、18、2、10を適当に入れてみると、以下のようになる。

```
      2        …千の位に2を入れると2×2＝4なので、千の位を1としてみる
      4        …百の位には2を入れて、2×2＝4
    1 8        …ここが18と10で場合分け
+)  1 0
  2 5 9 0  ←2、5、9の3つが同じ（0が異なる）
```

次に10と18を交換してみる。

```
      2
      4
    1 0    …ここが10となる場合
+)    1 8
  2 5 1 8  ←2、5、1の3つが同じ（8が異なる）
```

 **keypoint**

　最初の計算で選択肢は1か2に絞られるので、4か8が、1の位にくるようにして考えて、2個の数字が決められればいい。10、4、18、2の筆算による組合せに時間をかけない。

**Level up Point!**　一度も見たことのないような問題や、解法パターンが浮かんでこない場合は、頭で考える前に、問題文に忠実に手を動かし図表を書いてみる。時間がない場合は潔く後回し。

# A31 正解－2

**テクニック**【数の性質】【整数】

　試しに、1259を2倍してみると、2518になり、選択肢をあわせて考えれば、正解にたどり着ける。表をすべて完成させる必要はない。

　4桁の数$x$を2倍して4桁の数$z$になるのだから、$x$の1000の位の数字は、1か2と考えられる。
　$x$の可能性を考え、2倍した数$z$と比較すると、表のようになる。

| $x$ | $z$ | $x$ | $z$ | $x$ | $z$ | $x$ | $z$ |
|------|------|------|------|------|------|------|------|
| 1259 | 2518 | 1592 | 3184 | 2159 | 4318 | 2591 | 5182 |
| 1295 | 2590 | 1925 | 3850 | 2195 | 4390 | 2915 | 5830 |
| 1529 | 3058 | 1952 | 3904 | 2519 | 5038 | 2951 | 5902 |

　2、9、1、5と1つの数字が異なるだけの$z$は、網掛け部分の4つの数であり、異なる数字は8と0である。

第1章 第1部 数的推理
第2章 第1部 数的推理
第3章 第1部 数的推理
第4章 第1部 数的推理
第5章 第1部 数的推理
第6章 第1部 数的推理
第7章 第1部 数的推理
第8章 第1部 数的推理
第9章 第1部 数的推理
第10章 第1部 数的推理

# Q32 比と差を表す式

**問** それぞれ異なる1ケタの自然数 $a$、$b$、$c$ と、異なる2ケタの自然数 $x$、$y$ が次のア〜ウを満たすとき、$x$ の値としてありうるものはどれか。 (国家一般)

ア $x \div y = \dfrac{b}{a}$　　イ $x - y = c$　　ウ $a + b + c = 20$

**1** 16　　**2** 17　　**3** 18　　**4** 19　　**5** 20

## PointCheck

●**比と差の条件** 🖐テクニック 【比の応用】

たとえば、リンゴとミカンの値段が5：2で、値段の差が60円の場合、比1に当たるのは20円となり、リンゴ100円、ミカン40円とわかる。$x \div y$ と $x - y$ が示されているのは、リンゴ・ミカンの値段を考える場合と同じと考えてよい。

**ヒント** $x$ と $y$ の、比と差がわかることから、比1個分を考えてみる。

アの $x \div y = \dfrac{b}{a}$ から、$x : y = b : a$　また、イの $x - y = c$ から、差 $c$ は比 $(b - a)$ にあたる。

差を比で割り、比1にあたるのは、$\dfrac{c}{b-a}$ と表され、

$x$ は比 $b$ 個分にあたるから、　$x = \dfrac{c}{b-a} \times b$　　よって、$x = \dfrac{bc}{b-a}$

以上のように、$x$ を $a$、$b$、$c$ で表すことができたが、これだけを求めるなら、アイの条件式から $y$ を消去しても求めることができる。ただし、同様の類題を解くためには、この比と差の条件から問題が作られていることを理解しておくことが大切である。

●**1桁の自然数であること** ✒解法ポイント

アイウの条件式だけでなく、$a$、$b$、$c$ が「異なる1ケタの自然数」であることが非常に重要な条件で、ウの和が20になる組は限定される。また、$x$、$y$ が「異なる2ケタの自然数」で、かつ選択肢の値も16〜20までしかないので、最終的にはかなり絞ることができるはずである。

ウの $a + b + c = 20$ と、$b > a$ から、$b = 9$、8、7、… として $a$、$c$ を確認していく。

$b = 9$　→　$a = 8$ とすると $c = 3$　$(9 \times 3) \div (9 - 8) = 27$

　　　　　　$a = 7$ とすると $c = 4$　$(9 \times 4) \div (9 - 7) = 18$　←肢3にあたる

　　　　　　$a = 6$ とすると $c = 5$　$(9 \times 5) \div (9 - 6) = 15$　×値の最小は16

$b = 8$　→　$a = 7$ とすると $c = 5$　$(8 \times 5) \div (8 - 7) = 40$

$a=6$ とすると $c=6$ 　$(8\times6)\div(8-6)=24$
$a=5$ とすると $c=7$ 　$(8\times7)\div(8-5)=\times(2$ 桁の自然数にならない$)$
$a=4$ とすると $c=8$ 　$\leftarrow\times(b$ と同じ$)$
$a=3$ とすると $c=9$ 　$(8\times9)\div(8-3)=\times(2$ 桁の自然数にならない$)$

$b=7$ 　$\rightarrow$ 　$a=6$ とすると $c=7$ 　$\leftarrow\times(b$ と同じ$)$
　　　　　　$a=5$ とすると $c=8$ 　$(7\times8)\div(7-5)=28$
　　　　　　$a=4$ とすると $c=9$ 　$(7\times9)\div(7-4)=21$

$b=6$ 　$\rightarrow$ 　$a=5$ とすると $c=9$ 　$(6\times9)\div(6-5)=54$

$b=5\sim$では、和が20にならず、検討はここまで。

実際には、$b=9$、$a=7$、$c=4$ で、$x=18$になった時点で、肢3が答えだとわかる。

---

**Level up Point!**　ある程度式をまとめたら、整数・分数の条件を確認し、選択肢をあてはめてみる。

# A32　正解－3

 **テクニック**　【数の性質】【約数倍数】

和が20になることから、$a$、$b$、$c$の組合せを限定していく。

　異なる1桁の自然数で、$7+6+5$では18にしかならないから、$a+b+c=20$ となる3数の最大のものは8か9である。ここから $a$、$b$、$c$ の組合せを考えると

$(a,b,c)=(5,7,8)$，$(3,8,9)$，$(4,7,9)$，$(5,6,9)$ の4通りがある（順不同）。

ここで、条件イから $x>y$ だから、$b>a$ となり、$b$ は 3、4、5にはならない。

　次にアの条件から、$\dfrac{x}{y}=\dfrac{b}{a}$ で、$x$ と $y$ は約分できる数なので、$x=nb$、$y=na$ とあらわせる。したがって、条件イから、$x-y=n(b-a)=c$ となる。

　また、選択肢の値の中で、$x=nb$ と表せるものは、16か18か20に絞られる。

**ヒント**　$x$は素数ではないので、選択肢の値のうち17と19は除外できる。

## 🔑 keypoint

　4通りの組合せから約数$b$を選び、$n\rightarrow a\rightarrow c$を順番に決定していく。

以上から、具体的に$x$の数値をあてはめて、条件にあてはまるものを検討する。

(1)$x=16$の約数は、$b=8$で$n=2$だが、$c=2(8-a)$ となる組合せはない。

(2)$x=18$の約数は、$b=6$で$n=3$だが、$c=3(6-a)$ となる組合せはない。

　$b=9$で$n=2$となり、$c=2(9-a)$ で、$(a, b, c)=(7, 9, 4)$ が適する。

(3)$x=20$の約数は、肢4、肢5以外になく、条件に適する$b$はない。

以上から、$x=18$の場合に条件を満たしている。

第1部 数的推理 第1章
第1部 数的推理 第2章
第1部 数的推理 第3章
第1部 数的推理 第4章
第1部 数的推理 第5章
第1部 数的推理 第6章
第1部 数的推理 第7章
第1部 数的推理 第8章
第1部 数的推理 第9章
第1部 数的推理 第10章

# Q33 濃度と比の応用

問 2つのビーカーA、Bに、P液とQ液それぞれ1：4、7：3の割合の混合液が入っている。いま、AからBに100cc注ぎ、よくかき混ぜて再びBからAに100cc注いだ、このとき、AにはP液とQ液が2：3の割合で200cc入っていた。Bに入っていた液体の量はいくらか。

(国家一般)

**1** 200cc  **2** 300cc  **3** 400cc  **4** 500cc  **5** 600cc

## PointCheck

●複雑な濃度の計算  （発想ポイント）（テクニック）【割合】【比の応用】

まずAのビーカーの出し入れについてだけ慎重に確定する。

Aのビーカーは、100cc出して100cc入れて、200ccになったのだから、はじめ200cc入っていたことになる。

はじめのAは、$(P，Q) = (200 \times \dfrac{1}{1+4}，200 \times \dfrac{4}{1+4}) = (40cc，160cc)$

100cc取り出したAは、$(P，Q) = (20cc，80cc)$ …①

最後にできたAは、$(P，Q) = (200 \times \dfrac{2}{2+3}，200 \times \dfrac{3}{2+3}) = (80cc，120cc)$ …②

### keypoint

Aの増えた量を考えると、Bでの濃度・比率がわかる。

①と②の差を見ると、

$(P，Q) = (80-20、120-80) = (60cc，40cc)$

これがBから加わった量で、$P：Q = 3：2$　となる。

もともと、Bのビーカーに入っていた量を、xccとすると、

はじめのBは、$(P，Q) = (x \times \dfrac{7}{7+3}，x \times \dfrac{3}{7+3}) = (\dfrac{7}{10}x，\dfrac{3}{10}x)$

これに①と同じ量が加わって、$P：Q = 3：2$ になることから、

$(\dfrac{7}{10}x + 20)：(\dfrac{3}{10}x + 80) = 3：2$　　$x = 400$

よって、Bに入っていた量は400ccになる。

問題でPoint を理解する

Level 2 **Q33**

第1章 第1部 数的推理
第2章 第1部 数的推理
第3章 第1部 数的推理
第4章 第1部 数的推理
第5章 第1部 数的推理
第6章 第1部 数的推理
第7章 第1部 数的推理
第8章 第1部 数的推理
第9章 第1部 数的推理
第10章 第1部 数的推理

**Level up Point!** パターン問題は解法がわかっていても、条件が複雑で時間がかかることがある。いかにわかりやすく整理して、式を立てていけるかが勝負。

# A33 正解－3

👆**テクニック** 【割合】【濃度】【比の応用】

A、Bからの出し入れについて、P液、Q液の比率を確定していく。

Aは、100ccの出し入れで200ccになったので、はじめから200ccだったことになる。
はじめのAは、P：Q＝ 1：4より、P液が40cc、Q液が160cc　…①
移したA＝残ったAは、①の半分だから、P液が20cc、Q液が80cc　…②
最後のAは、P：Q＝ 2：3より、P液が80cc、Q液が120cc　…③

🔑**keypoint**

Aを確定する作業とBを確定する作業を明確に分ける。

ここで、③から②を引けば、Bから移ってきたP、Qの量がわかる。
　すなわち、P：Q＝(80－20)：(120－80)＝3：2　…④
そしてこの比率は、最後にBに残っているP、Qの比率と等しくなる。

はじめにBに入っていた混合液の量を $x$ ccとすると、

はじめのBは、P：Q＝7：3より、P液は $\dfrac{7}{10}x$ cc、Q液は $\dfrac{3}{10}x$ cc　…⑤

Aから移ってきたのは②より、P液が20cc、Q液が80cc　…⑥

以上から、⑤＋⑥により④の比率になるので、$\dfrac{7}{10}x + 20 : \dfrac{3}{10}x + 80 = 3 : 2$

よって、$x = 400$、　Bには400ccが入っていたことになる。

# Q34 速度と規則性

問　図のように、半径1mの円があり、点Pは円周上を定点Aから矢印の向きに動き、点Qは円の中心Oから出発し、ちょうどPにぶつかるように外側に向かって直進する。QはPとぶつかると消滅し、同時にまたOから新たなQが出発し、円周上でPとぶつかることを繰り返す。

　Pは最初毎秒12cmの速さで出発し、Qとぶつかるごとに毎秒1cm速さが遅くなり、Qは常に毎秒10cmの速さで直進する。最初P、Qが同時にA、Oを出発したとき、Pが1周してもとの位置Aに戻るには約何秒かかるか。

(国家一般)

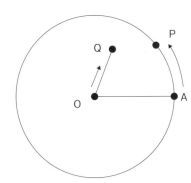

1　52秒
2　58秒
3　64秒
4　70秒
5　76秒

## PointCheck

●問題の意味を理解　🔍発想ポイント

　本問のような特殊な説明があると戸惑うが、計算に入る前に徹底的に問題の意味をつかんでおかないと時間の無駄になる。大切なのは目で見て理解できるような形に直すこと。知能を試す試験では、図表化することが、計算よりも重要なのである。

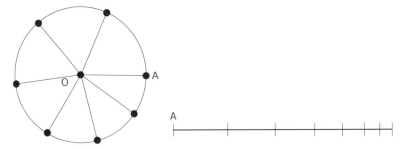

　形が見えてくれば、選択肢を使って計算しても答えにはたどり着ける。

## ●段階的に減速する場合　💡発想ポイント

　Qは半径1 mを毎秒10cmで直進して、10秒ごとにPとぶつかる。選択肢から見当をつけて、50秒後、60秒後、70秒後にPがどの位置にあるかを確認してみる。

**ヒント**　　選択肢から絞り込んでいくほうが正確で速い。

50秒後Qは5回ぶつかるので、　$12×10＋11×10＋10×10＋9×10＋8×10＝500$(cm)
60秒後Qは6回ぶつかるので、　$500＋7×10＝570$(cm)
70秒後Qは7回ぶつかるので、　$570＋6×10＝630$(cm)

**アドバイス**　　円周を600cm程度に考えて、図に書き込んでおくと見当がつけやすい。

　円の1周は、約$200×3.14＝628$(cm)　なので、70秒弱で1周しているとわかる。

**Level up Point！**　時計算のようではあるが、単純に公式にはあてはめられない問題。中学までの数学でも十分対応はできるが、最後まで過程を見通す力が必要になる。

# A34　正解－4

### 🔧テクニック 【速度】【規則性】
　具体的に進む距離を計算して、1周する時間に見当をつける。

　Qが中心を出発しPに衝突するまでに、Qは半径の1 mを進むので、衝突までにかかる時間は、$100$(cm)$÷10$(cm/秒)$＝10$(秒)　ごとになる。
　1回目の衝突までに、Pは$12$(cm/秒)$×10$(秒)$＝120$(cm)　進む。
　2回目の衝突までには、速さが減少するので、Pは$(12－1)×10＝110$(cm)　進む。

　このように繰り返されると、Pが10秒間に進む距離は10cmずつ短くなっていく。
　したがって、$120＋110＋100＋90＋80$と足していき、どれだけの時間で1周できるか考える。
　　$120＋110＋100＋90＋80＋70＋60＝630$
　1周は$200\pi$cm、約628cmなので、約70秒後には、ほぼ1周することとなる。

# Q35 ニュートン算と不定方程式

**問** 常に一定の割合で水の流れ込んでくるタンクに水がたまっている。同じ性能の8台のポンプでこの水を汲み出すと7分で空にでき、3台では21分かかる。ではこの水を5分で空にするには、何台のポンプが必要か。 (地方上級)

**1** 9台　　**2** 10台　　**3** 11台　　**4** 12台　　**5** 13台

## PointCheck

◉ニュートン算

⑴増減する量と処理する能力　**テクニック**【仕事算】

　ニュートン算（仕事算）では、増加する要素と減少する要素との変化の条件から、処理時間などを求めていく。注排水や行列の処理の形で出題されるが、確認する基本的な数値は、①はじめの量、②入ってくる量、③出ていく（処理する）量、④出口（窓口）の数である。その上で、時間当たりの処理能力を出して処理時間や処理に必要な数を計算していく。

**アドバイス**　ポンプが処理する水の量は同じであることに着目し、変化する量の関係を定めたら、具体的に数値をあてはめて考える。

⑵ニュートン算の手順　**解法ポイント**

[考え方の手順]

①流れ込んでくる水の量を$x$（L / 分）、タンクにたまっている水の量を$y$（L）とする。

②ポンプ8台で7分なので、1台が1分で処理できる能力は、

$$(7x + y) \div 8 \div 7 = \frac{7x + y}{56}$$

③また、ポンプ3台で21分なので、1台が1分で処理できる能力は、

$$(21x + y) \div 3 \div 21 = \frac{21x + y}{63}$$

④ここから、ポンプは同じ性能なので、

$$\frac{7x + y}{56} = \frac{21x + y}{63} \quad \text{よって、} 105x = y$$

　すなわち、$x : y = 1 : 105$　であり、$x = 1$（L / 分）とすると$y$は105（L）　となる。

**ヒント**　比で表される量は、具体的な数値に置き換えることができる。

　そこで、流れ込んでくる水の量を1（L / 分）、たまっている水の量を105（L）とおいて、1台が1分で処理できる能力を求めると、

$$(105 + 1 \times 7) \div 8 \div 7 = 2 \text{（L / 分）}$$

第1章 第1部 数的推理

第2章 第1部 数的推理

第3章 第1部 数的推理

第4章 第1部 数的推理

第5章 第1部 数的推理

第6章 第1部 数的推理

第7章 第1部 数的推理

第8章 第1部 数的推理

第9章 第1部 数的推理

第10章 第1部 数的推理

以上から、5分で空にするためには、

$(105 + 1 \times 5) \div 2 \div 5 = 11$（台）　となる。

**Level up Point!**　苦手としている人が多い問題であるが、そのような問題こそ、いくつかの解法・テクニックに触れておくといい。具体的な発想をする能力を磨くことが大切。

# A35　正解—3

 **テクニック**　【不定方程式】【仕事算】

何が未知数かを確定し、式に表す過程で、$a$、$b$、$c$の関係が明らかになっていく。

　1分間の流れ込む水の量を$a$、1分間にポンプ1台が汲み出す量を$b$、タンクにたまっていた水の量を$c$とする。

**ヒント**　未知数が3つで、2つの関係式。1つの文字だけですべてを表す。

　ポンプ8台が7分で汲み出す水の量は$7b \times 8$で、7分間に流れ込んだ水とタンクにたまっていた水の量、$7a + c$に等しい。

　よって、$56b = 7a + c$　…①
　ポンプ3台で21分で汲み出すので、
　　同様に、$63b = 21a + c$　…②
　②−①から、$7b = 14a$　∴$b = 2a$
　これを、①に代入して、　$56 \times 2a = 7a + c$　∴$c = 105a$

**keypoint**

　5分間にたまる水を$a$で表し、1分でポンプが汲み出す量で割れば、必要なポンプの台数が求まる。

　以上から、流れ込む水の量$a$で、1分間にポンプが汲み出す量$2a$、たまっている水の量$105a$と表すことができる。
　ここで、5分間で汲み出さなければならない水の量は、　$a \times 5 + 105a = 110a$
　1台が5分で汲み出す量が、　$2a \times 5$
　したがって、必要なポンプの台数は、$110a \div (2a \times 5) = 11$（台）　となる。

# Q36 不定方程式・費用の最小値

**問** ある会社で2つの工場A、Bから3つの営業所a、b、cに同じ製品を輸送したい。今、A、Bの生産量、a、b、cへの輸送必要量、各工場から各営業所への輸送費が次表で与えられているとき、全輸送費の最小値はいくらになるか。ただし、どの輸送路も任意量の製品を輸送できるものとする。 (地方上級)

|  | 営業所a | 営業所b | 営業所c | 生産量 |
|---|---|---|---|---|
| 工場A | 4万円/t | 2万円/t | 3万円/t | 100 t |
| 工場B | 2万円/t | 1万円/t | 5万円/t | 100 t |
| 輸送必要量 | 60 t | 90 t | 50 t | |

**1** 390万円　　**2** 410万円　　**3** 430万円　　**4** 450万円　　**5** 470万円

## PointCheck

**●極端な場合を想定する** 🔍**発想ポイント**

複雑そうに見える問題ほど、出題意図を見抜くことで、あっけないくらい簡単な解法にたどり着くことがある。この問題でも、安いところにすべて任せるという、国際経済の比較優位に似た考え方ができれば、肩透かしされたようなくらい簡単に解くことができる。

輸送費の差が大きい営業所a・cだけの関係に絞って検討し、さらに営業所bとの関係を加味して、輸送費が最低になる場合を考えていく。

営業所a向けの輸送費は、工場Aから出すほうが工場Bより2万円高くなる。
また、営業所c向けの輸送費は、工場Bから出すほうが工場Aより2万円高くなる。
この関係だけを考えると、営業所aは工場Bからのみ、営業所cは工場Aからのみ輸送したほうが、輸送費は安くなる。
そこで、営業所bには、工場A・Bの生産量の残りを輸送するとして、まとめると以下の表のようになる。

|  | 営業所a | 営業所b | 営業所c | 生産量 |
|---|---|---|---|---|
| 工場A | 0 | 2万円×(100-50) t | 3万円×50 t | 100 t |
| 工場B | 2万円×60 t | 1万円×(100-60) t | 0 | 100 t |
| 輸送必要量 | 60 t | 90 t | 50 t | |

つまり、営業所bへは、工場Aから50 t、工場Bから40 t輸送することになる。

第1章 第1部 数的推理
第2章 第1部 数的推理
第3章 第1部 数的推理
第4章 第1部 数的推理
第5章 第1部 数的推理
第6章 第1部 数的推理
第7章 第1部 数的推理
第8章 第1部 数的推理
第9章 第1部 数的推理
第10章 第1部 数的推理

## keypoint

　営業所bへの輸送量を変えてみて、輸送費が少なくなる配分を検討する。

　ここで、調整して輸送費を安くできるのは営業所bだけ。つまり、工場Bから出す量を多くすれば1tあたり1万円安くなる。しかし、そのためには営業所aが、工場Bからの輸送量を減らし、1tたり2万円高い輸送量を払わなければならない。

　以上から、もう輸送費を減少させるような振り分けはなく、この輸送量が最小の輸送費になると考えられる。

　営業所aが120万円、営業所bが100万円＋40万円、営業所cが150万円なので、輸送費を合計すると、410万円になる。

**Level up Point!**　ゲームの理論など経済分野からの流用問題も多いが、理論的な理解は不要である。とにかく、問題に対して答えようとする意識を持つこと。

# A36　正解－2

### テクニック【不定方程式】

　3営業所で3変数だが、条件から2つの関係に直すことができる。

　工場Aから営業所a、b、cに輸送する量を、それぞれ$x$、$y$、$z$とすると、
　工場Bから営業所a、b、cへの輸送量は、それぞれ$60-x$、$90-y$、$50-z$
　工場Aからの輸送費は、$4x+2y+3z$
　工場Bからの輸送費は、$2(60-x)+(90-y)+5(50-z)$
　合計した全輸送費は、$2x+y-2z+460$（万円）　…①

　ここで、工場Aの生産量は100tだから、$x+y+z=100$　∴$y=100-x-z$　…②
　①に②を代入して、$2x+100-x-z-2z+460=x-3z+560$
　全輸送費は、$x-3z+560$（万円）　と表せる。

### アドバイス　消去する文字はどれであっても同じ方法で検討ができる。

### ヒント　不定方程式は具体的な数値をあてはめて確認・推測する。

　これを最小にするには、$x-3z$を最小にすればよい。つまり、$x$が最小で$z$が最大になる場合である。
　$x$の最小値は0tで、$z$の最大値は50tだから、$x-3z$の最小値は、$0-3\times50=-150$
　以上から、輸送費の最小値は、$-150+560=410$（万円）　である。

# Q37 場合の数・袋への入れ方

**問** 10個の箱に次の条件を満たすようにボールを入れる。どの箱にも最低1個のボールを入れることとする。また、それぞれの箱に入っているボールの数はすべて異なる。ボールの合計数が55個のときは入れ方は1通り、合計数が57個のときは2通りとなる。では、59個のときは何通りになるか。 （地方上級）

**1** 3通り　　**2** 4通り　　**3** 5通り　　**4** 6通り　　**5** 7通り

## PointCheck

●**制限のある分配**　💡**発想ポイント**

AからJまでの10箱にボールを入れるとして簡単な図を書く。

右の図の黒丸が55個の場合である。

> 🔑**keypoint**
>
> 55個・57個のヒントをもとにして、59個の場合の処理の仕方を決める。

57個の場合は、数が異ならなければならないから、Ｉの①とＪの②を1個ずつ入れる場合と、Ｊの②③に2個入れる場合の、2通りがあることになる（Ｉに2個入れても、Ｉ、Ｊに1個ずつ入れるのと同じであることに注意）。

このように、55＋2個の場合は、余分な2個を、最後の2箱で調整するだけである。

**ヒント** 実際に階段状の図を描いたほうが、同じ数のチェックがしやすい。

59個の場合も、余分な4個を最後の4箱で調整する。

まず階段状に配置した1通りがあり、上の場合と同じように、①をＩの箱に移す1通りがある（ＨやＩでは同じ数になるので移せないことに注意）。

続いて、②をＩまたはＪに移す2通りがある。

さらに、③をＪに移す1通りがある。

以上から、条件に合うような入れ方は5通りとなる。

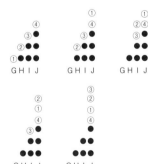

第1章 第1部 数的推理
第2章 第1部 数的推理
第3章 第1部 数的推理
第4章 第1部 数的推理
第5章 第1部 数的推理
第6章 第1部 数的推理
第7章 第1部 数的推理
第8章 第1部 数的推理
第9章 第1部 数的推理
第10章 第1部 数的推理

# A**37** 正解－3

**テクニック【場合の数】**

55個の場合の入れ方は1通りなので、59個の場合では、増えた4個をどこに追加するかを考える。

55個では、10箱に、それぞれ1個から10個ボールを入れることができる。

4個増えて59個になった場合、1～6個入っている箱に4個のボールを追加しようとすると、同じ個数の箱があるので、入れることはできない。

**keypoint**

4箱に入れるボールの数を、箱に入っている合計の個数から推測する。

7～10個入っている4箱には、合計 $7+8+9+10=34$ 個ボールがあり、ここに4個のボールを追加すると合計38個になる。つまり、4箱のボールの個数を $a$、$b$、$c$、$d$ とすると、各個数はすべて7個以上で、$a+b+c+d=38$ である。

ボールの数が同じにならないように、ボール4個の追加を考えると表のようになる。

| 7個 | 8個 | 9個 | 10個 | $(a, b, c, d)=38$の組合せ |
|---|---|---|---|---|
| | | | ＋4 | → $(7, 8, 9, 14)$ |
| | | ＋1 | ＋3 | → $(7, 8, 10, 13)$ |
| | | ＋2 | ＋2 | → $(7, 8, 11, 12)$ |
| | ＋1 | ＋1 | ＋2 | → $(7, 9, 10, 12)$ |
| ＋1 | ＋1 | ＋1 | ＋1 | → $(8, 9, 10, 11)$ |

すなわち、①全部10個の箱に入れる、②1個だけ9個の箱に移す、③さらに1個を9個の箱に移す、④その移した1個を8個の箱に移す、⑤4箱すべてに1個ずつ入れるという、5通りとなる。

# Q38 条件のある組合せ

**問** 3人のチームで行う作業がある。作業を行う候補者は、男4人、女6人の合わせて10人であり、このうちに2組の姉と妹がおり、他に親族関係にあるものはいない。作業能率が3人の組合せ方によってどのように変化するかを調べるため、あらゆる組合せで作業を行ってみることにした。チームの編成に当たっては、3人のうち1人は必ず女性でなければならず、しかも3人ともお互いに親族関係にないことが必要であるという。チームの組合せ方法は何通りあるか。 （国家一般）

**1** 60通り　**2** 70通り　**3** 80通り　**4** 90通り　**5** 100通り

## PointCheck

●条件のある組合せ　🖊**解法ポイント**　👆**テクニック**【組合せ】

女性は、姉妹2組の4人と、姉妹のいない単独の女性2人の計6人。まず、この姉妹がいる4人について、姉妹を選ばないように組合せを考える。

女性を姉妹A・a、姉妹B・bおよびC、Dとし、男性をE・F・G・Hとし、3人を選ぶ。

### (1)Aまたはaを含む場合

1組目の姉Aが選ばれた場合は妹aを除いた8人から2人を選ぶ組合せを考える。
次に2組目の姉Bを選ぶと、妹bは選べないので残りの6人から1人を選ぶ6通り
また2組目の妹bを選ぶと、姉Bは選べないので同じ6通り
2組目の姉妹を選ばない場合は、残りの6人から2人を選ぶ組合せなので、

$$_6C_2 = \frac{6 \times 5}{2 \times 1} = 15(通り)$$

以上から、1組目の姉Aを選んだ場合は、6＋6＋15＝27（通り）
そして、これは1組目の妹aを選んだ場合も同じなので、Aまたはaを選んだ場合の3人の組合せは、27×2＝54（通り）　…①

**アドバイス**　以下では、姉妹A・aは除外して考える。

### (2)(1)以外でBまたはbを含む場合

2組目の姉Bが選ばれた場合は、妹bを除いた6人から2人を選ぶ組合せを考えて、

$$_6C_2 = \frac{6 \times 5}{2 \times 1} = 15(通り)$$

そして、これは2組目の妹bの場合も同じなので、Bまたはbを選んだ場合の3人の組合せは、15×2＝30（通り）　…②

問題でPoint を理解する

Level 2 **Q38**

第1部 数的推理 第1章

第1部 数的推理 第2章

第1部 数的推理 第3章

第1部 数的推理 第4章

第1部 数的推理 第5章

第1部 数的推理 第6章

第1部 数的推理 第7章

第1部 数的推理 第8章

第1部 数的推理 第9章

第1部 数的推理 第10章

**アドバイス**　以下では、姉妹A・a、B・bは除外する。

**(3)姉妹の誰も含まない場合**

単独の女性1人目Cが選ばれた場合：女性D、男性EFGHから2人を選ぶ組合せ

$$_5C_2 = \frac{5 \times 4}{2 \times 1} = 10 (通り) \quad \cdots ③$$

**アドバイス**　単独の女性1人目Cは除外する。

Cが選ばれずに単独の女性2人目Dが選ばれ、男性EFGHから2人を選ぶ組合せ

$$_4C_2 = \frac{4 \times 3}{2 \times 1} = 6 (通り) \quad \cdots ④$$

①〜④から、54 + 30 + 10 + 6 = 100(通り)　になる。

**Level up Point!**　具体的に組合せをしていくときに、キレイに場合分けをできるように練習をしていく。途中で何をしているのかがわからなくならないよう、分析の流れを系統立てて書き残しておくこと。

# A**38**　正解−5

 **テクニック**【組合せ】【余事象】

3人を選ぶすべての組合せから、条件に合わない組合せの数を除く。

10人から3人を選ぶ組合せは、 $_{10}C_3 = 120$(通り)

**(1)**この中で男性4人から3人を選ぶ組合せは、「女性が必ず1人」という条件に合わない。

すなわち、男性だけの組合せは、 $_4C_3 = 4$ (通り)

**keypoint**

3人を選ぶので姉妹が2組とも選ばれることはない。姉妹1組とあと1人の組合せを考えればよい。

**(2)**「姉妹＋1人」の3人の組合せも、「姉妹は選ばない」という条件に合わない。

すなわち、姉妹2組について、残りの8人から1人を選ぶ組合せができるので、

$2 \times 8 = 16$(通り)

以上から、120 − 4 − 16 = 100(通り)

# Q39 平面図形⑥ （折り返した正六角形）

**問** 1辺の長さが3の正六角形を折り返して、右のような図形を作る。1辺の長さが1の正三角形の面積を$a$とするとき、この図形の面積はいくらか。 （地方上級）

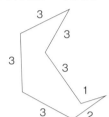

1 　$20a$
2 　$21a$
3 　$22a$
4 　$23a$
5 　$24a$

## PointCheck

●正六角形の折り返し

**🔑keypoint**
　図形を折った問題は、折り戻して考える。

　折り戻して考えると、求める面積は、正六角形から図の網掛け部分の2倍を引いたものとなる。

**ヒント** 　正六角形を6等分した正三角形Aを基準にする。

　正六角形を6等分した正三角形Aは、1辺の長さが1の正三角形との相似比が1：3、面積比が1：9になるので、
　Aの面積＝$9a$

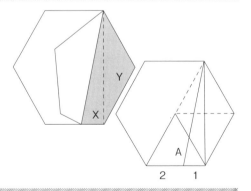

**🔑keypoint**
　底辺の比と高さの比から、面積を求める。

　図のXの面積は正三角形Aと比較すると、底辺が$\dfrac{1}{2+1}$倍、高さが2倍になっているので、

　　X の面積＝$9a \times \dfrac{1}{3} \times 2 = 6a$

図のYの面積は等積変形をすれば、正三角形Aの面積と同じになる。

Yの面積＝9a

したがって、求める面積は、

正六角形−(X＋Y)×2＝9a×6−(6a＋9a)×2＝24a　となる。

**Level up Point!**　長方形を折り返す問題は、相似と組み合わせて頻出の基本問題である。その他の多角形を解くときも「折り戻す」基本は同じだが、どこで相似や三平方を使うかに注意が必要。

# A39 正解−5

### 👆テクニック 【等積変形】【辺の比と面積】

正六角形と網掛けの四角形を$a$で表す。

求める面積は、正六角形の面積から、網掛けの四角形2つ分を引いたものである。

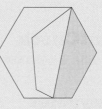

正六角形を6等分した正三角形は、1辺の長さが3で、面積$a$の正三角形との、相似比は1：3、面積比は1：9

よって、6等分した正三角形の面積は$9a$

したがって、

正六角形の面積＝$9a×6＝54a$　…①

**ヒント**　補助線を引いて相似な正三角形を活用する。

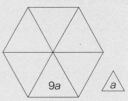

図のように、正六角形の右側にもう1つ正三角形Aをつけて、1辺が6の大きな正三角形を作る。網掛けの四角形は、大きな正三角形からAとBの三角形を引いたものになる。

1辺6の正三角形の面積は、$9a×4＝36a$

Aの面積は、$9a$

Bの面積は、1辺6の正三角形の$\dfrac{2}{2＋1＋3}＝\dfrac{1}{3}$なので

$12a$

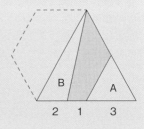

したがって、

網掛けの四角形の面積＝$36a−9a−12a＝15a$　…②

以上から、①の正六角形の面積$54a$から、②の四角形2つ分を引いて、

$54a−15a×2＝24a$

# Q40 立体図形⑥（立体の内部にできる図形）

**問** 立方体ABCD-EFGHにおいて、一つおきに頂点を結ぶと、図のように正四面体BDEGを作ることができる。さらに、この正四面体の各辺の中点を結ぶと、正四面体に内接する正八面体を作ることができる。このときできる正八面体に関する次の記述のうち、正しいものはどれか。 （国家一般）

1 正八面体の１辺の長さは立方体の１辺の長さの２分の１より短い。
2 正八面体のある１面と平行になる正四面体の面がある。
3 正八面体の対角線の長さは正四面体の辺の長さに等しい。
4 正八面体の各頂点は立方体の面上と辺上に半数ずつある。
5 正八面体の体積は正四面体の体積の５分の２である。

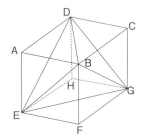

# PointCheck

●見取り図と平面図の関係　✐解法ポイント　◉発想ポイント

**🔑keypoint**

平面図に変えるだけで、視点が定まり理解しやすくなる。

正八面体を図に書き込んで、上から見た平面図を考えてみる。

肢１は、正八面体の辺SP＞立方体の辺の半分APとなるので、誤りである。

肢３は、正八面体の対角線SQ＜正四面体の辺BDとなるので、誤りである。

肢４は、P、Q、R、Sは辺ではなく面上にあり、結局すべての点が面上にあるので、誤りである。

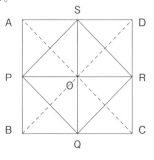

肢５は、立方体の体積を$X$とすると、

ABD–EFHの三角柱の体積$=\dfrac{1}{2}X$　　　E–ABDの三角すいの体積$=\dfrac{1}{3}\times\dfrac{1}{2}X$

よって、正四面体の体積$=X-\dfrac{1}{3}\times\dfrac{1}{2}X\times4=\dfrac{1}{3}X$　…①

O–PQRSの四角すいの体積は、高さ・底面積ともに立方体の$\frac{1}{2}$なので、$X \times \frac{1}{2} \times \frac{1}{2} \times \frac{1}{3}$

よって、正八面体 = O–PQRS × 2 = $\frac{1}{12}X \times 2 = \frac{1}{6}X$ …②

したがって、②÷①より、正八面体の体積は正四面体の$\frac{1}{2}$になり、誤りである。

**アドバイス**　実際の計算は分数だけで簡単にまとめる。解説参照。

　肢2では、見取り図に書き込んでみると、正四面体のすべての面が、正八面体を構成していることがわかる。正八面体は、すべての面が4つの平行な組になっているので、正四面体の面と平行な関係にあると考えられる。

**Level up Point!**　これも苦手意識の多い、立体の切断、立体の内部、立体の組合せに関する問題。平面図、立面図、展開図などを使って、考えやすい形に変換することが大切である。

# A40 正解ー2

**テクニック**【正多面体】
　見取り図に、丁寧に正八面体を書き込んで、選択肢を確認していく。

1．立方体の辺を1とすると、正四面体の辺の長さは表面の正方形の対角線なので$\sqrt{2}$。正八面体の1辺は、正八面体の辺の長さの$\frac{1}{2}$なので$\frac{\sqrt{2}}{2}$。$\frac{1}{2}$より長いので誤り。

2．正八面体の面は、向かいあっている面が平行で、そのなかの4つの面は正四面体の面の一部分である。正四面体の面に平行な面が必ずあることになり正しい。

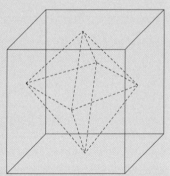

3．（正八面体の対角線）＝（立方体の辺）であり、（正四面体の辺）＝（立方体の辺）×$\sqrt{2}$倍であるので誤り。

4．正八面体の頂点は、立方体の各面の中心にあるので誤り。

5．正八面体を2分割した正四角すいは、高さは立方体の辺の長さの$\frac{1}{2}$、底面積は立方体の面の$\frac{1}{2}$。したがって、正四角すいの体積は立方体の体積の$\frac{1}{12}$で、正八面体の体積は立方体の体積の$\frac{1}{6}$になる。正四面体の体積は立方体の体積の$\frac{1}{3}$なので、正八面体の体積は正四面体の$\frac{1}{2}$となり誤り。

公務員試験

国家一般職
地方上級レベル対応

# 出るとこ過去問

## 12

# 数的処理（上）

数的推理
資料解釈

第2部　資料解釈

セレクト55

Level 1 p234〜p241　Level 2 p254〜p255

## ■資料解釈は計算よりも資料の分析

　提示された資料だけで、確実にいえるか否かを判断するのが資料解釈。**判断の基礎は提示された資料・条件だけに限定**されるが、逆に、提示されていないものには全ての可能性がありうる。そこで重要なのが、**資料の意図や全体の流れを理解し、数値のみを追って解こうとしないこと。計算は必要なものだけに絞って、詳細な計算をしないで結論を導き出す**ようにする。計算結果にはある程度の幅があっても許され、詳細な計算が必要となる場面は意外と少ない。

## 1 実数の表からの判断

Level 1 ▷ **Q01,Q02**　Level 2 ▷ **Q11**

### ［1］　表から確実にいえること

　次の表は、ある地域に対する環境4分野における2国間政府開発援助の実績額の推移を示したものである。

（単位：億円）

| 年度 | 居住環境 | 森林保全 | 公害対策 | 防災 |
|------|---------|---------|---------|------|
| 2009 | 603 | 76 | 73 | 336 |
| 2010 | 432 | 127 | 741 | 156 |
| 2011 | 605 | 158 | 51 | 196 |
| 2012 | 1,633 | 180 | 302 | 546 |
| 2013 | 1,374 | 169 | 391 | 136 |

　資料解釈では上のような表を提示して、「この表から確実にいえることはどれか」という出題がされる。実際の数値が提示されていても、この表だけでは「確実にいえない」「正しくない」「妥当ではない」選択肢はどれかを判断する。

### ［2］　問題文の前提条件と提示されていない条件

#### ⑴問題文の前提条件

　たとえば、「2013年度の居住環境の実績額は、政府開発援助全体の約3分の2である」という選択肢が普通に出題されたりする。当然だが、ここでは政府開発援助全体の総額は示されていない。つまり、表ではなく問題文の「環境4分野における2国間政府開発援助」をちゃんと読んでいるか、という単純な内容が問われたりすることもある。

#### ⑵提示されない条件と可能性

　しかし、ここで大切なのは、「2013年度の居住環境の実績額は、政府開発援助全体の約3分の2である可能性もある」ということだ。なぜなら、2013年のODA・政府開発援助が「環境4分野における2国間政府開発援助」だけという可能性も否定できないからである。

　もちろん、現実にはありえないが、判断の基礎は提示された表だけに限定される。逆に、

全体像をつかむ
**POINT整理**

第2部 資料解釈 第1章
第2部 資料解釈 第2章
第2部 資料解釈 第3章
第2部 資料解釈 第4章

提示されていないものには全ての可能性がありうると考える（別の問題になるが、このような考え方は、最大値・最小値で可能性を考え比較する場合に生きてくる）。

### ⑶計算よりも資料の理解・解釈

まず、問題文も合わせて、資料から確実にいえること、資料から導き出される結論の範囲を正確に理解しようとする態度が求められる。一般的な感覚からは違和感を感じることもあるかもしれないが、この「資料への接し方」に慣れることが第一歩である。

---

**【基礎演習】**

［1］の表（右に抜粋あり）を見て、次の文章が正しいか、誤っているか判断せよ。

2009年度から2013年度までの各年度における「森林保全」の２国間政府開発援助の実績額の、対前年度増加額の平均は40億円を上回っている。

| 年度 | 森林保全 |
|------|---------|
| 2009 | 76 |
| 2010 | 127 |
| 2011 | 158 |
| 2012 | 180 |
| 2013 | 169 |

**＜解き方＞**

平均といわれると、まじめに各年の増加分を合計して割り算をしようとする。しかし、文章の冒頭に注意すれば、計算に至らずとも、2008年の実績額がわからないので2009年度の「対前年増加額」は出せないことがわかる。

たとえ問題文が「2010年度から2013年度までの各年度」であっても、増加額をざっと見ただけで、40億円を上回っているのは2010年のみである。4年の合計169－76＝93（億円）を平均しても約23（億円）で40億円を上回らない。もちろん、このような計算をしないで選択肢を切るべきだが、全体をざっと見て暗算で対応することも重要。

---

## 2 資料・表が「示そうとしていること」の理解　　Level 1 ▷ Q01,Q02

### ⑴数値ではなく全体を見る

資料解釈が苦手になる原因の１つに、資料が「何を示そうとしているのか」の理解が不足している場合がある。たとえば、前の表では、「居住環境」分野では援助額が増加傾向にあり、「森林保全」では比較的変動が少ないこと、「公害」では変動幅が大きいことなどである。何を示す表・グラフなのか理解せず、数値のみを追って解こうとするので、選択肢の文意を取り違えてしまうのだ。

### ⑵資料の意図を把握

グラフや表というのは、生のデータでは把握しづらい状態や変化をわかりやすく表したものであり、未整理で見づらい場合もあるが、本来は見やすいものである。そのなかで、細かい計算が必要な変化を考えるときは、資料の意図や全体の流れを理解していないと判断を誤り間違った解釈が導かれてしまう。そこが資料解釈で問われているポイントである。

まずは表やグラフの全体を概観して、資料の意図を把握し、データの変化を概算で確認していくのが資料解釈の解答手順である。詳細な計算が必要となる場面は意外と少ない。

【基礎演習】

　［1］の表（下に抜粋あり）を見て、次の文章が正しいか、誤っているか判断せよ。

　2013年度における、表中の各分野の2国間政府開発援助の実績額の、合計に占める「防災」のそれの割合は5％を下回っている。

| 年度 | 居住環境 | 森林保全 | 公害対策 | 防災 |
|------|---------|---------|---------|------|
| 2013 | 1,374 | 169 | 391 | 136 |

＜解き方＞

　2013年度の合計に対する「防災」の割合は、$\dfrac{136}{1374+169+391+136}=\dfrac{136}{2070}$ $=6.6（\%）$である。しかし、詳細過ぎる計算は時間浪費とミスの温床だ。

　2013年の全体を概観すると、（居住環境：森林保全：公害対策：防災）の比は、暗算で（10：1：3：1）くらいである。とすれば、防災は $\dfrac{1}{10+1+3+1}=\dfrac{1}{15}$ であり、$5\%=\dfrac{1}{20}$ を上回っている（分母が小さいほうが大きい）。初めは不安かもしれないが、概算や暗算に慣れておきたい。

# 3 割合の基本と計算

Level 1 ▷ **Q02,Q03**

## (1)割合での比較

　パーセントなどの割合が出てきたら、何が「もとの数」になるかを強く意識することが大切だ。資料解釈の割合の計算は、いくら複雑になっても、「割合＝比べる数÷もとの数」くらいしかない。つまり、何をもとにして比べているのかを確認しているだけなのだ。

## (2)割り算は使わない

　そこで、計算はできるだけ「もとの数」を中心にかけ算で組み立てたほうが、楽で速くミスや勘違いが少なくなる（もとの数×割合＝比べる数）。割り算の筆算はできるだけ避け、かけ算・分数計算（約分）で答えを出す習慣をつけたい。

【基礎演習】

　［1］の表（右に抜粋あり）を見て、次の文章が正しいか、誤っているか判断せよ。2013年度における「居住環境」の2国間政府開発援助の実績額の、対前年度減少率は、20％を超えている。

| 年度 | 居住環境 |
|------|---------|
| 2012 | 1,633 |
| 2013 | 1,374 |

＜解き方＞

　2013年度の「居住環境」の対前年度減少率は、正確に計算すれば $\dfrac{1633-1374}{1633}=$ 15.9（\%）である。しかし、実際に判断するときは分数計算をするのではない。2013年を約1600として、その20％（$16\times20=320$）まで減少しているかを暗算で判断する（2012年より260くらいの減少なので20％にはならない）。

## **4** 概算とは「計算を省く」「詳細にやらない」こと　Level 1 ▷ **Q03,Q04**　Level 2 ▷ **Q11**

### ⑴概算のコツをつかむ

　資料解釈の解き方で、よく「概算」が出てくる。有効桁数などを考えて計算するように指示されることがあるが、あまり細かいことを気にしなくてよい。たとえば、選択肢に「AはBの5倍となる」とあって概算したらBの約4.5倍だったとき、多くの場合は、計算し直すよりも他の選択肢を検討したほうが適当なのである。つまり、明らかに誤りや正しい選択肢が他にあるのだ。資料解釈の計算は正確でなくてはならないが、計算結果にある程度の幅があっても許される。その幅を納得して概算ができるようになると、計算は気楽になる。

### ⑵計算量をどこまで少なくするかを見極める

　また、概算を使う以前に、計算が必要かどうかの判断をしっかりすること。どう考えても条件に合わない場合は、確認にムダな時間を使ってはいけない。概算は必要なものだけに絞って、詳細な計算をしないで結論を導き出すようにする。資料解釈が得意になるためには、計算を速くするのではなく、計算量を少なくする（≒暗算ですます）のである。

---

**【基礎演習】**

　［1］の表（下に抜粋あり）を見て、次の文章が正しいか、誤っているか判断せよ。

　表中の各分野のうち、2012年度における2国間政府開発援助の実績額の、対前年度増加率が最も大きいのは、「公害対策」である。

| 年度 | 居住環境 | 森林保全 | 公害対策 | 防災 |
|---|---|---|---|---|
| 2011 | 605 | 158 | 51 | 196 |
| 2012 | 1,633 | 180 | 302 | 546 |

**＜解き方＞**

　2012年度の各分野の対前年度増加率は、

「居住環境」$\dfrac{1633-605}{605}=170(\%)$、「森林保全」$\dfrac{180-158}{158}=14(\%)$、「公害対策」

$\dfrac{302-51}{51}=492(\%)$、「防災」$\dfrac{546-196}{196}=179(\%)$ であり、「公害対策」が最も大きい。

　しかし、わざわざ増加分をとったり、4項目すべてを計算してはいけない。あきらかに、「公害対策」は前年の約6倍で断トツの増加率なので、「防災」が3倍にも満たないことだけを確認すればよい。メモ程度の暗算だけで筆算はしなくてよい。

---

**【基礎演習】**

　［1］の表（右に抜粋あり）を見て、次の文章が正しいか、誤っているか判断せよ。

　2010年度における「森林保全」の2国間政府開発援助の実績額の、対前年度増加額は2012年度におけるそれの2倍を下回っている。

| 年度 | 森林保全 |
|---|---|
| 2009 | 76 |
| 2010 | 127 |
| 2011 | 158 |
| 2012 | 180 |

<解き方>
　増加率ではなく、増加「額」であることに注意。「森林保全」の対前年度増加額は、2010年度は　127－76＝51（億円）、2012年度は　180－158＝22（億円）で、51億円は22億円の2倍を下回っている。もちろん、51と22を暗算で比較するだけでよい。

## スピードチェック！

　下の表は乳児死亡数を主な死因別で12年ごとに示したものである。次の文章が正しいか、誤っているか判断せよ。

〔単位：件〕

| 死因 ＼ 年次 | 昭和50年 | 昭和62年 | 平成11年 | 平成23年 |
|---|---|---|---|---|
| 腸炎および下痢性疾患 | 1,906 | 334 | 38 | 17 |
| 肺　　　　　　　炎 | 6,308 | 1,594 | 246 | 146 |
| 気　管　支　炎 | 344 | 126 | 22 | 12 |
| 先　天　異　常 | 3,610 | 4,072 | 2,414 | 1,963 |
| 低酸素症および分娩仮死 | 3,264 | 3,314 | 2,055 | 881 |
| 不　慮　の　事　故 | 1,180 | 990 | 451 | 330 |
| 乳　児　死　亡　数 | 33,742 | 19,103 | 7,899 | 5,418 |

**1**　「乳児死亡数」は昭和62年〜平成11年にかけて減少数が最も大きかった。

×　概算でＳ50〜Ｓ62の減少数は、34－19＝15、Ｓ62〜Ｈ11の減少数は、19－8＝11

**2**　昭和50年と平成23年とを比べると、どの死因についても減少しているが、その割合が最も大きかったのは「腸炎および下痢性疾患」である。

○　「肺炎」はＳ50はＨ23の40倍強だが、Ｓ50とＨ23で数値の桁が2桁違う（Ｓ50はＨ23の100倍以上）のは「腸炎…」のみ。

**3**　「乳児死亡数」に占める「不慮の事故」の割合は年々低下している。

×　全体の減少割合に比べて、「不慮の事故」の減り方が少ないところを見つける。Ｓ50とＳ62だけ見ても、「乳児死亡数」全体が34→19で $\frac{2}{3}$ 弱の減少だが、「不慮の事故」は12→10で $\frac{2.5}{3}$ の減少なので、全体より減り方が少ない。

| | | |
|---|---|---|
| **4** 昭和50年と平成23年とを比べると「肺炎」と「気管支炎」との減少割合は「気管支炎」のほうが大きい。 | × S 50とH 23で、「肺炎」は40倍強、「気管支炎」30倍弱。桁数を見れば一目瞭然だが、概算で分数の比較をしてもよい。 | |
| **5** 各年次で「乳児死亡数」と「低酸素症および分娩仮死」とはほぼ同じ割合で減少している。 | × S 50とS 62だけ見ても、「乳児死亡数」は減少しているが「低酸素症…」は増加している。 | |

## スピードチェック！

下の表はある地区の2007～2011年における教育機関別在学者数の推移を示したものである。次の文章が正しいか、誤っているか判断せよ。

| 年 | 幼稚園 | 小学校 | 中学校 | 高等学校 | 総　数 | 〔単位：人〕 |
|---|---|---|---|---|---|---|
| 2007 | 247 | 676 | 258 | 83 | 1,264 | |
| 2008 | 298 | 589 | 239 | 83 | 1,209 | |
| 2009 | 316 | 597 | 262 | 87 | 1,262 | |
| 2010 | 342 | 637 | 304 | 102 | 1,385 | |
| 2011 | 315 | 624 | 301 | 106 | 1,346 | |

| | |
|---|---|
| **1** 2007年と2008年における総数に占める高等学校の在学者数の割合は、両年とも5％を下回っている。 | × 総数を1,300人としても、5％は65人だから両年とも5％を上回る。計算は概算で。 |
| **2** 2010年における小学校の在学者数の対前年増加率は、10％を超えている。 | × 2009年の小学校は597人だから、だいたい60人を足して10％増は657人。2010年は637人なので10％を超えない。 |
| **3** この5年間の中学校の在学者数の合計は、いずれの年の総数よりも多い。 | × 総数で一番多いのは2010年の1,385人。中学校の総数は、暗算で1,360くらいなので、1,385人を超えない。やはり、概算。 |
| **4** この5年間の中学校の在学者数を平均すると、その平均値を上回っている年は3年ある。 | × 全ての1の位を四捨五入して、だいたい250、240、260、300、300と考える。260を仮平均とすると、－10、－20、0、 |

| | | |
|---|---|---|
| | | +40、+40なので、真の平均値は260より大きくなる。平均を上回るのは2010年と2011年の2年だと推測できる。 |
| **5** 総数に占める幼稚園の在学者数の割合が25%を超えた年は、この5年間のうち2009年だけである。 | | 〇 25%なので総数を4で割って比べるのだが、幼稚園の数を4倍して比べるほうが計算ミスは少なくなる。2007・2008年の幼稚園は300以下なので暗算で切る。2009年は316×4＝1,264なので、1,262人の25%を超えている。2010・2011年も4倍して総数を上回らない。 |

## スピードチェック！

次の表は、1960年から2000年までの世界の各地域の人口の推移を表したものである。この表からいえることとして、妥当なものはどれか。

〔単位:百万人〕

| | 1960年 | 1970年 | 1980年 | 1990年 | 2000年 |
|---|---|---|---|---|---|
| アジア | 1,702 | 2,149 | 2,642 | 3,186 | 3,489 |
| アフリカ | 282 | 364 | 476 | 633 | 739 |
| ヨーロッパ | 606 | 656 | 693 | 722 | 728 |
| アメリカ | 416 | 509 | 610 | 718 | 783 |
| オセアニア | 16 | 19 | 23 | 26 | 29 |
| 世界人口 | 3,021 | 3,697 | 4,444 | 5,285 | 5,768 |

| | |
|---|---|
| **1** 世界人口に占めるヨーロッパの人口の割合は、いずれの年も15%を上回っている。 | × 各年の世界人口の15%を概算すると、<br>60年は、3021×0.15≒450、<br>70年は、3697×0.15≒555、<br>80年は、4444×0.15≒667、<br>90年は、5285×0.15≒790、<br>00年は、5768×0.15≒870<br>ヨーロッパの人口と比較すると、90年以降は15%を下回っているので、妥当でない。 |

198

**2** 10年ごとの人口増加数を見ると、いずれも、最も多いのはアジアであり、次いで多いのはアフリカである。

× 人口増加数が、アジアが最も多いのは明らか。
アフリカとアメリカを比べると、アフリカの増加数は、82、112、157、106。
アメリカの増加数は、93、101、108、65となっている。
1960年からの10年間だけは、アメリカの方が増加数が多いので、妥当でない。

**3** 世界人口に占めるアメリカの人口の割合は、いずれの年も10年前に比べて上昇している。

× 世界人口に占めるアメリカ人口の割合は、各年ごとにおよそ60年は13.77%、70年は13.76%、80年は13.72%、90年は13.58%、2000年は13.57%、となっており、前10年に比べていずれも減少しているので、妥当でない。

**4** 2000年におけるヨーロッパの人口は、1960年におけるそれよりも20%以上増加している。

○ 728÷606≒1.201で、20%以上増加しているので、妥当である。

**5** 世界人口の増加率が最も高いのは1980年から1990年までの10年間であり、次いで高いのは1970年から1980年までの10年間である。

×
60〜70：3697÷3021≒1.22、
70〜80：4444÷3697≒1.20、
80〜90：5285÷4444≒1.19、
90〜00：5768÷5285≒1.09となり、増加率が最も大きいのは、60年から70年、次いで高いのは70年から80年であり、誤り。

Level 1 p242 〜 p249　　Level 2 p256 〜 p259

## ■問われる核心のみ概算で答える

　割合は単位が同じでも、基準となる「もとの数」が同じか、それぞれの量が示されなければ、そのまま比較することはできない。いくつかの**仮定や限定条件によって、割合が具体的な大きさに変換され、はじめて比較が可能になる**。ただし、深読みや推測で誤った判断を導くような、いわゆるヒッカケ問題が多いのも割合・構成比の問題の特徴。**慎重に問題文を読むことと、計算はすべて行おうとせず、必要な部分のみ概算で行う訓練を積んでおくこと。**

# 1 割合のグラフ

Level 1 ▷ **Q05,Q08**　Level 2 ▷ **Q13**

## [1]　構成比

　次の図は、国際貿易における、ある農産物の生産量、輸出量、輸入量を示したものである（ただし、輸出入は生産国と消費国間のみで行われ、中継貿易はないものとする）。

| | | | | |
|---|---|---|---|---|
| 生産量 | A国 50% | B国 20% | C国 10% | その他 20% |

| | | | |
|---|---|---|---|
| 輸出量 | A国 30% ／ B国 20% ／ C国 10% | その他 40% | |

| | | |
|---|---|---|
| 輸入量 | D国 60% | E国 20% ／ その他 20% |

　このような全体を構成している要素がどれだけにあたるかを表す割合や比率を「構成比」という。この表を題材にして構成比の問題の考え方を見ていこう。

## [2]　構成比グラフの前提条件と問題文の前提条件
### ⑴構成比の比較

　上の資料は、割合（％）のみで表示され、帯グラフで構成比を表している。実数では単位が同じであればそのまま数値の比較ができるが、割合は割合の単位が同じでも基準となる「もとの数」が同じか、それぞれの量が示されなければ、そのまま比較することはできない。上の帯グラフでは全体が100％で横幅も統一されてはいるが、全体の数量が同じとは限らないとの前提で考えなければならない。

全体像をつかむ
**POINT整理**

第2部 資料解釈 第1章
第2部 資料解釈 第2章
第2部 資料解釈 第3章
第2部 資料解釈 第4章

**【基礎演習】**

［１］の表を見て、次の文章が正しいか、誤っているか判断せよ。

A国はこの農産物を輸入していない。

**＜解き方＞**

A国は「輸出した残りがあり、それが自国の消費分で足りており輸入の必要はない」と考えてはいけない。グラフからわかるのは、A国は総生産量の50％を占め総輸出量の30％を占めており、輸出の残りがあれば自国消費だということまでである。中継貿易がないとしても、輸入量の「その他」にA国が含まれないことにはならない。たとえば、A国でとれない希少品種を他国から輸入し、国内消費する場合も考えられる。

### (2)問題文の条件による限定

［１］のただし書にある「輸入入は生産国と消費国間のみで行われ、中継貿易はない」とは、A→X→Yのように中間の経由国Xは輸入国に含まれず、そこからYへの再輸出もないのでXは輸出国には含まれないということである。輸入された農産物はすべて消費されると考えてよいから、ここから輸出量＝輸入量であると考えられる。

**【基礎演習】**

［１］の表を見て、次の文章が正しいか、誤っているか判断せよ。

D国は輸入量のうち $\frac{1}{6}$ 以上はA国から輸入している。

**＜解き方＞**

D国の輸入量は全体の60％を占めるが、輸入量＝輸出量なので、輸出量30％のA国以外からすべてを輸入しているとも考えられる。グラフからわかるのは、A国から最大限輸入した場合にD国の輸入量の $\frac{1}{2}$ になることだけである。

## **2** 割合の比較　　Level 1 ▷ **Q05,Q06,Q07**　Level 2 ▷ **Q12**

### ［１］　生産量＞輸出量の限定条件

中継貿易がないことで、生産国は生産量以上に輸出することはできないことになる。そこで、グラフの生産量と輸出量を比較することで、A国は総生産量の50％をすべて輸出にあててはいないと判断できる。なぜなら、A国の生産量50％＝A国の輸出量30％だとすると残りの生産量50％で残りの輸出量70％をまかなえないからである。同様に、B国が生産量のすべてを輸出しているとは考えられない。「その他」の国の生産量は同じ20％であり、輸出量の40％をまかなえないからである。

**【基礎演習】**

［１］の表を見て、次の文章が正しいか、誤っているか判断せよ。

C国の生産量はE国の輸入量の $\frac{1}{2}$ である。

<解き方>

C国の生産量をすべて輸出したと考えると、総輸出量＝総輸入量であるから、E国の輸入量20％の$\frac{1}{2}$とも考えられる。また、A国は生産50％中の30％分を輸出、B国は生産20％中のすべてを輸出とも考えられる。しかし、その他の国が20％しか生産していないのに40％分を輸出するという不合理が生じるので、妥当ではない。

## ［2］　仮定条件による最大値最小値の決定

すべて割合で示されている場合、実際の数値で比較することはできないが、「最も多い場合」「最も少なく考えて」などの仮定条件を加えると比較することが可能になる。

輸出量（＝輸入量）の最大値は「その他」の生産国が生産量をすべて輸出に回したときに与えられる（前述のようにA、B、C国が生産のすべてを最大限輸出するとは考えられないため）。そこで上記のグラフで、全体の生産量を100単位と置くと、「その他」の生産量は20単位となるから、輸出量（＝輸入量）が最大になるのは、「その他」の輸出量も20単位のときである。つまり、最小値はわからないが、最も輸出量が多いと仮定した場合は、生産量との比較が可能になる。

【基礎演習】

［1］の表を見て、次の文章が正しいか、誤っているか判断せよ。

総輸入量は総生産量の$\frac{1}{2}$以下である。

<解き方>

「その他」の生産国が生産量をすべて輸出したとすると、生産量の20単位が輸出総量の40％に相当するから、そのとき各国の輸出量は構成比の$\frac{1}{2}$の値になる。具体的には、A国15単位、B国10単位、C国5単位である。「その他」の分20単位も含めて、その合計は50単位。これが、最大限に見積もった輸出量（輸入量）である。したがって総輸入量は総生産量の$\frac{1}{2}$以下は、確実にいえることになり正しい。

全体像をつかむ
**POINT整理**

第2部 資料解釈 第1章
第2部 資料解釈 第2章
第2部 資料解釈 第3章
第2部 資料解釈 第4章

## スピードチェック！

次の表は、18歳未満の子供を持つ父親と母親を対象として、子育て生活で感じていることに関するア〜キの質問事項に対して「はい」と回答した者の割合を示したものである（ただし、回答は「はい」、「いいえ」又は無回答のいずれかであったものとする）。この表からいえることとして、妥当なものはどれか。

＜質問事項＞

ア：生活が充実した　　　　イ：自分が成長した　　　ウ：人間関係が広くなった

エ：自分に向いていない　　オ：いい親であろうと無理をした

カ：子供の世話をするのが嫌になった　　キ：自分の子供があまり好きになれない

注：母親A　子育ての中で自分のやりたいことを我慢したと感じている者

　　母親B　子育ての中で自分のやりたいことを我慢したと感じていない者

〔単位：％〕

| 質問事項 | 父　親 | 母　親 | 母親A | 母親B |
|---|---|---|---|---|
| ア | 58.3 | 54.5 | 56.6 | 52.0 |
| イ | 70.7 | 78.3 | 79.1 | 77.4 |
| ウ | 55.2 | 78.8 | 80.1 | 77.1 |
| エ | 6.6 | 10.5 | 12.8 | 7.7 |
| オ | 10.4 | 14.6 | 18.9 | 9.3 |
| カ | 3.4 | 9.3 | 14.6 | 2.9 |
| キ | 0.6 | 1.7 | 2.2 | 1.1 |

**1** 子育てに関して肯定的な評価に基づく回答が多いのは母親より父親のほうである。

・特にアンケートの問題では、質問・回答の意味を考える。表中で「はい」と答えた割合が多いほうを問うのではない。「子育てに関して肯定的な評価」とは、表ではなく質問事項の分析が必要である。

✕ 「生活が充実した」に対して「はい」は肯定的だが、「自分に向いていない」に対して「はい」は否定的な評価に基づく回答。質問事項ア、イ、ウが、肯定的な評価に基づく内容である。アは父親の方が多いが、イとウに関しては母親の方が多い。

**2** 父母の間で「はい」と回答した者の数に最も大きな差があった質問事項はウである。

・割合で比べられるものかどうか、実数がわからなければならないか、これは常に頭においておく。

✕ 確かに、ウは、78.8－55.2＝23.6でその差が最大となる。しかし、問題の表は割合（％）で集計されており、父母の人数も示されていない。回答した「割合」の差と「数」の差は異なる。割合の違いはわかるが、「数に最も大きな差」があるかどうかは判断できない。選択肢の「回答

**3** 父母いずれにおいても「はい」と答えた者の数が4番目に多かった質問事項はオである。

・父親と母親の間では、どんな比較が可能であろうか。

〇 「父母いずれ」と「数が4番目に多かった」とあるが、割合で父母を比較しているのではなく、人数がわからなければならないものでもない。父母のどちらについても4番目であればよいのであり、これは父母それぞれの割合でわかる。父親は、イ・ア・ウ・オの順、母親は、ウ・イ・ア・オの順である。

**4** 母親Aと母親Bの数を比較すると、母親Bの方が多い。

・基本は素直に条件を読み、深読みや推測で条件を誤解しない

× 母A・Bの違いは「自分のやりたいことを我慢した」かしないかで、もしこの質問があったとすれば、Aは100%、Bは0%になり、Aの構成比が示される。しかし、アからキの質問事項の中には「我慢した」かの質問は含まれていない。母親Aと母親Bの実数または構成比が不明であるため、選択肢の「数を比較」の部分が誤りとなる。

**5** 母親Aのうち「はい」と回答した者の割合が母親Bのうちのそれの割合の2倍以上であった質問事項は4つである。

・この程度の計算は暗算だけで行う。むしろ、あまりにも単純な比較なので、再度選択肢をよく読んで「それの割合の2倍以上であった質問事項」を確認する。

× 選択肢の条件を満たすものは、
オの $9.3 \times 2 = 18.6 < 18.9$、
カの $2.9 \times 2 = 5.8 < 14.6$、
キの $1.1 \times 2 = 2.2 \leqq 2.2$、の3つである。なお、「2倍以上」なので、2倍も含まれる。

## スピードチェック!

次の図は北海道、東北地方（青森県、岩手県、宮城県、秋田県、山形県、福島県）及び新潟県の米の年間収穫量を、表は同年のこれら8道県の主要品種別収穫量の割合を示している。この表からいえることとして、妥当なものはどれか。

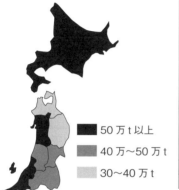

■ 50万t以上

■ 40万〜50万t

□ 30〜40万t

| 道県名 | 主要品種とその割合（%） | | | | | |
|---|---|---|---|---|---|---|
| 北海道 | ななつぼし | 61 | きらら397 | 26 | | |
| 青森県 | まっしぐら | 42 | つがるロマン | 28 | ゆめあかり | 26 |
| 岩手県 | ひとめぼれ | 57 | あきたこまち | 26 | | |
| 宮城県 | ひとめぼれ | 71 | ササニシキ | 14 | | |
| 秋田県 | あきたこまち | 80 | ひとめぼれ | 8 | | |
| 山形県 | はえぬき | 65 | ひとめぼれ | 10 | あきたこまち | 9 |
| 福島県 | コシヒカリ | 58 | ひとめぼれ | 26 | | |
| 新潟県 | コシヒカリ | 81 | | | | |

**1** 北海道のななつぼしの収穫量は、秋田県のあきたこまちの収穫量より多い。

・まず、8道県の地図上の位置がわからなければならず、さらに収穫量が範囲のある階級で示されているので、比較は最大値・最小値で可能な範囲に限定される。

　　50万t以上：北海道、秋田、新潟
　　40万〜50万t：宮城、山形、福島
　　30万〜40万t：青森、岩手

× 北海道と秋田県では、全体量の最小値（50万t）しかわかっていない。同じ階級なので、比較はできない。

**2** 福島県のコシヒカリの収穫量は、青森県のまっしぐらの収穫量より多い。

・同じ階級内では、品種の割合がわかっていても、収穫量の実数がわからなければ比較はできない。異なる階級では、上の階級の最小値と下の階級の最大値をもとにして限定的に比較することになる（肢2、肢5）。

○ 福島県のコシヒカリの収穫量の最小値は40×0.58。青森県のまっしぐらの収穫量の最大値は40×0.42。40の数値に注目すれば、計算しなくても、福島県のコシヒカリが多いとわかる。

**3** この8道県で品種別に米の収穫量を見ると、あ

× あきたこまちの収穫量の最

きたこまちはコシヒカリより多い。

・新潟の最大値が不明であることから判断してもよい。

小値は、岩手＋秋田＋山形＝30×0.26＋50×0.80＋40×0.09＝51.4。コシヒカリの収穫量の最大値は、福島＋新潟＝50×0.58＋50×0.81＝69.5（ただし、新潟の最高収穫量を50万tと仮定）。コシヒカリが多い場合も考えられ、これだけでは断定できない。

**4** この8道県で道県別に米の収穫量を見ると、新潟県が最も多く、岩手県が最も少ない。

・同じ階級内の序列が不明のため、計算で決定することはできない。

× 最多は50万t以上の北海道、秋田県、新潟県のいずれかで、最少は青森県か岩手県のいずれかだが、その中から最多・最少を決定することはできない。

**5** 東北地方の中で、ひとめぼれの収穫量が最も少ないのは山形県である。

× 山形県のひとめぼれの収穫量の最大値は50×0.10であり、秋田県のひとめぼれの収穫量の最小値（50×0.08）より多くなるので、山形が最少とは断定できない。

全体像をつかむ
**POINT整理**

第2部 資料解釈 第1章
第2部 資料解釈 第2章
第2部 資料解釈 第3章
第2部 資料解釈 第4章

## スピードチェック！

次の表は、ある産業について、従業者の規模別に事業所数と従業者数の構成比を表している。この産業の事業所数は全体で1,000カ所であったとすると、この産業の全体の従業者数としてありうる人数は次のうちどれか。

従業者規模別事業所数および従業者数（構成比）

| 従業者規模 | 事業所数（％） | 従業者数（％） |
|---|---|---|
| 総　数 | 100 | 100 |
| 1〜4人 | 70 | 20 |
| 5〜9人 | 15 | 15 |
| 10〜14人 | 5 | 10 |
| 15〜19人 | 5 | 15 |
| 20人以上 | 5 | 40 |

**1**　2,500人
**2**　4,000人
**3**　5,500人
**4**　7,000人
**5**　8,500人

・たとえば、従業員規模の中央値で〜19人までの従業者数の概数を計算すると、$2.5 \times 700 + 7 \times 150 + 12 \times 50 + 17 \times 50 = 4250$　となり、これが全体の60％にあたるので、$4250 \div 0.6 = 7083$（人）となり、7,000人が適当と考えるかもしれない。しかし、これでは15〜19人の規模が全体の15％の従業者数であることと矛盾する。$(7,000 \times 0.15) \div 50 = 21$（人）…15〜19人にならない。

事業所数を1,000として、事業所数×従業者規模の和で全体の従業者数を計算するが、ここでは従業者規模が階級で与えられている。

そこで各従業者規模の最大値と最小値に事業所数をかけて、従業者数の割合で割ることで全体の従業者数を絞り込むことになる。

ただし、従業者数×事業所数÷割合の計算なので、事業所数の少ないものだけで絞り込めばよい。

15〜19人の従業者規模では、$15 \times 50 \div 0.15 = 5000$（最小値）、$19 \times 50 \div 0.15 = 6333.3\cdots$（最大値）となり、選択肢の中でありうるのは、5,500人のみである。よって、正解は肢3となる。

次のグラフは、戦後復興・高度経済成長・オイルショック・円高不況を経てバブル景気とその崩壊に至る時期における、わが国の年齢3区分別人口の割合の推移を示したものである。次のうち正しく説明しているのはどれか。

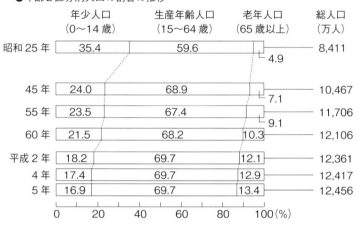

●年齢2区分別人口の割合の推移

**1** 平成4年と平成5年では、年少人口の総人口に占める割合はわずかに減少しているが、総人口が増加しているので年少人口も増加している。

× もっともらしい設問だが、実際に計算すると平成4年が2,161万人、平成5年が2,105万人と減少していることがわかる。

**2** 年少人口が最も減少したのは昭和60年から平成2年の間である。

・どうしようもなく計算しなければならないところに絞って計算することが、出題意図を探ることになる。

× 大きく減少しているのは昭和25年から昭和45年の間と、昭和60年と平成2年の間で、それぞれ465万人と353万人である。つまり前者の方がより大きく減少していることになる。

**3** このままいけば、わが国の老年人口は年少人口を上回るのは確実である。

× 将来はそうなるかもしれないが、このグラフからは確実にはいえない。

| | |
|---|---|
| **4** このグラフによれば昭和25年の年少人口は、ここに示されているほかの年の年少人口よりも多い。 | ○ 肢1の計算結果と残りを計算すると正解であることがわかる。 |
| ★各設問の計算結果は後に使えることもあるのでわかりやすく残しておく。 | |
| **5** 昭和45年と昭和55年の間に生産年齢人口は減少している。 | × 昭和45年の生産年齢人口は7,212万人、昭和55年は7,890万人でやはり増加している。 |

# 第3章 指数と増加率

Level 1 p238〜p241、p250〜p253　Level 2 p256〜p257、p260〜p263

## ■全体を決めることから割合が使える

　指数や増加率も割合一般と同様、基準となる数値・合計がわかるか、その他の限定条件がなければ、比較はできない。**問題文を注意深く読み、資料全体を概観して、条件を掘り起こすことも必要**になる。計算は、仮に基準を100とおいて比較することもできるので、できるだけ楽に処理する工夫が大切になる。そのためにも**問題の特徴や資料の推移を、全体的に把握し理解してから、各選択肢の検討に入る**ようにしよう。

## 1 指数

Level 1 ▷ **Q09,Q10**　Level 2 ▷ **Q12**

### [1] 指数の示すもの

次の表はある地域の空港周辺対策事業費の推移を前年度比として示したものである。

●空港周辺対策事業費　　　　　　　　　　　　　　　　　　　　　　前年比：単位%

| 区分 | 平成21年度 | 22年度 | 23年度 | 24年度 |
|---|---|---|---|---|
| 教育施設等防音工事 | 70.0 | 68.0 | 196.0 | 58.6 |
| 住宅防音工事 | 183.0 | 40.8 | 124.0 | 162.0 |
| 移転保障等 | 59.0 | 121.0 | 81.5 | 93.6 |
| 緩衝緑地帯整備 | 161.0 | 75.1 | 69.4 | 88.0 |
| 空港周辺整備機構（補助金、貸付金） | 86.8 | 77.6 | 103.0 | 113.0 |
| 周辺環境基盤施設整備 | 159.0 | 46.5 | 118.0 | 49.0 |
| テレビ受信障害対策等 | 101.0 | 100.0 | 100.0 | 100.0 |

　指数とは、基準となる数値を100として他の数値を比較するために割合（%）として示したものをいう。割合だけで示されている場合は増減の比率だけが判断できる。額や量を意味するものではないので、割合が大きくても増加した量が多いとは限らない（基準となる値がわからなければ量的な比較はできない）。

　指数のみで構成された上の表を題材にして解法のポイントを確認していく。

---

**【基礎演習】**

　[1] の表を見て、次の文章が正しいか、誤っているか判断せよ。

　合計額が一番多いのは平成21年度である。

**＜解き方＞**

　各区分の年ごとの増減は分かるが、別の区分と比較するには追加の条件がなければできない。もちろん、合計額はこの表からは算出できない。

---

全体像をつかむ
POINT整理

第1章 第2部 資料解釈
第2章 第2部 資料解釈
第3章 第2部 資料解釈
第4章 第2部 資料解釈

【基礎演習】

［1］の表を見て、次の文章が正しいか、誤っているか判断せよ。

平成20年度と平成24年度を比較した場合、減少率が最も大きいのは移転補償等である。

<解き方>

際どい数値が多く、全区分の概算でも時間的に厳しいので、他の選択肢を検討した後に回したほうがよい。最終的に、「移転〜」が $1 \times 0.6 \times 1.2 \times 0.8 \times 0.9 \fallingdotseq 0.5$ 強。「周辺環境〜」が、6割増しから半減して元の8割程度、そこから2割増だが元の水準に届かず、さらに半減で、元の5割を切る。この程度の概算で判断する。

※正確には、移転補償等は約45.5%減少、しかし周辺環境基盤施設整備は57.3%減である。

## ［2］ 指数の計算

すべての数値が前年度比の指数で与えられている数表は、基準となる年度の絶対数を仮に決めて計算する。上の表の場合は平成20年度がはじめの基準となり、順々に指数をかけて各年度の金額を求めることになる。

【基礎演習】

［1］の表を見て、次の文章が正しいか、誤っているか判断せよ。

平成20年度の住宅防音工事費を5,096百万円とすると、この項目の5年間の総額は35,000百万円より多くなる。

<解き方>

平成20年を含む「5年間」の「総額」であることに注意して、計算を簡単にすませる。
$5,000 \times 1.83 \fallingdotseq 9,200$、$9,200 \times 0.41 \fallingdotseq 3,800$、$3,800 \times 1.24 \fallingdotseq 4,700$、$4,700 \times 1.62 \fallingdotseq 7,600$

$5,000 + 9,200 + 3,800 + 4,700 + 7,600 = 約30,300$で、35,000より少ない。

※計算過程をわかりやすく残しておけば、この程度の概算で十分。

## ［3］ 指数の場合の比較

指数はもっぱら基準値からの増減を見るためのものだから、基準となる数値が異なる場合は比較ができない。前の表では、平成20年度の各区分の費用が異なると考えられるので、他に条件がなければ、各区分の増減の比較しかできない。

ただ、前述のように比較する2つの基準の数値が仮に与えられたり、2つの基準の数値の比率が与えられた場合は、大小の比較が可能となる。

【基礎演習】

［1］の表を見て、次の文章が正しいか、誤っているか判断せよ。

教育施設等防音工事費は、平成20年度に比べ平成24年度のほうが金額が多い。

<解き方>

概算で、$1 \times 0.7 \times 0.7 \times 2 \times 0.6$なので、2年で半分になって2倍でほぼ元に戻った

としても、最後に0.6倍だから、金額は少なくなっていると判断する。

※正確には、平成24年度は $1 \times 0.7 \times 0.68 \times 1.96 \times 0.586 \fallingdotseq 0.547$ となり、減少している。

**【基礎演習】**

［1］の表を見て、次の文章が正しいか、誤っているか判断せよ。

平成20年度の移転補償等と緩衝緑地帯整備の金額比が2.2：1とすると平成24年度のこれら2つの項目の金額比は、およそ1.6：1である。

**＜解き方＞**

まずは、ざっと眺めて荒く概算をする。そこで「これは妥当かもしれない」という見通しが立てられるかがポイント。そこからより詳細な計算をする。

平成20年度の移転補償等を2.2とすると平成24年度のそれは $2.2 \times 0.59 \times 1.21 \times 0.815 \times 0.936 = 1.198$。一方、平成20年の緩衝緑地帯整備を1とすると平成24年度のそれは $1 \times 1.61 \times 0.751 \times 0.694 \times 0.88 = 0.738$ となる。これらの比を計算すると、$1.198：0.738 \fallingdotseq 1.6：1$ となり正しいことがわかる。

# 2 増加率

Level 1 ▷ **Q03, Q04**　Level 2 ▷ **Q14, Q15**

## ［1］　増加率の計算

次の表はある漁業種別における国別の漁獲量の推移を前年に対する比として示したものである。

●国別の漁獲量推移　　　　　　　　　　　　（前年比）％　△：減少

| 国＼年 | 2007年 | 2008 | 2009 | 2010 |
|---|---|---|---|---|
| タ　　イ | 9.6 | △5.2 | 5.3 | △5.0 |
| 韓　　国 | △7.9 | △3.1 | 3.85 | △2.7 |
| インドネシア | 5.2 | 8.0 | 5.7 | 4.5 |
| イ　ン　ド | △0.6 | 7.5 | 16.5 | 4.1 |
| チ　　リ | △15.7 | 8.2 | 23.9 | △24.2 |
| アメリカ | 15.9 | △0.8 | △3.0 | 1.6 |
| ペ　ル　ー | △22.4 | 44.8 | 3.2 | 0.3 |
| 日　　本 | △1.1 | 1.0 | △7.1 | △7.9 |
| ロ　シ　ア | △0.9 | 1.6 | △0.2 | △8.9 |
| 中　　国 | 16.8 | 10.8 | 8.3 | 7.8 |

この表は常に前年に対する量の増減を指数表現したものである。したがって、漁獲量が示されていなければ、それ以降の量も計算できない。

漁獲量＝前年の漁獲量×（1＋前年比指数）

ただし、漁獲量はわからなくても、基準となる値を仮定して、年度ごとの増減比率は求めることができる。

全体像をつかむ
**POINT整理**

第2部 資料解釈 第1章
第2部 資料解釈 第2章
第2部 資料解釈 第3章
第2部 資料解釈 第4章

**【基礎演習】**

［1］の表を見て、次の文章が正しいか、誤っているか判断せよ。

06年の韓国の漁獲量が3,103千トンであるとすると、10年のそれは2,389千トンである。

**＜解き方＞**

4年中3年が減少しているので、10年の量は減っていると推測されるが、どこまで正確に計算するかの判断が大切。06年を3,000千トンとして、8％減で2,800千トンくらい。次に3％減で2,700千トンくらい。次に4％増で2,800千トンくらい。最後に3％減で2,700千トンくらいと考えてもよい。ともかく、どれだけ計算を省くかが勝負になる。

※表の指数から計算すると、10年は、$3,103 \times (1 - 0.079) \times (1 - 0.031) \times (1 + 0.0385) \times (1 - 0.027)$ となって、2,798千トンとなる。

---

**【基礎演習】**

［1］の表を見て、次の文章が正しいか、誤っているか判断せよ。

中国の漁獲量は07年から順調に伸び、10年の漁獲量は06年の約1.5倍である。

**＜解き方＞**

実際の漁獲量はわからないが、06年の漁獲量を1として10年の数値を求めればよい。やはり計算の省略だが、$1 \times 1.168 \times 1.108 \times 1.083 \times 1.078$ を正確に行うのではなく、増加量を概算して$1.17 + 0.11 = 1.28$、$1.28 + 0.11 = 1.39$、$1.39 + 0.13 = 1.52$　このくらいの計算で済ませる。

※正確に計算すると、約1.51倍で正しい文章である。

---

**【基礎演習】**

［1］の表を見て、次の文章が正しいか、誤っているか判断せよ。

チリの10年の漁獲量は、09年より少ないが、06年より多い。

**＜解き方＞**

06年を1として、10年は$1 \times 0.843 \times 1.082 \times 1.239 \times 0.758$であるが、$1 \times 0.8 \times 1.08 \times 1.3 \times 0.7$のような概算で、10年が1に満たないと判断できればよい。

※正確には、06年の漁獲量を1として計算すると、10年は約0.857となり、少なくなっていることがわかる。

---

## ［2］ 増加率に関する問題のポイント

### ⑴表・グラフを概観する

平均や増加量など単純な計算の場合は特に、すぐ計算に着手せず、全体の推移の特徴を把握するように心がける。増減の数をチェックするだけで計算が不要になったり、表やグラフの流れだけで判断できる問題もある。

### ⑵問題文・選択肢を概観する

　資料解釈の出題の特徴として、同じような構成の文章は２回くらいしか出てこない（同じ計算を何度もさせることはない）。つまり、選択肢の文章自体が出題の意図・特徴を表していることが多いのだ。まず、問題全体を眺めて、①典型的な「ひっかけ」を探す（判断不能など）、②計算量が多そうな選択肢を後に回す、③概算でできそうな問題から着手する、この手順で処理を進める。

### ⑶計算量を減らす

　増加率に関する問題には、計算の面倒くさい選択肢が１つ含まれていることが多い。正解肢であることもあり計算を避けることはできないので、他の選択肢の計算量を減らす工夫をすること。それによって、時間の短縮以上に、計算ミスや判断ミスが少なくなるのだ。

---

**【基礎演習】**

　［１］の表を見て、次の文章が正しいか、誤っているか判断せよ。

　10年の漁獲量が06年より減っている国は、韓国とチリである。

**＜解き方＞**

　表全体を見る習慣をつけておくこと。チリは前の検討で減少したことがわかるし、韓国も３回減少しているので、計算の必要はない。しかし、他の国でロシアが３回減少しており、06年を下回ると判断できる。

　※ロシアの場合06年を１とすると、10年は約0.92であり、やはり減少していることがわかる。

---

**【基礎演習】**

　［１］の表を見て、次の文章が正しいか、誤っているか判断せよ。

　タイと韓国の漁獲量を比較したとき、08年と09年はタイのほうが多く、07年、10年は逆に韓国のほうが多くなっている。

**＜解き方＞**

　最後に国別の比較が出てきたが、表では前年に対しての増減比しか与えられていないので漁獲量そのものは算出できない。前年比だけでは国の間の比較はできない。

全体像をつかむ
**POINT整理**

第1章 第2部 資料解釈
第2章 第2部 資料解釈
第3章 第2部 資料解釈
第4章 第2部 資料解釈

## スピードチェック！

　次の表はある業種における健康保険法に定められた保険給付費の年度別推移を示したものである。この表からいえることとして、妥当なものはどれか。

●法定保険給付費の年度別推移　　　　　　　　　　　　　　　　　　　単位：円

| 年度別 種別 | 平成20年度 件数 | 平成20年度 金額 | 平成21年度 件数 | 平成21年度 金額 | 平成22年度 件数 | 平成22年度 金額 | 平成23年度 件数 | 平成23年度 金額 | 平成24年度 件数 | 平成24年度 金額 |
|---|---|---|---|---|---|---|---|---|---|---|
| 療養の給付 | 12,163 | 147,338,667 | 12,586 | 160,306,777 | 13,195 | 159,673,459 | 13,267 | 161,549,601 | 13,390 | 163,951,159 |
| | 100 | 100 | 103 | 109 | 108 | 108 | 109 | 110 | 110 | 111 |
| 家族療養費 | 14,446 | 121,331,220 | 14,272 | 115,421,285 | 13,899 | 120,561,177 | 14,055 | 124,095,552 | 13,838 | 127,890,807 |
| | 100 | 100 | 99 | 95 | 96 | 99 | 97 | 102 | 96 | 105 |
| その他給付 | 463 | 18,419,996 | 506 | 17,139,617 | 529 | 21,414,394 | 558 | 17,227,026 | 540 | 21,406,334 |
| | 100 | 100 | 109 | 93 | 114 | 116 | 121 | 94 | 117 | 116 |
| 計 | 27,072 | 287,089,883 | 27,364 | 292,867,679 | 27,623 | 301,649,030 | 27,880 | 302,872,179 | 27,768 | 313,248,300 |
| | 100 | 100 | 101 | 102 | 102 | 105 | 103 | 105 | 103 | 109 |

注：下段の数字は平成20年度を100とした指数を示す

**1**　法定保険給付費の合計金額は毎年1％以上増加している。

・まず、資料の全体を見ることから始め、暗算・概算で答えが出ないかを確認する。

×　合計の行の指数表現された部分を見ると判断できる。平成20年度を100とした場合、平成22年度と平成23年度は共に105でこの期間は大きく増加していないことがわかる。この部分のみの増加率を計算すると、0.4％にとどまっていることがわかる。

**2**　前年に比べ件数で最も減少が大きかったのは、平成24年度の家族療養費である。

・暗算だけで切る。計算をする必要はない。

×　件数を問題としているので、その絶対数が明らかに少ない、その他給付は除外できる。また、療養の給付は毎年増加している。したがって、家族療養費の減少した年度の3カ所のみから判断できる。結果は平成22年度の373件が最も大きいことがわかる。

**3**　合計給付額は毎年増加している。

・かなり明確に正しいと判断できてしまうので、誤解がないか以降の選択肢も確認していく。

○　平成20年度を100とした指数の推移をみる。指数が同じところは金額を確認。

| **4** 1件あたりの療養の給付は毎年増加している。 | × 前年に比べ、件数が増え金額が減少している平成22年度があやしい。実際に計算をすると、平成21年は12,737円、平成22年度は12,101円と減少していることがわかる。 |
|---|---|
| ・件数の増加に合わせて金額が増加しているかを確認していく。 | |
| **5** その他給付に関しては平成20年を基準とすると、その変動はすべて±20％の範囲に納まっている。 | × 平成23年度の件数の指数は121、つまり±20％には納まっていない。 |
| ・件数・金額のいずれも確認するが、指数が示されているので120を超えるものを確認すればよい。 | |

---

## スピードチェック！

　次の表は実質GDPおよび実質内需の成長率とドルレートの推移を示すものである。この表からいえることとして、妥当なものはどれか。

●実質GDPおよび実質内需の成長率とドルレートの推移

| 年度 | 実質GDP成長率(%) | 実質内需成長率(%) | 民間消費 | 民間総投資 | 政府支出 | 実効レート(05年=100) 名目 | 実効レート(05年=100) 実質 |
|---|---|---|---|---|---|---|---|
| 2006 | 2.7 | 3.4 | 3.9 | 0.4 | 4.2 | 80.2 | 80.4 |
| 07 | 3.7 | 3.2 | 2.8 | 5.4 | 2.7 | 70.2 | 70.1 |
| 08 | 4.4 | 3.3 | 3.4 | 6.2 | 0.4 | 65.9 | 66.4 |
| 09第Ⅰ四半期 | 3.3 | 2.7 | 2.7 | 2.0 | 3.2 | 67.2 | 68.0 |
| 09第Ⅱ四半期 | 3.0 | 2.5 | 2.4 | 0.8 | 3.1 | 70.3 | 70.9 |

・まず一般常識として、国内総生産GDPは内需と外需の合計であり、GDP成長率は内需成長と外需成長に支えられていることは理解しておきたい。外需、つまり貿易は為替レート（円高・円安）によって影響を受けるということである。
・また、GDP成長率が2006年2.7％、2007年3.7％であることから、成長率の増加率を考えてしまう誤解が多い。もともとGDP成長率は前年のGDPからどれだけ増加しているかの比率であり、前年との比較は単純に成長率の引き算で行う（3.7％－2.7％＝1.0％で1ポイント増加）。
・さらに、円・ドルの換算レートは05年を100としている。つまり06年以降の1ドルを円で表すには以下の計算が必要（05年のレート×その年のレート/100）。

**1**　08年から09年第Ⅱ四半期の内需の実質成長率はその間のGDPの実質成長率を0.55から0.64ポイント上回っている。

・この問題の成長率の比較も、単純に同年の比率の引き算で、2008年であれば4.4％－3.3％＝1.1％。

×　08年から09年第Ⅱ四半期の内需の実質成長率は3.3％、2.7％、2.5％に対し、その間のGDPの実質成長率は4.4％、3.3％、3.0％。いずれも前者の方が後者よりも下回っているので誤り。

**2**　内需の成長率を低下させたのは、内需の約65％を占める個人消費の増加率の低下と民間総投資の増加率の大幅な低下である。

・確かに内需成長率は減少傾向にあり、民間需要の影響があると推測できる。しかし、政府支出（公的需要）にも変動はあり、個人消費（民間最終消費支出）や民間投資の影響だけとはいいきれない。

×　民間総投資の増加率は表から読めるが、個人消費の増加率に関してはこの表から何もいえない。確かに記述は的を射たものだが、表だけからは判断できない設問である。

**3**　08年のドル実効レートは実質で05年に比べ33.6％低下している。

・肢1でも指摘したように、そもそも2005年を100とした指数で表されているのだから、単純に引き算をすればよい。

○　05年のドル実効レートを実質で100としているので、08年は66.4で、33.6％低下していることになり正解である。

**4**　05年に1ドル135円であったとすると、07年には1ドルは約108円である。

・暗算で1円の位まで求めればよい。

×　名目、実質のどちらから計算しても1ドルは約94円台である。

**5**　09年前期の民間総投資は、対前年同期比で見て、07年、08年よりもその増加率は大幅に上昇した。

・その増加率は大幅に低下しているようにみえるが、正確な対前年同期比は表から計算することはできない。

×　09年前期とは第Ⅰ・第Ⅱ四半期の総計と考えてよいが、前年08年「前半」は不明であり、対前年同期比を判断することはできない。前半は極端に低かったということも考えられるのである。

# 第4章 各種図表と複合問題

Level 1 p244 ～ p253 　　Level 2 p260 ～ p263

## ■グラフの意図を把握することが目標

　複雑なグラフほど、**「意味・意図の理解」「グラフ自体の分析」が大切**になる。さらに、資料が何を訴えたいのかがわかると、大胆に計算の省略が可能になるので、やはり**すぐに計算に取りかからず、資料・選択肢全体を眺めることから始める**ように訓練していこう。一番難しいのは、複数のグラフ・表の複合問題であり、ある程度の慣れと要領のよい概算の練習は必要になる。

# 1 折れ線グラフ・棒グラフ（増減）

Level 1 ▷ **Q07,Q09,Q10**
Level 2 ▷ **Q14**

### [1]　資料の意図と解釈

　次の図は、日米貿易摩擦が問題となり始めた1960年から、プラザ合意、日米構造協議が行われた時期における、対米貿易入出超額の推移を示したものである。

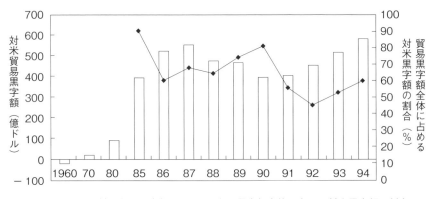

　公務員試験の資料解釈では、政治・経済・社会状況を表す図表から出題されることが多く、自然科学分野のグラフなどが用いられることは少ない。上のグラフも、対米貿易黒字を減少させるための円高誘導を行ったプラザ合意（1985年）後も、その時々の変動はありつつも、円高の中で巨額な対米貿易黒字が維持されていることを表している。図表の示している意味がわからなくても計算はできるが、変化や変動率の意味が分かっていると出題意図や判断のポイントに気づきやすい。「なんだ、そういう意味だったのか」ということがなくなるのだ。

218

全体像をつかむ
**POINT整理**

第1章 第2部 資料解釈
第2章 第2部 資料解釈
第3章 第2部 資料解釈
第4章 第2部 資料解釈

---

**【基礎演習】**

［1］の図を見て、次の文章が正しいか、誤っているか判断せよ。

対米貿易黒字額が最も増加した年には、1年間で約300億ドル増を記録している。

**＜解き方＞**

80年と85年を比較してはいけない。1年間なので85年と86年を比較する。このような単純な選択肢も多く出題される。

---

**【基礎演習】**

［1］の図を見て、次の文章が正しいか、誤っているか判断せよ。

貿易黒字額全体に占める対米黒字額の割合が下がっているときには、対米貿易黒字額も減少している。

**＜解き方＞**

米以外の貿易黒字が大幅に増加すれば、折れ線が下がっている時に棒グラフが上がることもあるはず。85年と86年を比べると、対米貿易黒字額の割合は下がっているが、対米貿易黒字額は増加しているので、誤り。

---

**【基礎演習】**

［1］の図を見て、次の文章が正しいか、誤っているか判断せよ。

対米貿易黒字額が減少しているときには、貿易黒字額全体に占める対米貿易黒字額の割合も減少している。

**＜解き方＞**

棒グラフが下がっている時に折れ線がすべて下がっているかを確認する。89年と90年では、対米黒字額は減少しているが、対米黒字額の割合は増加しているので、誤り。

---

**［2］　グラフの性質と判断**

本問は棒グラフと折れ線グラフの左右2軸からなるグラフである。棒グラフはデータの大小の変動、折れ線グラフはデータの変動と比率を見るのに適している。しかし、視覚的に変動が理解しやすいように工夫されている反面で、逆に正確な数値が把握できないことがある。割合や数値が示されない場合は、大まかな比較で判断でき、詳細な計算は不要である。微妙な場合は大胆に切ってしまってよい。

---

**【基礎演習】**

［1］の図を見て、次の文章が正しいか、誤っているか判断せよ。

1980年と1994年を比較すると、対米貿易黒字額は約5倍になっている。

**＜解き方＞**

80年は100弱、94年は550程度なので、5倍を超えて6倍に近い。微妙だが「約5倍」とはいいきれない。

---

［1］の図を見て、次の文章が正しいか、誤っているか判断せよ。

貿易黒字額全体に占める対米貿易黒字額の割合が最低の年と最高の年を比べると、後者は前者の2倍程度である。

**＜解き方＞**

最低の92年は約45％、最高の85年は90％強なので、「2倍程度」で妥当といえる。前の問題と比較するなら、こちらが正解という判断をする。

## **2** 複数の帯グラフの比較（構成比・増減） Level 1 ▷ **Q06,Q08**

### ［1］ 複数のグラフと比較

図は、ある国の2008年と2009年における海外旅行者の割合を男女別・年齢階層別に示したものである。

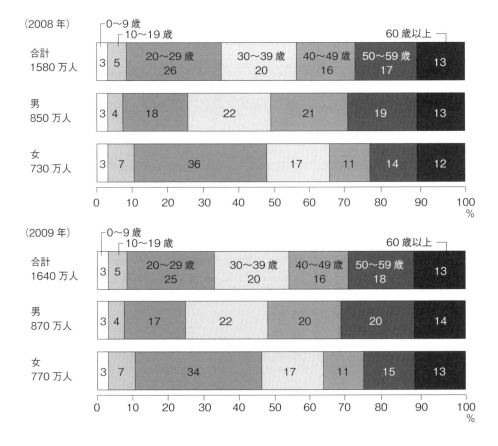

全体像をつかむ
**POINT整理**

第1章 第2部 資料解釈
第2章 第2部 資料解釈
第3章 第2部 資料解釈
第4章 第2部 資料解釈

　帯グラフは全体に対するデータの割合と相互関係を示すものだが、このグラフのように複数のグラフを縦に並べることで各項目の構成比の変動や推移を示すことができる。このように複数の図表を組み合わせて出題されることは非常に多く、正確に計算をしようとすると処理時間がかかったり難易度が上がることが多い。ただ、問題文や選択肢をよく読み、出題意図を探ることで、逆に計算が楽になることもある。

---

**【基礎演習】**

　［1］の図を見て、次の文章が正しいか、誤っているか判断せよ。

　2008年及び2009年の対前年増加率は、両年とも女性のほうが男性のそれよりも高い。

**＜解き方＞**

　「両年とも」と聞いているので、2008年の「対前年増加率」を出さなければならないが、前年2007年の男女旅行者数がわからないので2008年の対前年増加率は出せない。

---

　複数の資料があっても、比較の対象データが正確に把握できなければ判断ができない場合もある。ただ、場合の数の「余事象」のように、指定された範囲以外を考えたほうが計算が速い場合があり、対象を正確に理解できれば問題の指示に従った計算をする必要はない。

---

**【基礎演習】**

　［1］の図を見て、次の文章が正しいか、誤っているか判断せよ。

　2009年における20歳以上の海外旅行者の数は、2008年よりも減少している。

**＜解き方＞**

　20歳未満で比較すると同じ8％で比率は変わっていない。とすると20歳以上も比率は同じだから、母数の多い2009年のほうが多くなるはず。資料を解釈するだけでよく、計算はできるだけ避け、考えて答えを出す。

※正確に比較するとしても、全体（＝1）－20歳未満の割合、の計算のほうが楽である。

　08年が$1580 \times (1 - 0.05 - 0.03)$、09年が$1640 \times (1 - 0.05 - 0.03)$であり、09年のほうが多い。

---

### ［2］　階級のある計算

　一般知能の出題では専門的な統計の計算は出題されないが、中学校までに履修する「度数分布表」や「階級値と平均」の問題は頻出である。問題の前提や基礎的な部分に注意をして、できるだけ計算せずに答えを出すように訓練する。計算の回数は増えるが、割合の計算は必ず楽にできるので、ミスのないよう集中することを心がけよう。

---

**【基礎演習】**

　［1］の図を見て、次の文章が正しいか、誤っているか判断せよ。

　2009年における海外旅行者全体の平均年齢は、40歳を超えている。

**＜解き方＞**

　「平均」が出てきたら算出条件を満たすかに注意。正確な平均を出すには各年齢の人数が必要。たとえば、25歳などの階級値（中央値）で大まかな平均を計算しても、それは「およその平均値」である。また、この問題では60歳以上の階級値も示されてい

ない。
※例えば、各年齢階層内での年齢分布、20歳が10万人という数値がないと、平均は算出できない。ただし、平均の問題ではないが、階級の上限・下限を利用して、最大値・最小値の計算は可能であることには注意が必要。

　他の割合の計算と同様、実数が示されなかったり、元の数（母数）が異なったりすると、異なるグラフでは割合の数値だけの比較はできない。ただ、帯グラフでは全体の長さが100%で等しくなるので、割合が等しければ、元の数（母数）の大小での比較は可能になる。計算は暗算ででき、単純な比較で答えが出せる。

【基礎演習】
　［1］の図を見て、次の文章が正しいか、誤っているか判断せよ。
　2008年における0～9歳層と10～19歳層を合わせた男性の海外旅行者の数は、同年の10～19歳層の女性のそれよりも少ない。

＜解き方＞
　男女別の割合なので割合（%）だけでは比較できない。しかし、男女どちらも7%にあたる数の比較なので母数の多いほうが多い。男性の数は $850 \times (0.03 + 0.04)$、女性の数は $730 \times 0.07$ であり、男性の方が多い。

　帯グラフの階級の場合、すべての年齢階層を計算しなくてもよいことがあり、計算時間を短縮できる。たとえば、全体の実数が増加し、構成比も増加していれば、構成数は増加していることになる。次の問題文のように、女性全体の数は増加しているのに対して、ある年齢層の構成比は減少していない場合は、その他の年齢層は増加しているといえる。

【基礎演習】
　［1］の図を見て、次の文章が正しいか、誤っているか判断せよ。
　2009年における女性の海外旅行者の数が、2008年よりも減少している年齢階層は20～29歳層だけである。

＜解き方＞
　母数が増えているから比率が同じか増えていれば数も増えているので、比率が減っている階層だけ検討すればよい。20～29歳層だけが36%から34%に減っている。計算は $73 \times 36$ と $77 \times 34$ を比較すればよく、小数点の計算は避ける。
※正確には、20～29歳層の女性は、08年（$730 \times 0.36 = 262.8$）から09年（$770 \times 0.34 = 261.8$）にかけ減少しているので正しい。

全体像をつかむ
**POINT整理**

第2部 資料解釈 第1章

第2部 資料解釈 第2章

第2部 資料解釈 第3章

第2部 資料解釈 第4章

# **3** 複数の円グラフの比較（構成比・増減）

Level 2 ▷ **Q13**

## ［1］ 円グラフの特性

図は勤労者世帯の1世帯・1カ月当たりの消費支出の構成比の推移を表したものである。

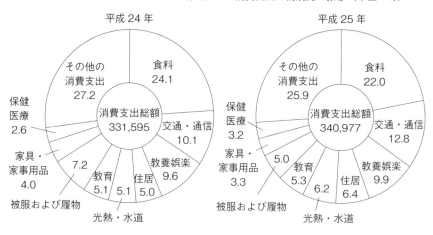

勤労者世帯1世帯・1カ月当たりの消費支出の構成比の推移（単位：%）

円グラフは全体の中の割合（構成比）をあらわすもので、基本用途は帯グラフと同じである。面積で構成比の大小がわかるので、全体の中での比較が容易にできるが、帯グラフのように異なる資料を並べて比べると見づらい場合がある。ただ、中心部分に総計（実数）を表示することで、割合から各要素の数値を計算しやすくなる。そのため、円グラフの問題では、小数の計算が多くなる傾向があり、ある程度の時間と計算の正確性が求められると覚悟する。もちろん、できるだけ概算で処理し、臨機応変に式の形だけで判断することも大切である。

---

**【基礎演習】**

［1］の図を見て、次の文章が正しいか、誤っているか判断せよ。

平成24年における「食料」の消費支出に対する「被服および履物」の消費支出の比率は、平成25年におけるそれを下回っている。

**＜解き方＞**

だいたいの比較ができればよく、正確な計算は必要ない。分数で考えると、$\dfrac{7.2}{24.1}$ と $\dfrac{5.0}{22.0}$ の比較になり、だいたい $\dfrac{1}{3}$ と $\dfrac{1}{4}$ くらいだと検討をつける（急いでいる時はここで切ってもよい）。さらに $24 \div 7 = 3.\cdots$、$22 \div 5 = 4.\cdots$ なので、前者の比率のほうが大きいと考える。

※平成24年（$7.2 \div 24.1 \fallingdotseq 0.30$）と平成25年を（$5.0 \div 22.0 \fallingdotseq 0.23$）を割り算で計算せずに判断したい。

---

## [2] 計算の工夫と省略

　試験対策の演習の段階では、正確な計算を速く行うことも大切だが、それは数的推理や他の科目でも同じである。資料解釈では、いかに効率的に計算を省いて答えを出せるかが重要で、練習段階では楽に考えられる工夫を探したほうがよい。それができな場合にはじめて、時間の許す限り正確な計算をするものだと考える。

---

**【基礎演習】**

　［1］の図を見て、次の文章が正しいか、誤っているか判断せよ。

　「交通・通信」の消費支出の平成24年に対する平成25年の増加率は、「教養娯楽」のそれの6倍より大きい。

**＜解き方＞**

　全体の消費支出総額はだいたい3％増しになっている。とすると、交通・通信は「10.1→12.8の3％増」、教養娯楽は「9.6→9.9の3％増」で考えればよい。概算で「100→130」と「96→102」なので、増加率は30％と6％くらいと思われ、5倍程度となり6倍にはならなそうである。若干微妙な数字なので、時間があれば後でもう一度正確な計算をする。

※正確な計算をすると増加率は、交通・通信が$(341000 \times 0.128) \div (332000 \times 0.101)$ ≒1.302より約30％。教養娯楽が$(341000 \times 0.099) \div (332000 \times 0.096) ≒ 1.059$より約6％。ほぼ5倍であり、6倍より小さい。ただ、正確に出すよりも、他の選択肢を検討する時間をとったほうがよい。

---

**【基礎演習】**

　［1］の図を見て、次の文章が正しいか、誤っているか判断せよ。

　「住居」の消費支出の平成24年に対する平成25年の増加額は、「教育」のそれの3倍を上回っている。

**＜解き方＞**

　同様に、住居「5.0→6.4の3％増」と、教育「5.1→5.3の3％増」を考える。住居は20倍して「100→128の3％増」と考えて、増加率は31％くらい。教育も20倍して「102→106の3％増」で、増加率は7％くらい。7×3倍を大きく上回っている。増加額を求めなくても、全体額の比が分かっていれば割合だけで処理できる。

※増加額は、住居が$341000 \times 0.064 - 332000 \times 0.050 = 5224$、教育が$341000 \times 0.053 - 332000 \times 0.051 = 1141$。選択肢を検証すると、$1141 \times 3 < 5224$なので、正しい。

---

**【基礎演習】**

　［1］の図を見て、次の文章が正しいか、誤っているか判断せよ。

　「光熱・水道」の消費支出の平成24年に対する平成25年の増加額は、4,000円を下回っている。

全体像をつかむ
POINT整理

第1章 第2部 資料解釈

第2章 第2部 資料解釈

第3章 第2部 資料解釈

第4章 第2部 資料解釈

**<解き方>**

　光熱・水道「5.1→6.2の3％増」なので、「102→127」と考え25％増。平成24年度の教育は、総額を33万として、5％の1万6,000円くらい。25％はちょうど4,000円になる。総額を少なく計算したので4,000円は下回らないと判断できる。

※計算すると増加額は、341000×0.062−332000×0.051＝4210。したがって、誤り。

---

**【基礎演習】**

　[1]の図を見て、次の文章が正しいか、誤っているか判断せよ。

　平成24年の「保健医療」の消費支出を100としたときの平成25年のそれの指数は、140を上回っている。

**<解き方>**

　保健医療「2.6→3.2の3％増」で考え、40倍して「104→128の3％増」。128×1.03はだいたい132くらい。平成24年を100とするので、平成25年は132より小さくなり140は上回らない。

※平成24年における保健医療の消費支出は、332000×0.026＝332×26。平成25年は341000×0.032＝341×32。題意より、332×26：341×32＝100：Aとすると、A≒126であり、誤り。

# 4 特殊なグラフ（増減率）

Level 1 ▷ **Q09**　Level 2 ▷ **Q15**

　前述の複合グラフの他に、散布図、分布図、レーダーチャートなど、特徴のある図表の出題が多いのも公務員試験の資料解釈の特徴である。

　図は、2004年から2010年初めにかけて四半期ごとに、ある製品の出荷数量の前年同期比及び在庫数量の前年同期末比を表したものである。なお、図中のⅠ～Ⅳはそれぞれ第1～第4四半期を意味するものとする。

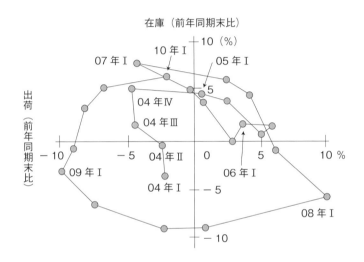

　この図のように、あまり普段見慣れない図表が示された場合は、図表の示すことの意味をしっかり捉えることが重要になる。

　このグラフは、一見、折れ線で変動を追っているようなグラフに思える。しかし、縦軸と横軸の2軸（座標軸）で4分割される「4象限マトリックス」では、各象限の意味・性格を理解することが大切になる。

　まず、グラフの縦軸・横軸を取り違える「勘違い」が多いので注意。

　出荷は横軸で示すので、右半分が出荷増で左半分が出荷減。在庫は縦軸で示すので、上半分が在庫増で下半分が在庫増。あとは折れ線をなぞって考えていく。

**【基礎演習】**

前ページのグラフに関する次の記述Ａ、Ｂ、Ｃに入るものの組合せとして妥当なのはどれか。

この製品の出荷数量を見ると、（　Ａ　）には前年に比べ確実に増加しており、（　Ｂ　）には前年に比べ確実に減少しているといえる。一方、同製品の在庫数量の前年同期末比については、2004年の第3四半期以降長期にわたってプラスであったが、その後最長で（　Ｃ　）連続してマイナスを記録した。

|   | Ａ | Ｂ | Ｃ |
|---|---|---|---|
| **1** | 2005年 | 2004年及び2009年 | 4期 |
| **2** | 2005年 | 2004年及び2009年 | 7期 |
| **3** | 2005年 | 2008年及び2009年 | 4期 |
| **4** | 2007年 | 2004年及び2009年 | 4期 |
| **5** | 2007年 | 2008年及び2009年 | 7期 |

**＜解き方＞**

まず、グラフの4つの象限の意味を考える。

Ａについて：出荷数量の対前年度比が確実に増加しているのは、このグラフのＸ軸にあたる部分が0以上の部分に限定される。また、年間を通して増加、というのが題意なので、各年の4つの●印が全てこの領域にないといけない。

Ｂについて：題意より、上に述べたことと逆の考え方をすればよい。

Ｃについて：在庫数量の対前年度比が確実に減少しているのは、このグラフのＹ軸にあたる部分が0以下の部分に限定される。また、最長で連続して、というのが題意なので、●印が全てこの領域にないといけない。さらに、その最大個数を答える。

※さらにできれば選択肢も合わせ限定して考えていった方が、一気に選択肢が切れるので効率がよい。

**1**　Ａについて、2005年は、●印4つとも題意を満たす。Ｂについて、2004年と2009年は、●印4つとも題意を満たす。Ｃについて、●印は、2007年のⅣ期から2009年のⅡ期まで、連続して7つあるので、誤り。

**2**　ＡとＢについては、肢1と同じように考えて、正しい。Ｃについても正しい。

**3**　Ａは条件を満たす。Ｂについて、2008年はⅠ期とⅡ期において出荷数量の対同期末比がプラスなので、誤り。

**4**　Ａについて、2007年は、Ⅰ期がマイナスであるため、誤り。Ｂは条件を満たす。

**5**　Ａについて、肢4を参照。Ｂについて、肢3を参照。

次のグラフは1985年のプラザ合意前後の、日本の国別・地域別製品輸入額の推移、および製品輸入に占めるアメリカの割合がどう変動したかを示している。この表からいえることとして、妥当なものはどれか。

●日本の国別・地域別製品輸入額の推移および製品輸入に占めるアメリカの割合

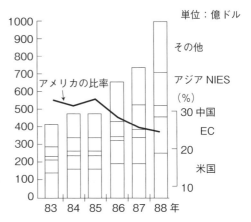

※注：製品輸入の中に食料品は含まれていない。

**1** 全体の製品輸入額は85年から88年にかけて約3倍に伸びている。

× グラフから数値を読み取って概算してみると約2倍となる。

・グラフを読み取ることのみの問題。グラフの場合は正確な数値が付加されていない場合は、大胆に読み取ってよい。

**2** 85年から88年にかけてアメリカからの製品輸入額の伸びは約2.5倍である。

× グラフからおよその数値を読み取ると約1.5倍となる。

・グラフから数量を正確に読み取ることが必要である。計算は有効数字2けたで十分である。

**3** アメリカからの製品輸入額が日本の製品輸入総額に占める割合は85年の約33%から毎年減少し、88年には約24%に低下している。

○ グラフ中のアメリカの比率を示す折れ線グラフをそのまま読めば、正解であることがわかる。

**4** 86年から88年までのアメリカからの製品輸入額の伸び率は、アジアNIES、中国、ECの3地域

× グラフの86年と88年の所に注目し、概算すると明らかにア

全体像をつかむ
**POINT整理**

第1章 第2部 資料解釈

第2章 第2部 資料解釈

第3章 第2部 資料解釈

第4章 第2部 資料解釈

の合計の伸び率より大きい。

ジアNIES、中国、ECの合計の方が伸び率の高いことがわかる。

**5** アジアNIESからの製品輸入額の対前年伸び率は常に20%以上である。

× アジアNIESからの84年と85年の輸入額はほとんど変わらないことがわかる。

---

## スピードチェック！

次のグラフはある地域の産業別に見た就業者人口の推移を示したものである。この表からいえることとして、妥当なものはどれか。

●産業別にみた就業者人口の推移

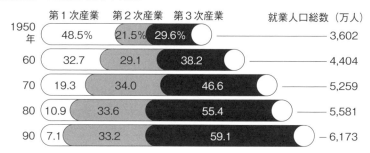

**1** 1950年から1990年まで10年ごとの第3次産業就業者数の増加率は常に20%を超えている。

・グラフがほぼ正確で積極的に利用できるのであれば、かなり計算が楽になる。

× 第3次産業就業者数を順に計算し、そこから各年の増加率を求める。実際には1980年から1990年の増加率は18%であり、20%を下回っていることがわかる。

**2** 1960年の第2次産業就業者数は1980年の第1次産業就業者数の約3倍である。

・2、4、5の設問は比較的簡単に誤りと判定できるので先に片づけよう。

× 1960年の第2次産業就業者数は1,282万人、1980年の第1次産業就業者数は608万人で約2倍であることがわかる。

**3** 1950年と1990年の第1次産業、第2次産業、第3次産業就業者数の増減比を計算すると、それ

○ 増減比は以下のようになる。
$(438 - 1,747) \div 1,747 \fallingdotseq -0.75$

| それ−0.75、1.61、2.42である。 | $(2,049−785)÷785≒1.61$ |
| | $(3,648−1,066)÷1,066≒2.42$ |
| | となる。 |
| **4** 1990年の第2次産業就業者数より1950年の第1次産業就業者数の方が多い。 | × 1990年の第2次産業就業者数は2,049万人、1950年の第1次産業就業者数は1,747万人で前者の方が多いことがわかる。 |
| **5** 1990年の第2次産業就業者数より1960年の第3次産業就業者数の方が多い。 | × 1960年の第3次産業就業者数は1,682万人で、これも前者の方が多いことがわかる。 |

## スピードチェック！

次のグラフはある地域の振動公害に関する苦情件数の推移である。次のうち正しく説明しているのはどれか。

●振動に関する苦情件数の推移

| | 工場等 | 建設作業 | 道路交通 | 鉄道 1.9% |
|---|---|---|---|---|
| 昭和62年<br>(3,109件) | 34.2% | 49.2% | 10.9% | その他<br>3.8% |
| 昭和63年<br>(3,279件) | 30.8% | 47.1% | 12.3% 5.8% | 4.0% |
| 平成元年<br>(2,921件) | 31.5% | 49.7% | 11.8% | 2.7%<br>4.3% |
| 平成2年<br>(2,795件) | 33.8% | 49.4% | 10.0% | 2.7%<br>4.1% |
| 平成3年<br>(2,207件) | 34.7% | 44.9% | 13.3% | 2.8%<br>4.3% |

・件数が3分の2になっているなら、グラフ全体の長さが3分の2になると考えて、割合を3分の2にして増減を比較することもできる。
設問の全体を見渡し、グラフで視覚的に切ることができそうなところは簡単に処理して、比較的計算が求められる設問の計算量を見積もってから始めるとよい。

| **1** 昭和62年度の苦情件数に対して平成3年度苦情件数の減少率が最も高いのは道路交通である。 | × 昭和62年度に対して平成3年度の工場等、建設作業、道路交通、鉄道、その他の苦情件数の割合は、それぞれ72.0%、 |

全体像をつかむ
**POINT整理**

第2部 資料解釈　第1章

第2部 資料解釈　第2章

第2部 資料解釈　第3章

第2部 資料解釈　第4章

|  |  |
|---|---|
|  | 64.8％、86.6％、104.6％（増加）、80.3％である。したがって、最も減少したのは建設作業である。 |
| **2**　昭和62年度の苦情件数に対して平成3年度苦情件数の減少率が最も低いのは道路交通である。 | ×　1より減少率が最も低いのは件数が増加している鉄道である。 |
| **3**　平成3年度の建設作業に対しての苦情件数は昭和63年度のそれよりも多い。 | ×　昭和63年度から平成3年度までは、全体の苦情件数が減少している。また、その中で全体に占める割合もそれぞれ減少しているため計算をしなくても誤りとわかる。 |
| **4**　建設作業の苦情件数は昭和62年度から確実に減少している。 | ×　3と同様の理由で、平成元年度から平成3年度までは確実に減少していることがわかる。しかし、昭和62年度から昭和63年度は1,530件から1,544件に増加していることがわかる。 |
| **5**　平成3年度の工場等の苦情件数は昭和62年度の道路交通の苦情件数の2倍以上である。 | ○　平成3年度の工場などの苦情件数は766件、昭和62年度の道路交通の苦情件数は339件、したがって2倍以上である。 |

　下の図は、中小企業（製造業）における経常利益の対前年度伸び率と諸要因（売上要因、変動費要因、固定費要因）の寄与度を表したものであるが、これからいえることとして妥当なものは次のうちどれか。

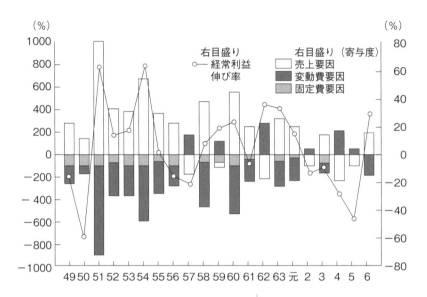

**1**　固定費要因がマイナスに寄与し、かつ、経常利益伸び率が前年度の経常利益伸び率よりも増加している年度は、変動費要因もマイナスに寄与している。

×　59年度を見れば明らかに、誤り。

**2**　売上要因がプラスに寄与し、かつ、経常利益伸び率が前年度の経常利益伸び率よりも減少している年度は、固定費要因がマイナスに寄与している。

○　52、55、56、61、63、元年度が問題文の条件を満たし、これらの年度はすべて固定費要因がマイナスに寄与しているので、妥当。

**3**　経常利益伸び率が前年度の経常利益伸び率よりも増加している年度は、売上要因がプラスに寄与している。

×　59、62年度は、経常利益伸び率が増加しているが、売上要因はマイナスに寄与しているので、誤り。

| | |
|---|---|
| **4** 経常利益が前年度の経常利益よりも増加している年度は、売上要因がプラスに寄与している。 | × 59、62年度は経常利益が増加しているが、売上要因はマイナスに寄与しているので、誤り。 |
| **5** 経常利益が前年度の経常利益よりも減少している年度は、変動費要因がマイナスに寄与している。 | × 57年度は、経常利益は減少しているが、変動費要因はプラスに寄与しているので、誤り。 |

# Q01 実数① （数量の表・階級）

問 次の表はある業種での転職者とその年齢階級別を示したものである。正しく説明しているのは次のうちどれか。 （地方上級類題）

●転職者（年齢階級別） 単位：千人

| 年 | 計 | 常勤労働者 | パートタイム労働者 | 年齢階級別 | | | | | | | | |
|---|---|---|---|---|---|---|---|---|---|---|---|---|
| | | | | 19歳以下 | 20～24歳 | 25～29歳 | 30～34歳 | 35～44歳 | 45～54歳 | 55～59歳 | 60～64歳 | 65歳以上 |
| 2000 | 1929.4 | 1739.9 | 189.5 | 111.3 | 452.7 | 370.2 | 282.1 | 353.3 | 221.6 | 122.8 | | 15.4 |
| 01 | 1881.8 | 1696.4 | 185.3 | 100.4 | 475.7 | 340.6 | 293.9 | 329.9 | 215.6 | 82.9 | 31.5 | 11.3 |
| 02 | 1810.3 | 1618.9 | 191.4 | 94.3 | 445.3 | 310.2 | 268.9 | 326.0 | 227.6 | 90.0 | 38.1 | 9.9 |
| 03 | 1715.5 | 1540.8 | 174.7 | 98.6 | 379.6 | 294.9 | 269.1 | 333.0 | 205.6 | 90.4 | 31.7 | 12.5 |
| 04 | 1897.3 | 1672.5 | 224.9 | 110.8 | 451.8 | 322.7 | 249.1 | 383.0 | 231.4 | 97.8 | 41.0 | 9.8 |
| 05 | 2225.7 | 1869.4 | 356.4 | 118.2 | 510.9 | 360.8 | 282.0 | 483.6 | 279.5 | 113.5 | 53.0 | 24.3 |
| 06 | 2042.0 | 1699.4 | 342.7 | 106.4 | 471.4 | 343.9 | 275.6 | 429.1 | 253.5 | 97.2 | 52.4 | 12.6 |
| 07 | 2114.0 | 1748.2 | 365.9 | 126.0 | 501.8 | 353.5 | 250.1 | 443.1 | 277.5 | 104.0 | 44.8 | 13.2 |
| 08 | 2482.6 | 2074.4 | 408.2 | 140.4 | 609.0 | 399.5 | 286.0 | 521.8 | 336.1 | 115.5 | 57.9 | 16.4 |
| 09 | 2473.8 | 2061.6 | 412.2 | 143.8 | 598.0 | 412.9 | 291.9 | 506.3 | 333.5 | 111.9 | 59.6 | 15.8 |
| 10 | 3168.9 | 2586.1 | 582.8 | 169.4 | 771.8 | 495.6 | 339.8 | 655.9 | 443.6 | 167.1 | 94.2 | 31.7 |

1 パートタイム労働者の合計に占める割合は常に16％以下である。

2 常勤労働者の転職者数が前年より減少した年は、パートタイム労働者のそれも減少している。

3 2000年から2010年の間に転職者総数は1,239.5千人増加したが、年齢階級別に見ると、転職者が最も増加したのは35歳から44歳、次いで20歳から24歳が多い。

4 転職者総数が最も多いのは、どの年も20歳から24歳の年齢階級である。

5 2000年から2007年の間では、30歳から34歳の階級の転職者は、45歳から54歳の階級の人数より常に上回っている。

## PointCheck

●誤解やミスを防ぐために

数量のみを記述した数表の問題である。資料解釈は、このような「数表」と後に出てくる「グラフ」に大きく分けられる。いずれも、設問では数値の比較が問われ、その基本公式は割合である。まず問題文をしっかり読み、数表の表していることをつかむ。表には「転職者合計」「常勤」「パートタイム」「年齢階級」の年度別実数のみが表示されている。

問題でPointを理解する
Level 1 **Q01**

第1章 第2部 資料解釈
第2章 第2部 資料解釈
第3章 第2部 資料解釈
第4章 第2部 資料解釈

**[考え方の手順]**

### ●切りのよい数値を見つける（肢1）🔧解法ポイント

　転職者の合計は、2000年代前半は2,000千人を切るぐらいなので、2,000千人の16％である320千人を目安に、パートタイム労働者が300千人に近いところをチェックする。ここでは明らかに誤っているものを見つけると解答は速い。わかりやすいのは2006年で、ここはまさに約2,000千人である。2006年のパートタイム労働者は342.7千人なので、16％を超えていると判断できる。

　16％の計算は、×16のかけ算だけで処理すること。

### ●数値に惑わされずに常識的判断を（肢2）💡発想ポイント

　常識的に考えて疑問があるような選択肢は大胆に判断してよい。常勤をパートタイムに転換する場合など、常勤の減少は必ずしもパートタイムの減少と連動しないはずである。「感覚的におかしい」「納得できない」ところは、問題練習の段階で徹底的に考え感覚を磨いておきたい。ただし、誤解やケアレスミスには十分に注意すること。

### ●突出した数値を探す（肢3）👆テクニック

　概算を暗算で処理し、疑問が生じたら精査するように。はじめから全ての計算を行わないこと。35〜44歳がおよそ300千人の増加であるので、これを超えている階級があるかを探す（もちろん、転職者総数が1,239.5千人の増加であることも概算で確認する）。

### ●方針を決め大胆に判断する（肢4、5）

　資料解釈は、表・グラフを使った適性試験の側面がある。単純な比較ができればなんの問題もなく答えが出ることもある。肢4は、20〜24歳と、25〜29歳・35〜44歳とに絞って比較し、若干の不安はあるだろうが先に進む。

# A01 　正解—4

1－誤　実際の数量から比率を計算するものである。実際に計算をしていくと、2005年で16.01％となり、誤りであることがわかる。

2－誤　2001年から2002年にかけて、常勤労働者の転職者数が減少しているにもかかわらず、パートタイム労働者の転職者数が増加しているので明らかに誤りである。

3－誤　実際に計算をしてみると、20〜24歳が最も増加して319.1千人、次いで35〜44歳の302.6千人となって、やはり誤りである。

4－正　年齢階級別の項目をみると、どの年も20〜24歳が一番多いことがわかる。したがって、正解である。

5－誤　2007年では逆になっているので、誤りとわかる。

# Q02 実数② （数値の推移と比率）

**問** 次の表はある資格検定試験の受験状況を示すものである。次のうち正しく説明しているのはどれか。 （地方上級類題）

●受験状況　　　　　　　　　　　　　　　　　　　　　　　　　　　　　単位：人

| 各年度末 | 合格者 | | | 受験者 | | | 出願者 | | |
|---|---|---|---|---|---|---|---|---|---|
| | 計 | 男 | 女 | 計 | 男 | 女 | 計 | 男 | 女 |
| 2001 | 1329 | 937 | 392 | 3302 | 2335 | 967 | 4021 | 2808 | 1213 |
| 02 | 1544 | 1085 | 459 | 3697 | 2566 | 1131 | 4524 | 3108 | 1416 |
| 03 | 1604 | 1164 | 440 | 4147 | 2932 | 1215 | 5042 | 3584 | 1458 |
| 04 | 1938 | 1413 | 525 | 5679 | 4033 | 1646 | 6640 | 4723 | 1917 |
| 05 | 2089 | 1539 | 550 | 7406 | 5276 | 2130 | 8657 | 6210 | 2447 |
| 06 | 2541 | 1775 | 766 | 8809 | 6235 | 2574 | 11232 | 8005 | 3227 |
| 07 | 3273 | 2310 | 963 | 11682 | 8238 | 3444 | 13526 | 9540 | 3986 |
| 08 | 4058 | 2786 | 1272 | 13675 | 9516 | 4159 | 15798 | 11031 | 4767 |
| 09 | 4332 | 2929 | 1403 | 14560 | 9937 | 4623 | 16726 | 11415 | 5311 |
| 2010 | 5098 | 3450 | 1648 | 16360 | 10883 | 5477 | 18451 | 12267 | 6184 |
| 11 | 4805 | 3203 | 1602 | 17007 | 11107 | 5900 | 19293 | 12599 | 6694 |

注：2011年度は9月末現在

1 女子の合格率は2002年から2006年まで減少を続けているがその後増加している。

2 出願者数に占める男子の割合は、常に68％以上である。

3 出願者は2001年から男女とも年々増え続け、2001年に対し2011年には男子は約4.49倍、女子は約6.10倍となっている。

4 2007年の男子合格率と女子合格率はほぼ等しい。

5 男子の合格率は常に女子の合格率以上である。

## PointCheck

### ●計算の方法・順序

　　まず、問題文に条件はないので、合格率を出願者をもとにするか受験者をもとにするかで迷うかもしれない。このような微妙な出題もあることを理解して、常識的に考え（未受験者は不合格者には含まれない）、合格率＝合格者数÷受験者数で処理することになる。同じく、当然ではあるが、女子の合格率のもとになるのは女子の受験者数になる。

　　また、比率、特に合格率をすばやく計算することがポイントだが、実数だけの数表であるから、詳細な合格率の計算は面倒になる。各肢の正誤判定に必要な計算量を見積もって、計算量の少ない選択肢から処理すると速く正解に達する。

問題でPointを理解する
Level 1 **Q02**

第1章 第2部 資料解釈
第2章 第2部 資料解釈
第3章 第2部 資料解釈
第4章 第2部 資料解釈

● 「〜から〜まで」の範囲

肢1にある、「2002年から2006年まで減少」とは、2001〜2002年や2006〜2007年の増減は含まれない。たとえば、表に「合格率」の欄があったと考えれば、2002〜2006年にかけて合格率の数値が減り続けている状態である。参考までに、2001年から2011年までの女子の合格率を計算すると以下のような変動になる。
[40.53、40.58、36.21、31.89、25.82、29.75、27.96、30.58、30.34、30.08、27.15]

[考え方の手順]

● 問題文・資料の全体を見渡す（肢1）

この問題文では「減少を続けている」よりも、「その後増加している」で切ったほうが速い。2010年から2011年では、女子の受験者が400人以上増えているのに合格者は減っているからである。

● 題意に沿った検討・計算の工夫（肢2） 解法ポイント

①近年のほうが女子の受験者が増えていると考えて、2011年から検討する。
②68%だから暗算で全受験者に7倍して見当をつける。

順に計算をするのではなく、2011年を見て、11÷17の概算で68%以下であるとして切ってもよい。

● 概算で答えを出すときの感覚（肢3、4） 発想ポイント

肢3は、男子が4倍から5倍の間だが、女子は5倍から6倍の間で6倍以上にはならないという程度の計算でよい。また、肢4では、合格率が等しいということは受験者の男女比と合格者の男女比が等しくなるはずだから、2007年はあてはまりそうと考える。1%程度違いがあっても、概算でほぼ近い数字が出れば正解として別の選択肢を検討する。

# A**02** 正解ー4

1 ー誤　女子の合格率を計算すると、2002年からは減少しているが、2006年には増加している。また、2007年は減少している。

2 ー誤　順に男子の割合を計算すると、2010年では66.5%と68%以下になっていることがわかる。

3 ー誤　女子の出願者は5.52倍である。

4 ー正　計算を行うと男子は28.04%、女子は27.96%となり、ほぼ等しいことがわかる。

5 ー誤　最後に面倒な計算が出てきたので、4が間違いないと思ったら簡単な計算で判断する。2001年では男子が40.1%、女子が40.5%で女子のほうが上回っていることになる。

# Q03 実数③（数量の表・増加率）

**問** 次の表はある地域における観光・行楽人口の統計表である。この表を正しく説明しているのは次のうちどれか。

（地方上級類題）

●観光・行楽人口　　　　　　　　　　　　　　　　　　　　　　　　単位：万人

| 年 | 遊園地 | ドライブ | ピクニック ハイキング 野外散歩 | 動物園 植物園 水族館 博物館 | 催し物 博覧会 | 国 内 観光旅行 （注） |
|---|---|---|---|---|---|---|
| 2002 | 3450 | 4790 | 3590 | 3520 | 2390 | 4980 |
| 03 | 3580 | 5120 | 3400 | 3780 | 2260 | 4770 |
| 04 | 3320 | 4910 | 3050 | 3390 | 2120 | 4530 |
| 05 | 3640 | 5560 | 3710 | 3900 | 2630 | 5100 |
| 06 | 3630 | 5690 | 3700 | 4030 | 2610 | 5270 |
| 07 | 3640 | 5390 | 3230 | 3720 | 2440 | 5290 |
| 08 | 3730 | 5510 | 3300 | 3950 | 2880 | 5580 |
| 09 | 4190 | 5940 | 3810 | 4220 | 3520 | 5930 |
| 10 | 4050 | 5760 | 3370 | 4380 | 3460 | 5500 |
| 11 | 3900 | 5870 | 3540 | 4410 | 2680 | 5920 |

（注）避暑、避寒、温泉などの旅行であり、帰省旅行は除く。

**1** 2002年に対して2011年の増加率が最も高いのは動物園、植物園、水族館、博物館である。

**2** 2004年に対して2011年の増加率が最も低いのはドライブである。

**3** 2002年の遊園地の観光・行楽人口を1としたとき、2011年までその変動は±10％以内である。

**4** 遊園地への観光・行楽人口は常に国内観光旅行の68％以上になっている。

**5** ドライブと国内観光旅行の人口差は常に±400万人である。

# PointCheck

**［考え方の手順］**

**◉増加率の概算（肢1、肢2）** ✐**解法ポイント**

データは数値で表されているが、問われているのは増加率である。増加率を順序を考えてすばやく計算すればよい問題である。

A年に対するB年の増加率＝（B年の絶対数÷A年の絶対数）−1

※ただし、概算では、四捨五入した上から2桁のみで行う。

肢1では、ドライブ（48→59）、動物園〜（35→44）、国内旅行（50→59）に絞って計算ができればよい。増加数ではドライブが最も多いが、増加率では動物園〜のほうが上になる。

問題でPointを理解する

Level 1 **Q03**

第2部 資料解釈 第1章

第2部 資料解釈 第2章

第2部 資料解釈 第3章

第2部 資料解釈 第4章

また、肢2では、あまり増えてなさそうなものに見当をつけて計算する。ドライブ（49→59）と、ピクニック〜（31→35）、催し物〜（21→27）が確認できればよい。

### ●割合計算を加減に変換（肢3）　👆テクニック

2002年の遊園地の3450をもとに±10%を計算するのではなく、10%増減分だけを計算し、範囲を設定して比較する。＋10%で3450＋345、−10%で3450−345なので、それを上回るか下回る数値を見つける。

### ●計算するターゲットを絞る（肢4）

68%とは国内旅行が5000のとき3400、6000のとき3400＋680＝4080である。前半の年代は3400を超えているので、06年あたりから概算をする。できれば、2011年の3900÷5920は、4080÷6000＝68%を下回りそうだと見当をつけたいところ。

# A03 正解—1

1−正　増加率が最も大きいのは動物園、植物園、水族館、博物館で25%、次いでドライブの23%、国内観光旅行は19%で3番目となる。

2−誤　増加率が最も低いのはピクニック等で16%となる。ドライブは20%である。

3−誤　09年から11年までの3年間はいずれも＋10%の範囲を超えている。

4−誤　08年と11年の比率を計算するとそれぞれ67%、66%になっている。

5−誤　これはひと目で誤りとわかる。すぐに計算をせず、ざっとながめて400以上の差を見つける。

# Q04 実数④ （数値の推移・増加率）

**問** 次の表はある大学の学生の生活費に関しての調査結果である。この表を正しく説明しているのは次のうちどれか。 （国家一般類題）

●学生生活費（昼間部）　　　　　　　　　　　　　　　　　　　　　　　　単位：千円

| 各年度 | 支出 | | | 収入 | | | | |
|---|---|---|---|---|---|---|---|---|
| | 計 | 学費 | 生活費 | 計 | 家庭からの給付 | 奨学金 | アルバイト | 定職・その他 |
| 2000 | 1082.2 | 493.4 | 588.8 | 1108.9 | 830.3 | 64.1 | 203.0 | 11.5 |
| 02 | 1230.5 | 587.8 | 642.7 | 1338.1 | 998.4 | 76.8 | 233.7 | 29.2 |
| 04 | 1323.6 | 666.9 | 656.7 | 1401.9 | 1044.4 | 73.4 | 266.5 | 17.6 |
| 06 | 1423.0 | 730.5 | 692.5 | 1509.7 | 1121.0 | 89.2 | 285.9 | 13.6 |
| 08 | 1523.2 | 804.5 | 718.7 | 1599.6 | 1175.5 | 94.7 | 314.2 | 15.2 |
| 2010 | 1643.3 | 860.5 | 782.8 | 1815.4 | 1314.9 | 104.9 | 386.1 | 9.5 |

資料：学生生活調査

1 収入の項目で、アルバイトによる収入はいずれの年も収入全体の20%以下である。
2 支出の項目で、2年ごとの上昇率は常に学費が生活費を上回っている。
3 2000年から2010年の間に、学費の上昇率は生活費の上昇率の2倍以上である。
4 家庭からの給付は、必ず2年前より10%以上上昇している。
5 この統計から2012年の支出合計は1,700千円を超えるのは確実である。

# PointCheck

## ●身近な題材の資料

　家計や労働にまつわるテーマの場合、数値・単位が理解しやすく、計算が楽な場合が多いので、確実に得点したい問題である。ただし、常識だけで正誤を判断させようとする選択肢や、誤解やケアレスミスを誘う選択肢には注意が必要である。本問にはないが、年度が2年ごとに区切ってあることなどは、ヒッカケの問題に使われることもある。

　ここでの上昇率は増加率の計算と同様に算出するが、やはり、数値の上から2～3桁を使って概算して、題意に沿ったデータに焦点を当てるようにする。

## ［考え方の手順］

## ●上から2桁の概算（肢1～3）　🖊️**解法ポイント**

　肢1では、実際に計算をすることは避け、収入計の上から2桁を2倍して、アルバイトの上から2桁と、ざっと見比べるだけである。2008年と2010年は上から2桁が2倍を超えると見極めればよい。

　また、肢2も、上から2桁目（万の位）だけで、年ごとの学費と生活費の増加を比べて見

当をつける。2002年は学費9万に対し生活費が6万増加し、2010年は学費が6万に対し生活費が7万増加している。この2つの年度程度で増加率を計算して、生活費の上昇率のほうが上がっているのを確認すればよい。計算はすべてをやらない。

さらに、肢3では、学費が86÷49≒1.7、生活費は78÷58≒1.3であるが、まずは、÷49や÷58は÷50や÷60で計算しても結果に影響はないのである。同様に、70％増と30％増と判定できる。

### ●割合計算を加減に変換（肢4）🖐テクニック

前年の給付にその約10分の1を足して、次の年がそれ以上になるか確認する。2000年の830に83を足したものは、2002年の998を上回っている。しかし、2002年の998に99を足すと、次の2004年の1044を超えるので、2004年は10％未満の上昇である。ざっと見て、2008年も上昇率は10％未満である。

# A**04** 正解―3

1－誤　計算を行うと、2010年には$\frac{386.1}{1815.4}$は0.213つまり21.3％で20％を超えていることがわかる。

2－誤　2008年から2010年にかけての、学費の上昇率は6.96％。これに対し生活費の上昇率は8.92％となり、生活費の上昇率が学費の上昇率を上回っていることがわかる。

3－正　学費の上昇率を算出すると、$\frac{860.5}{493.4}$つまり1.744となって74.4％。一方、生活費の上昇率$\frac{782.8}{588.8}$は1.329つまり32.9％であり、2倍以上となる。

4－誤　たとえば、2004年は2002年より4.6％だけの上昇である。逆に、10％以上上昇しているのは、2002年と2010年の2回だけ。

5－誤　支出の増加額の平均は約112万なので、同様の増加か続けば1,700千円を超える可能性はある。しかし、「同様の増加が続く」などの条件がなければ、確実とはいえず、この統計表だけからは推測できない。

# Q05 構成比① （数値の推移・増減）

問 次の表から正しくいえるものはどれか。 （地方上級類題）

●ある地方自治体における構造別に見た居住用着工建築物の床面積の構成 （単位：%）

| 区分 | 平成12年 | 13年 | 14年 | 15年 | 16年 | 17年 |
|---|---|---|---|---|---|---|
| 木造 | 26.0 | 29.5 | 30.6 | 32.3 | 31.3 | 30.9 |
| 鉄骨鉄筋コンクリート造 | 16.2 | 13.6 | 14.1 | 12.9 | 14.3 | 18.7 |
| 鉄筋コンクリート造 | 32.8 | 29.6 | 27.9 | 29.9 | 35.5 | 33.1 |
| 鉄骨造 | 25.0 | 27.1 | 27.2 | 24.7 | 18.8 | 17.3 |
| その他 | 0.1 | 0.2 | 0.2 | 0.1 | 0.1 | 0.1 |
| 合　計 | 100<br>(15,857) | 100<br>(12,088) | 100<br>(11,762) | 100<br>(11,555) | 100<br>(13,210) | 100<br>(12,264) |

(注)( )内は、居住用着工建築物の床面積合計（単位：千m²）を示す。

**1** 平成12年から17年までの各年とも、鉄筋コンクリート造の床面積は3,600千m²を上回っている。

**2** 平成13年における「その他」を除く各区分の床面積の対前年増加率がプラスとなっているのは、木造と鉄骨造である。

**3** 平成15年から17年までの各年とも、木造と鉄骨造の床面積はいずれも前年に比べて減少している。

**4** 平成16年における鉄骨鉄筋コンクリート造の床面積の対前年増加数は、同年における居住用着工建築物の床面積合計の対前年増加数の30%を上回っている。

**5** 平成17年における「その他」を除く各区分の床面積は、12年に比べていずれも減少している。

## PointCheck

### ◉構成比を使った比較

　総床面積（カッコ内）と各構造別の構成比が与えられているので、総面積と構成比の積がそれぞれの構造別の床面積になる。概算で処理したとしても、計算量は多くならざるをえない問題であり、比較のために最低限必要な部分だけ計算するように工夫しなければならない。似たような数値・割合が多く出てくるので、計算は整理してわかりやすいように残しておくこと。

# A05 正解ー5

1 －誤 比率が小さく床面積の合計が小さいところに着目する。

14年では、11762×0.279≒3281で床面積は3600千m²を上回らないので、誤り。

2 －誤 構成比の増え方が少ないほうの鉄骨造で考えると、

12年は、15857×25％≒3964

13年は、12088×27.1％≒3275

となり、12年に比べて減少しているので、誤り。

3 －誤 16年から17年にかけては、総面積が減少して、かつ木造、鉄骨造ともに、構成比も減少しているので、どちらも前年に比べて減少しているのは明らか。しかし、15年から16年にかけては、総面積は増加しているので、構成率が減少していても、面積の絶対量は減少しているとは限らない。

構成比の減少が少ないほうの木造で考えると、

15年は、11555×32.3％≒3732

16年は、13210×31.3％≒4134

となり、増加しているので、誤り。

4 －誤 鉄骨鉄筋コンクリート造の床面積は、

15年は、11555×12.9％≒1490

16年は、13210×14.3％≒1889

となり、増加数は約400千m²となる。

総面積の増加数は、13210－11555＝1655千m²なので、その30％は約500千m²となる。したがって、鉄骨鉄筋コンクリート造の床面積の増加量は全体の増加量の30％を下回っているので、誤り。

5 －正 12年と17年を比べると、全体で、15857から12264へ22％以上減少している。もし、構造別区分で面積が増加しているなら、構成比はかなり大きく増加していることになる。最も増加しているのは木造なので、木造について考えてみる。

12年は、15857×26.0％≒4122

17年は、12264×30.9％≒3789

となるので、減少している。他の構造別区分については、木造より構成比の増加率が小さいか減少しているので、明らかに面積も減少している。したがって、正しい。

# Q06 グラフ① （数値の推移・割合の比較）

**問** 次のグラフは、いわゆるパートタイム労働法制定にあたり資料となった、1960年代から1990年代初頭にかけての短時間労働者と雇用者数の推移を示したものである。正しく説明しているのは次のうちどれか。 （国家一般類題）

●短時間労働者と雇用者数の推移

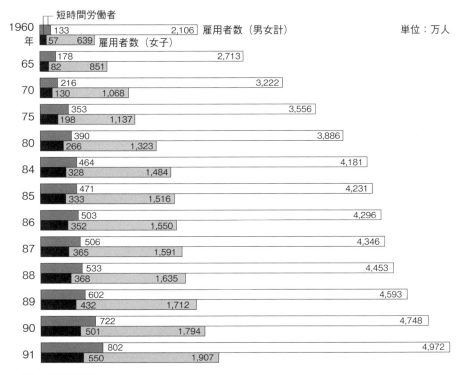

資料：労働力調査

1 男子雇用者数に占める男子短時間労働者の割合は増加している。

2 1990年の、男子雇用者に占める男子短時間労働者の割合と、女子雇用者に占める女子短時間労働者の割合は約1：3.73である。

3 女子雇用者数に占める短時間労働者の割合は増加している。

4 短時間労働者の数が増加したのは、サービス業を中心とするサービス労働者の数が増加したためである。

5 男女用者数に対する女子雇用者数の割合は増加している。

問題でPoint を理解する
Level 1 Q06

第2部　資料解釈　第1章
第2部　資料解釈　第2章
第2部　資料解釈　第3章
第2部　資料解釈　第4章

# PointCheck

## ●グラフの趣旨による判断　💡発想ポイント

　グラフであっても数値が付加されている場合は、グラフの増減を確認して計算をすることになる。男子の雇用者数はグラフに示されていないので、正確には、

　　男子雇用者数＝雇用者数（男女計）－雇用者数（女子）

で算出することとなる。

　ただ、なぜこのグラフで女子のみが示されているかといえば、女子短期労働者が年々増えており、それを示すためである。つまり、グラフでは短期労働者と女子短期労働者を上下に並べて、女子の比率が多くなっていることが表現されているのである。グラフを見るだけで見当がつく場合は、あえて詳細に計算をする必要はないといえる。

# A06　正解ー2

1－誤　グラフに示されているのは男女合計と女子のみ。したがって、正確に計算する場合は、表から男子の雇用者数と男子の短時間労働者の数を算出する必要がある。実際に1960年の男子雇用者数に占める男子短時間労働者の割合を算出すると約5.18％。また、同様に1965年では、約5.16％となり、初めから減少している。

2－正　計算をするとそれぞれ7.48％、27.93％であり、約3.73倍である。

3－誤　女子のみの比較であるから、グラフをそのまま見て、女子雇用者が増加しているところで女子短期労働者があまり増加していないところに着目する。たとえば、84年では22.10％、85年には21.97％となり、減少している。

4－誤　サービス業についての説明はなく、グラフからは判断できない。

5－誤　これも、全体の伸びが大きいのに対して、女子雇用者の伸びが比較的少ないところに着目する。実際に計算を行ってみると、70年には33.15％であるのに75年には31.97％と減少している。

# Q07 グラフ② （数値の推移・増加率）

**問**　次の図は市場に16ビットパソコンが登場してから32ビットパソコンが登場するまでの、パソコンの国内出荷台数とその平均単価をあらわしている。これから正しくいえるものはどれか。　　　　　　　　　　　　　　　　　　　　　　　　　　　　　　　　　（地方上級）

パソコンの国内出荷台数と平均単価

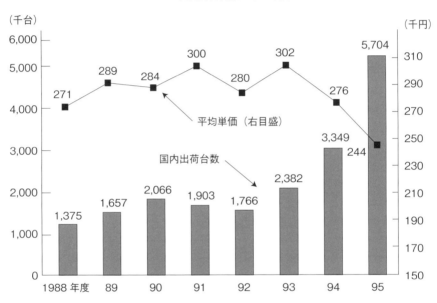

**1**　1988年度から1995年度までの各年度のうち、パソコンの国内出荷額が最も大きいのは1995年度であり、その額は1991年度の2.4倍を上回っている。

**2**　1989年度から1995年度までの各年度のうち、パソコンの平均単価の前年度に対する比率が最も大きいのは1993年度であり、最も小さいのは1994年度である。

**3**　1989年度から1995年度までのうち、パソコンの国内出荷台数の対前年度増加率が最も大きいのは1995年度であり、次に大きいのは1993年度である。

**4**　1992年度から1995年度までの各年度とも、パソコンの国内出荷台数および国内出荷額は前年度に比べて増加している。

**5**　1995年度のパソコンの国内出荷台数は1989年度の3倍を超えているが、1995年度のパソコンの平均単価は1989年度に比べて2割以上減少している。

問題でPoint を理解する

Level 1 Q07

第1章 第2部 資料解釈

第2章 第2部 資料解釈

第3章 第2部 資料解釈

第4章 第2部 資料解釈

# PointCheck

### ●実数の複合グラフ

　折れ線グラフと棒グラフの複合である。通常は単位や目盛りに注意が必要だが、本問の数値は実数のみなので、比率を計算させる選択肢が中心となっている。こういう問題の場合はほぼ概算ですませ、比較の対象となる可能性のある場合だけ計算すればよい。出荷額は、「出荷額＝出荷台数×平均単価」で計算するが、上から2桁だけの概算にして、式だけで比較することもできるよう準備する。

# A07 正解—1

1—正　95年度の出荷額が最大であるのは計算しないで判断してもよいくらいである。
　　　95年度は、244×5700＝1390800
　　　94年度は、276×3350＝924600
　　　93年度も、300×2400＝720000
　　　91年度の出荷額は、300×1900＝570000
　　　95年度の出荷額1390800を、570000で割ると、2.44になる。2.4倍を上回っているので、正しい。

2—誤　平均単価の前年度に対する比率は、グラフからある程度予測できる。折れ線グラフの落差が大きい94年度と95年度の対前年度比だけを比べればいい。
　　　94年度は、276/302≒0.91
　　　95年度は、244/276≒0.88
　　　95年度のほうが対前年度比が小さいので、誤り。

3—誤　出荷台数の対前年度増加率が最も大きいのが95年度であることは明らか。棒グラフから見ると次に大きいのは93年よりも94年と見られるので、一応確認する。
　　　94年度の対前年度比は、3350/2380≒1.4
　　　93年度の対前年度比は、2380/1770≒1.34
　　　94年度のほうが対前年度増加率が大きくので、誤り。

4—誤　グラフを見れば明らかなように92年度の出荷台数は前年に比べて減少しているので誤り。加えて、92年度は平均単価も下がっているので、出荷額でも91年度を下回っていると考えられる。

5—誤　出荷台数は明らかに3倍は超えている。しかし、平均単価は、244÷271≒0.9なので、約1割減となる。

# Q08 グラフ③（構造の変化・構成比）

**問** 次のグラフは、高度経済成長期からオイルショックを経てバブル期に至るまでの、日本の年齢構造の変化を表したものである。次のうち正しく説明しているのはどれか。

（地方上級類題）

●年齢構造の変化

資料：国勢調査報告

就業人口総数（千人）

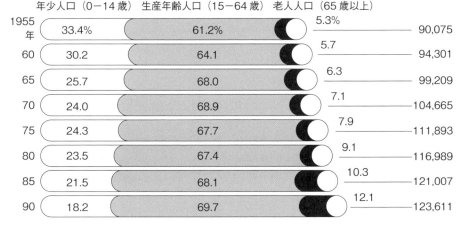

年少人口（0−14歳）　生産年齢人口（15−64歳）　老人人口（65歳以上）

| 年 | 年少人口 | 生産年齢人口 | 老人人口 | 総数 |
|---|---|---|---|---|
| 1955年 | 33.4% | 61.2% | 5.3% | 90,075 |
| 60 | 30.2 | 64.1 | 5.7 | 94,301 |
| 65 | 25.7 | 68.0 | 6.3 | 99,209 |
| 70 | 24.0 | 68.9 | 7.1 | 104,665 |
| 75 | 24.3 | 67.7 | 7.9 | 111,893 |
| 80 | 23.5 | 67.4 | 9.1 | 116,989 |
| 85 | 21.5 | 68.1 | 10.3 | 121,007 |
| 90 | 18.2 | 69.7 | 12.1 | 123,611 |

1　1955年から1990年まで5年毎の年少人口は常に減少している。
2　1955年から1990年まで5年毎の生産年齢人口は常に増加している。
3　1955年の年少人口は1990年の老人人口の約3倍である。
4　1990年の老人人口は1955年の老人人口の約4倍である。
5　1955年の年少人口は1990年の年少人口の約5倍である。

## PointCheck

### ●問われるポイントを予測　解法ポイント

　グラフの全体を見渡すことと同時に、選択肢も概観して問われているポイントを把握しておくことで、概算・計算がスムーズになる。

　グラフでは年少人口が減少傾向にあり、対して生産年齢人口・老人人口が増加傾向にあることが見て取れる。しかし、5年前より年少人口の構成比が上がっている部分や、生産年齢人口が下がっている部分も見つけることができる。その上で、老人人口の構成比と総人口は

問題でPointを理解する

Level 1 **Q08**

第1章 第2部 資料解釈

第2章 第2部 資料解釈

第3章 第2部 資料解釈

第4章 第2部 資料解釈

すべて増加していることを前提にして、各選択肢を検討していく。

加えて、肢3～5は、問われる年度の年齢人口が同じものがあることにも気づき、計算過程・結果をきれいに残しておくこと。

●総数・合計と構成比の関係　**テクニック**

総人口と各層の構成比（比率）がともに増加していれば、各年齢層の人口の絶対量も増加することをうまく正誤判定に使う。増加（減少）の具体的数値を問わない設問であれば、無駄な計算をしなくても正誤が簡単に判定できる場合がある。

注意すべきなのは、構成比が減少しているとしても、総人口の増加が大きければ、各年齢人口の絶対量が増えていることもある。微妙な場合は、詳細に計算をしなければならない。

# A**08** 正解ー2

1ー誤　総人口はすべて増加しているが、年少人口は構成比で示されているので、実際に計算をしてみないと年少人口が常に減少しているかは判定できない。ただ、1970年から1975年にかけては、年少人口の比率も増加しているため、この間は確実に年少人口は増加している。また、続く1980年も、比率は減少しているが、計算してみると年少人口は若干増加している。

2ー正　人口が増加傾向にあり、また、生産人口の占める割合も1975年と1980年を除いては増加傾向にある。したがって、1970年から1980年にかけて生産年齢人口が増加していれば記述が正しいことがわかる。ただ、構成比に大きな違いはないので一応正解と考え、不安であれば70年、75年からの増加のみを計算するぐらいでもよい。

1970年：104,665×0.689≒72,114

1975年：111,893×0.677≒75,751

1980年：116,989×0.674≒78,850

3ー誤　構成比が3倍弱なので、総人口の差から、3倍にはならないだろうと推測でき、簡単な計算で処理してよい（9×0.33と12×0.12の比較でよい）。

1955年の年少人口は90,075×0.334＝30,085千人、1990年の老人人口は123,611×0.121＝14,957千人となり約2倍である。

4ー誤　やはり、構成比が2倍強なので、総人口の差から、4倍にはならないと推測できる。1990年の老人人口は肢3と同じで、1955年の老人人口は90,075×0.053＝4,774千人となり、約3倍である。

5ー誤　構成比が2倍弱であり総人口の差も考えて、明らかに5倍にはならないと推測できる。このレベルの比較であれば計算せずに判断できるようにしたい。

1990年の年少人口は123,611×0.182＝22,497千人、1955年の年少人口は選択肢3より30,085千人であるので約1.3倍である。

# Q09 グラフ④ （相対比の推移）

**問** 図は、ある地域の平成2年から平成24年までの肉類（牛肉、豚肉および鶏肉）の対生鮮魚介類価格比の推移を表したものであるが、これからいえることとして妥当なものは次のうちどれか。

（国家一般類題）

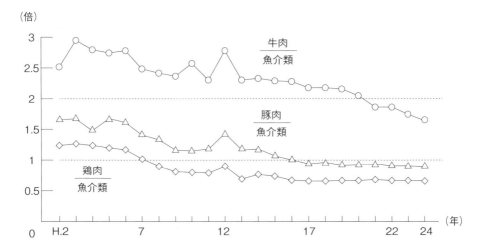

1　平成2年の豚肉の価格は、平成24年の豚肉の価格の約2.0倍である。

2　平成2年の鶏肉の価格は、平成9年の豚肉の価格とほぼ同じである。

3　平成7年の牛肉の価格は、平成7年の鶏肉の価格の約2.5倍である。

4　平成12年においては、価格の高い順に並べると牛肉、豚肉、鶏肉、生鮮魚介類となる。

5　平成24年の生鮮魚介類の価格は、平成2年の生鮮魚介類の価格より低い。

# PointCheck

## ●相対比のグラフ　🖊解法ポイント

　問題のグラフは、生鮮魚介類の価格を基準とした相対比を示したものである。生鮮魚介類の額の推移は示されていないので、このグラフだけでは、それぞれの肉類の価格そのものを得ることはできない。つまり、実数で異なる年の価格を比較している肢1、2、5は判断することができない。結局、肢3と肢4を検討すればいいことになる。

問題でPoint を理解する
Level 1 **Q09**

第1章 第2部 資料解釈

第2章 第2部 資料解釈

第3章 第2部 資料解釈

第4章 第2部 資料解釈

●特殊なグラフの出題　⑨**発想ポイント**

　資料解釈で数表や折れ線グラフ・棒グラフの問題が多いのは、計算による処理能力の判定が確実にできるからである。これに対して、特殊なグラフが出題されるときには、グラフ自体の解釈が試されていると考える。選択肢の中には、その資料で判断できる内容かどうかを問われることが多くなる。

　さらにいえば、どんなグラフであっても、元となるのは数値・比率が記載された数表である。グラフから逆に実数や比率を求め、比較することができるかが問われている。その意味が理解できれば、むしろ特殊なグラフのほうが細かい計算が少なく問題自体はやさしいのである。

# A09　正解ー3

1 －誤　確かにグラフでは平成24年の約0.8に対して、平成2年は1.6となっており、比率は2倍程度ではある。しかし、この比率は生鮮魚介類の価格を1としたときの豚肉の相対比であり、各年度の生鮮魚介類の価格が示されなければ、豚肉の「価格」での比較はできない。たとえば、生鮮魚介類の価格が平成2年100円、平成24年200円だとすれば、100×1.6＝160円と200×0.8＝160円で豚肉の価格は同額と考えられる。

2 －誤　これも平成2年の鶏肉と平成9年の豚肉の比率が同程度ではあるが、「価格」での比較はできない。

3 －正　平成7年には、牛肉は生鮮魚介類の2.5倍弱、鶏肉は生鮮魚介類の約1倍、牛肉は鶏肉の約2.5倍となる。同じ年度の場合は、たとえば生鮮魚介類を100円として、牛肉250円、鶏肉100円と比較することができるので、妥当である。

4 －誤　平成12年の価格を見ると、鶏肉は、生鮮魚介類の0.9倍程度の価格だから、鶏肉の方が生鮮魚介類より価格が低かったこととなる。1倍の横軸の上側にある場合、その年の生鮮魚介類と同じ価格にあり、それ以下の小数になる場合は生鮮魚介類より価格は低かったことになる。当然、0倍以下になることはない。

5 －誤　このグラフからわかることは、生鮮魚介類の価格が、鶏肉・豚肉・牛肉に対して「相対的に高く」なってきていることである。鶏肉・豚肉は1倍の横軸の下側になっているので、鶏肉の価格より低くなっている。しかし、生鮮魚介類の価格自体は判断できず、高くなっているとも低くなっているともいえない。

# Q10 グラフ⑤ (増加率の比較)

**問** 次のグラフは、2014年1月から7月までの特急列車の利用状況について、輸送人員の増加率を対2012年、2013年同月比で示したものである。これに関するア、イ、ウの正誤を正しく示している組合せは次のうちどれか。 (地方上級類題)

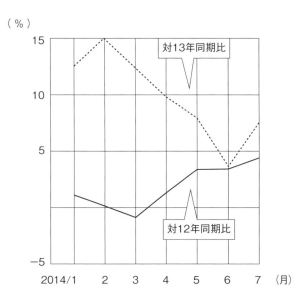

**ア** 2012年6月と2013年6月の輸送人員はほぼ等しい。

**イ** 2013年2月の輸送人員は2012年2月に対して10%以上落ち込んでいる。

**ウ** 2013年の輸送人員は1〜7月の各月とも2012年の同月よりも増えている。

|   | ア | イ | ウ |
|---|---|---|---|
| 1 | 正 | 正 | 正 |
| 2 | 正 | 正 | 誤 |
| 3 | 正 | 誤 | 正 |
| 4 | 誤 | 正 | 誤 |
| 5 | 誤 | 誤 | 正 |

問題でPoint を理解する
Level 1 **Q10**

第1章 第2部 資料解釈
第2章 第2部 資料解釈
第3章 第2部 資料解釈
第4章 第2部 資料解釈

# **PointCheck**

### ●異なる年度の同期比の複合グラフ　🔑**発想ポイント**

　前年と前々年をもとにして、2014年の同月比を組み合わせたグラフである。間違いやすいのは、今年2014年を100％としていると考えてしまうこと。このグラフは、2012年を100％とした2014年の同月比のグラフと、2013年を100％とした2014年の同月比のグラフが重なっているのである。

　1月を例にとってみると、2012年を100として2014年は約101.5、2013年を100として2014年は約112.5と表されている。

　そこで、まず2012年と2013年を比較するには、それぞれ2014年を100に直して比較しなければならない。1月では、2012年の100÷101.5と、2013年の100÷112.5を比較することになる。

　また、もう1点陥りやすい勘違いは、グラフから2013年のほうが2012年よりも輸送人員が多いと考えてしまうことだ。各年をもとに比較した2014年の増加率であるから、上にある年のほうが輸送人員が少ないのである。全体的に2013年のほうが2012年より輸送人員は少ないと判断できる。

# **A10** 正解─2

　ア、イ、ウを個別に検討する。

ア─正　14年6月の対13年同月比の増加率と対12年同月比の増加率が等しい。つまり、13年と12年いずれを基準（100）にしても、2014年は約103.5となっている。だとすれば、逆に14年を基準にしても、13年と12年の比率は100÷103.5で同じとなり、輸送人員の絶対量が等しいといえる。

イ─正　2月に着目する。14年は対12年同月比が0なので、輸送人員の絶対量は等しいといえる。また、13年の輸送人員の絶対量は、15％増加している。つまり、13年の輸送人員の絶対量は14年の100÷115であるから、約87％となる。12年に対しても同様の率になり、約13％落ち込んでいる。

ウ─誤　グラフは対13年度が上にあるが、これは14年度のほうが13年度よりも増えていることを表している。下にある2012年のほうが輸送人員は多い（もちろん、イが正しいということは、12年より落ち込んでいる月があることは明らか）。

　よって、ア：正、イ：正、ウ：誤となり、正解は肢2となる。

# Q11 実数⑤ (数値の推移・増減)

**問** 次の表はある地域での自衛隊の災害派遣の件数を示したものである。次のうち正しく説明しているのはどれか。 (国家一般類題)

●自衛隊の災害派遣 (各年度)

| 年 | 災害派遣件数 (件) | 人員 (人) | 車両 (両) | 航空機 (機) | 艦艇 (隻) |
|---|---|---|---|---|---|
| 2001 | 736 | 28594 | 3214 | 717 | 35 |
| 02 | 689 | 41801 | 5629 | 1034 | 20 |
| 03 | 647 | 48075 | 5380 | 1117 | 110 |
| 04 | 579 | 19638 | 2252 | 840 | 14 |
| 05 | 620 | 66292 | 9432 | 1576 | 17 |
| 06 | 624 | 25485 | 1798 | 1201 | 64 |
| 07 | 636 | 16496 | 1659 | 879 | 3 |
| 08 | 669 | 10495 | 1058 | 810 | 26 |
| 09 | 733 | 19663 | 1356 | 927 | 74 |
| 10 | 664 | 16836 | 2235 | 862 | 18 |

1 災害1件当たりの派遣人員は毎年増加している。

2 災害派遣件数は2001年を1とすると、その変動は常に12%以内である。

3 派遣人員数が最低の年は、災害件数も最低である。

4 航空機に対する艦艇の比率は常に0.03以上である。

5 派遣された車両、航空機、艦艇の総数に占める車両数の割合が60%を下回ったのは、2006年、2008年と2009年の3回である。

# PointCheck

**[考え方の手順]**

**●問題文の意味を変換 (肢1)** 🔎**発想ポイント**

　求められる比率を丁寧に計算すれば、比較的楽に解が得られる問題である。ただ、できればこのような問題こそ、計算を極端に省略して時間を短縮したい。そのためには、問題文の意味をしっかり理解して、それにあてはまらない例外を見つけだすようにする。

　たとえば、肢1は「災害1件当たりの派遣人員が増加」であるから、逆に「人員が減少」しているところに目をつける。ざっと見て、2005年から2008年は人員は減少しているが、これに対して派遣件数は600件台で大きく変わってない。計算しないと不安だろうが、これだけでこの選択肢は切れるように練習を積むことが大切である。

●変動率の計算（肢2） 🖐テクニック

変動率 $x$ ％以内→変動範囲は（$100-x$）％から（$100+x$）％の間になる。これがわかれば割合の計算をするのではなく、73の12％を9として足し算で概算する（上2桁のみ）。73±9で64～82の範囲外を見つける。04年が57であり、05、06年が62なので、あきらかに12％以内の変動ではない。

●明らかに反する数値を探す（肢4） 🖐テクニック

まず、艦艇の比率が少なくなると考えられる、艦艇の最も少ない年を検討する。2007年は3隻で、航空機は879機なので、3÷879≒0.003であり明らかに0.03より少ない。

また、計算しやすい数値で検討する視点も欲しい。たとえば、2007年は3隻なので航空機は100機でなければならない。2002年は航空機が約1000機なので、艦艇は30隻以上なければならないなどである。

●大胆に計算範囲を削減する（肢5）

車両が明らかに60％を超えそうな01～05年と10年は計算しない。06、08、09年は、上から2桁を6倍する概算で、18×6＝108、11×6＝66、14×6＝84、これより航空機・艦艇の合計が多ければ60％を下回る。07年は17×6＝102で、航空機・艦艇の合計のほうが少ないので60％を上回る。

結果的に車両と航空機だけの比較で十分だが、2009年などは結果に影響が出る可能性もあるので、概数を慎重に見積もらないといけない。

# A11 正解ー5

1 －誤　順に計算を行うと、03年は74.3人/件、04年は33.9人/件と減少した年もあることがわかる。災害件数が増えているのに派遣人員が減っている年を探すだけでもよい（06～08年）。

2 －誤　変動範囲を計算すると736×0.88＝647.68と736×1.12＝824.32の間になる。変動範囲を求めれば、年ごとの計算をしなくても03～07年が範囲を超えていることがわかる。

3 －誤　人員が最低（10495人）の2008年を探すだけで、これは表からすぐに誤りとわかる設問である。派遣人員数が最低の08年の災害派遣件数は669件で、最低は2004年の579件である。

4 －誤　02年でこの比率を計算すると0.019となり0.03を下回る。

5 －正　これは計算を行っていくと、06年にはその割合1798÷（1798＋1201＋64）は58.7％、08年は55.9％、09年は57.5％でいずれも60％を下回っている。また、それ以外はいずれも60％より大きくなっている。

# Q12 構成比② （数値の推移・増減）

**問** 次の表からいえることとして、妥当なものはどれか。 （地方上級類題）

### ●地方公共団体の歳入純計決算額の構成比の推移 （単位：%）

| 区　分 | 平成15年度 | 16年度 | 17年度 | 18年度 |
|---|---|---|---|---|
| 地方税 | 35.2 | 33.9 | 33.2 | 34.6 |
| 地方譲与税 | 2.1 | 2.0 | 1.9 | 2.0 |
| 地方交付税 | 16.2 | 16.2 | 15.9 | 16.7 |
| 小計（一般財源） | 53.6 | 52.1 | 51.1 | 53.3 |
| 国庫支出金 | 14.4 | 14.4 | 14.9 | 14.6 |
| 地方債 | 14.0 | 14.9 | 16.8 | 15.4 |
| その他 | 18.0 | 18.6 | 17.2 | 16.7 |
| 合　計 | 100<br>(953,142) | 100<br>(959,945) | 100<br>(1,013,156) | 100<br>(1,013,505) |

（注）（　）内は、歳入純計決算額（単位：億円）を示す。

**1** 平成15年度に対する18年度の決算額の比率について見ると、地方債の比率は1.1を上回っており、歳入純計決算額の比率の1.2倍を超えている。

**2** 平成16年度から18年度までの各年度とも、地方交付税は前年度に比べて増加しており、17年度の対前年度増加額は5,000億円を上回っている。

**3** 平成16年度から18年度までのうち、国庫支出金の対前年度増加率が最も大きいのは17年度であり、その値は10%を上回っている。

**4** 平成18年度の決算額について見ると、各区分とも前年度に比べて増加しており、歳入純計決算額の対前年度増加率は5%を上回っている。

**5** 平成18年度の一般財源に占める地方税の割合は、15年度の一般財源に占める地方税の割合より大きい。

## PointCheck

### ●複雑な問題文への対応

肢1のような比率を比べさせる問題は特に題意が把握しづらい。何年度の何の項目についてかを確実にチェックして、順に額と比率を出す。そして、「比率の1.2倍」と書いてあるので、最後に比率同士の比較を行うことになる。複雑な設定の場合は、文章理解の指示語の処理と同様に、慎重に判断しなければならない。

問題でPointを理解する

Level 2 Q12

第2部 資料解釈 第1章

第2部 資料解釈 第2章

第2部 資料解釈 第3章

第2部 資料解釈 第4章

# A12 正解－2

1－誤　地方債の決算額は構成比から計算しなければならない。

15年度の地方債：953142×0.14≒133440億円

18年度の地方債：1013505×0.154≒156080億円

比率は、156080÷133440≒1.17となり、1.1は上回っている。

しかし、歳入純計決算額の比率は、1013505÷953142≒1.06で、その1.2倍は、1.06×1.2＝1.272となり、これを上回ってはいないので妥当でない。

2－正　16年から18年の地方交付税の決算額を求めると、前年度に比べ増加している。

16年度：959945×0.162≒155500億円

17年度：1013156×0.159≒161100億円

18年度：1013505×0.167≒169300億円

17年度から18年度は、決算額総額もその中での構成比も増加しており、明らかに地方交付税の額が増加している。16年度から17年度も、構成比の減少はわずかなので確認だけの計算でもよい。

さらに、17年度の増加額は、161100－155500＝5600億円なので妥当。

3－誤　国庫支出金は16年度は構成比が変化していない。合計額の増加した分だけ増加しており、これは1％に満たない。18年度は構成比が減少しており、合計額も少ししか増加していないから、大きく増加していない。したがって、対前年増加率は17年度が一番大きい。

しかし、増加率を計算すると、

16年度：959945×0.144≒138232

17年度：1013156×0.149≒150960

となり、増加率は、150960÷138232≒1.092で10％は超えていない。

4－誤　歳入純決算額の推移を見ると、17の1,013,156億円に対して、18年度は1,013,505億円となっており、349億円の増加。約0.03％増加なので、5％は上回っていない。0.3％構成比の下がった国庫支出金や1.4％下がった地方債は、構成比の減少割合を考えると、額も減少していることは明らかである。

5－誤　同年度での割合なので、構成比のままで地方税÷一般財源を計算してよい。

18年度：34.6÷53.3＝0.649

15年度：35.2÷53.6＝0.657

となり、15年度のほうが、18年度より割合は大きい。

# Q13 グラフ⑥ （構造・構成比の変化）

**問** 次のグラフはオイルショック期（第1次1973年、第2次1979年）前後における、日本の1次エネルギー供給構造の変化を示したものである。このグラフを正しく説明しているのはどれか。

(地方上級)

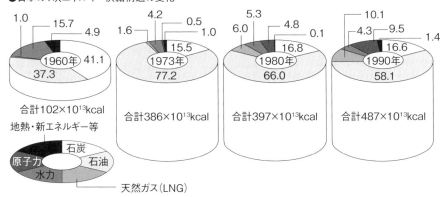

●日本の1次エネルギー供給構造の変化

合計102×10¹³kcal　合計386×10¹³kcal　合計397×10¹³kcal　合計487×10¹³kcal

1　1990年の石炭からのエネルギー供給量は1960年のそれの約3倍である。

2　水力からのエネルギー供給量は1960年から1973年の間に減少している。

3　1990年における石油からのエネルギー供給量は、1980年の石油と水力からのエネルギー供給量の和とほぼ等しい。

4　1960年から1990年までの間、石油からのエネルギー供給量は毎年増え続けている。

5　1990年の天然ガスからのエネルギー供給量は1960年のそれの約10倍である。

---

# PointCheck

### ●円グラフの特性と計算の工夫　テクニック

　グラフに数値が付加されているので概算が必要になるが、円グラフは一目で構成比がわかる反面、中の数値や小さい項目は見づらくなる。表にしたほうが計算での比較はしやすい。まず最初に全体を概観して、円グラフの項目部分の識別を慎重に行う。次に計算の要否の判断および概算の工夫を行う。単位の（×10¹³kcal）は省略してよいし、百分率も小数に直さないで計算してもよい。自分なりのルールを決めて練習を重ねておけば、試験場での時間短縮に貢献できる。

問題でPointを理解する
Level 2 **Q13**

第2部 資料解釈 第1章

第2部 資料解釈 第2章

第2部 資料解釈 第3章

第2部 資料解釈 第4章

●計算の要否の判断　📝**解法ポイント**

　暗算・概算で進めて、差が微妙になったら詳細な計算をするようにする。本問での計算は、
　　　各エネルギーの供給量＝（合計）×（構成比）
が中心となる。ただし、桁数の多い計算をしないのはもちろん、式のままで比較・判断する
ように訓練すると、楽で確実に答えを出せるようになる。

　たとえば、前年が250×0.8で今年は750×0.2であるなら、実数が3倍で割合が4分の1
なので、減少しているとすぐに判断できる。

　本問では、肢2と肢3は概算だけでは判断できない。逆に、肢1、肢4、肢5を、計算せず
に判断することができるかが、時間短縮のポイントになる。

# A**13** 正解─3

1─誤　各年のエネルギー総供給量から石炭からの供給量を算出すると、
　　　60年は$102×0.411 = 41.9(×10^{13}\text{kcal})$
　　　90年は$487×0.166 = 80.8(×10^{13}\text{kcal})$　となり、約2倍である。
　　　90年は合計が約5倍だが、60年は構成比が約2.5倍なので、約2倍と判断し
　　　てもよい。

2─誤　水力からのエネルギー供給量を算出すると、
　　　60年は$102×0.157 = 16.0(×10^{13}\text{kcal})$
　　　73年は$386×0.042 = 16.2(×10^{13}\text{kcal})$　で、わずかに増加している。
　　　73年は合計が約4倍で、60年は構成比が約4倍なので、微妙な結果が予想さ
　　　れるため、正確に計算せざるを得ない選択肢である。

3─正　石油からのエネルギー供給量を計算すると、
　　　90年は$487×0.581 = 282.9(×10^{13}\text{kcal})$
　　　一方80年の石油と水力からのエネルギー供給量の和は、
　　　$397×(0.66 + 0.053) = 283.0(×10^{13}\text{kcal})$
　　　この和は90年の石油からのエネルギー供給量にほぼ等しい。

4─誤　各年の石油からのエネルギー供給量は、
　　　60年：$102×0.373$、73年：$386×0.772$、80年：$397×0.66$、90年：$487×$
　　　$0.581$とあらわされ、73年・80年の数値のみを確認すればよく、73年は約
　　　$390×3/4$で80年は$400×2/3$だから、この間は減少していると推測できる。
　　　実際に計算をすると73年の298から80年は262に減少している。

5─誤　90年と60年では、構成比は10倍であるが、天然ガスからのエネルギー供給量は、
　　　90年：$487×10.1$、60年：$102×1.0$である。
　　　計算するまでもなく式から、約48倍程度であることがわかる。

# Q14 グラフ⑦ （増加率・寄与度）

**問** 図は、1986年から2006年度の実質研究費の対前年度増加率に対する組織別寄与度の推移を示したものである。この図から確実にいえることとして正しいものはどれか。

（国家一般類題）

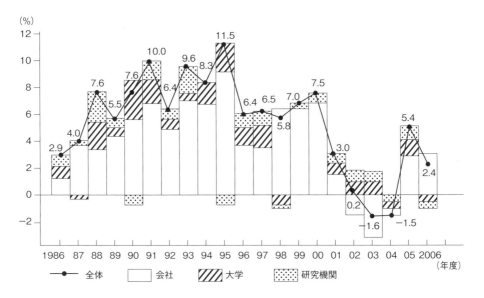

1　1988年度と90年度の実質研究費の対前年度増加率は等しいが、そのうち会社の増加額は88年度に比べて90年度のほうが約2倍多い。

2　1996年度と2001年度とでは、会社の対前年度増加率の著しい低下に伴って実質研究費の総額は前年度を下回った。

3　1986年度から2006年度までの間では、大学の実質研究費の増加率は会社のそれを一貫して下回っているが、02年度と03年度では、大学の実質研究費の額は連続して伸び続けている。

4　1986年度から2001年度まで会社の実質研究費の額は連続して伸び続けており、増加率に占める割合も高いが、研究費の額としては研究機関と大学の合計より低い。

5　1986年度から2006年度までの間では、国全体の研究費の額が前年度を下回ったのは2年のみであるが、会社、研究機関、大学すべてが前年度額を下回ったのは1年だけである。

問題でPoint を理解する
Level 2 Q14

第2部 資料解釈 第1章
第2部 資料解釈 第2章
第2部 資料解釈 第3章
第2部 資料解釈 第4章

# PointCheck

## ●グラフの読み込み　解法ポイント

(1) 折れ線グラフ—対前年度増加率

　折れ線は単純に実質研究費の対前年度増加率を表している。0よりも上にある場合は、前年より増加しているが、その増加の大小が折れ線で表現されていることになる。

　注意すべきは、2003年と2004年はマイナスになっているが、これは2002年まで増加を続けた後の減少であること。実際、86年度から02年度までは2.9倍ほどの増加をしているのである。

(2) ヒストグラム—組織別寄与度

　積み上げる形でヒストグラムが、会社・大学・研究機関の増加率に対する寄与度を表している。特徴的なのは、全体として増加しているが87、90、95、98年度などにマイナス部分が見られることである。これは、マイナスとなった組織が前年よりも研究費を減少させていることを示している。大学や研究機関のマイナスを会社のプラスが補っているのである。ただ、02〜04年は会社がマイナスとなり、03、04年は全体でもマイナスになっている。

# A14　正解—5

1 —誤　各年度の会社の増加額を見るには、まず前年度の実質研究費総額を考える必要がある。そして、87年度に対して89年度の総額がどのような割合になっているかを求め、そのうちの会社の増加額を求めていく（87年度の総額を100とおいて90年の会社の増加額を求める）。
　　　　増加率は、7.6%、5.5%と推移しているので、89年の総額は107.6×105.5≒113.5%。
　　　　88年度の会社分の増加額は、グラフから前年度の総額の約3.5%。これに対して、90年度の会社分の増加額は、グラフから前年度の総額の5.5%だから、これを87年度を100とした額に直すと、113.5%×5.5%≒6.24%となる。88年度は約3.5%、90年は6.24%で2倍にはならない。

2 —誤　96年度も01年度も実質研究費の対前年度増加率は大きく減少しているが、増加率自体はプラスなので、総額は前年度を上回っている。

3 —誤　02年度と03年度では大学が会社を上回っているので誤り。この間、実質研究費の全体の増加率は減少しているが、大学の研究費の増加率は、ほぼ同じなので額自体は連続して伸びている。

4 —誤　研究機関と大学の研究費合計の額と会社の研究費の額を比較するには、研究費の額の実数がわからないので不明である。

5 —正　実質研究費総額の伸び率がマイナスになっているのは、03、04年度の2年である。04年度には会社、研究機関、大学すべてがマイナスになっている。

# Q15 グラフ⑧ （複雑な増加率のグラフ）

**問** 次の図はある地域の一般職業紹介とパートタイム職業紹介における、求職者数と求人数の対前年度増加率をあらわしたものである。これから正しくいえるものはどれか。

（地方上級類題）

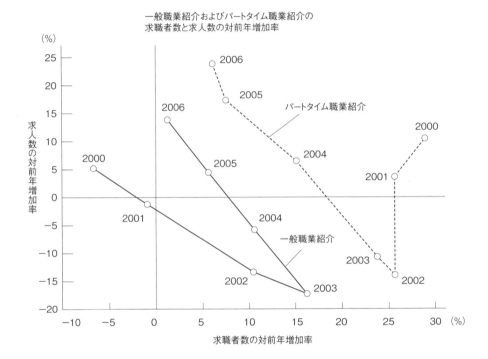

一般職業紹介およびパートタイム職業紹介の
求職者数と求人数の対前年増加率

**1** 2000年から2006年までのうち、一般職業紹介の求人数が最も多いのは2006年であり、最も少ないのは2003年である。

**2** 2001年から2003年までの各年とも、一般職業紹介の求職者数は前年に比べて増加している。

**3** 2001年から2006年までのうち、一般職業紹介の求職者数に対する求人数の比率が最も大きいのは2001年である。

**4** 2002年から2006年までの各年とも、パートタイム職業紹介の求人数は前年に比べて増加している。

**5** 2006年における求職者数に対する求人数の比率は、一般職業紹介とパートタイム職業紹介のいずれも前年を下回っている。

# PointCheck

● **4象限マトリックスのグラフ** 🖋**解法ポイント**

グラフは対前年度増加減少率を表している。

一般職業紹介で見れば、2000年は求人数が増え求職者が減ったので「売り手市場」だが、その後2004年まで求人数が減り、2002年からは求職者数が増えていく。

2004年は求人数が増えたように見えるが、いまだ前年比で減少しているし、求職者数は依然増加している。2005年から求人数が増加しはじめるが、求職者数の増え方が鈍っている状況である。

ここで、各年度の求職者・求人の実数の推移は、スタートを100として各年度の累積を考えていく。増加率の変動で、実数の増減を判定できないので注意が必要である。

# A15 正解ー3

1 －誤　求人数なので縦軸を見る。01年から前年よりも少なくなり、04年まで対前年度比率がマイナスになっている。したがって、実数は03年より減少しているので、最も少ないのは04年と判断できる。ちなみに、2004年には2000年の3分の2くらいになっているので、2006年は2000年までの水準に戻っておらず、求人数が最も多いのも2006年ではない。

2 －誤　02年、03年は求職者増加率はプラスなので増加している。01年はマイナスになっており、減少しているので誤り。

3 －正　02～04年は、求職者は増加して、求人数は減少している。また、01年に比べて求人数の比率は減少している。05年、06年は求人数が増加しているが、求職者も増加しているので、累積で考えても、求職者の増加の方が、求人の増加を大きく上回っていると考えられる。したがって、01年が最も求人数の比率が最大であると考えられる。

01年を100として、06年の求職、求人数を01年に対する比率で概算すると、求職者数は、02年110、03年127、04年140、05年148、06年150、一方求人数は、02年86、03年71、04年67、05年70、06年79となる。

求職者に対する求人数の比率は、01年の1に対し、06年には$\frac{79}{150}$で約0.53である。

4 －誤　求人数なので縦軸を見る。02年、03年は求人数は増加率がマイナスなので減少する。

5 －誤　06年の対前年増加率は、一般職業紹介では、求職者数は1%、求人数は14%、パートタイム職業紹介では、求職者数は6%、求人数は23%となっている。ともに、求職者数に対する求人数の比率は1を超えているので、どちらも前年を上回っている。

本書の内容は、小社より 2020 年 3 月に刊行された
「公務員試験 出るとこ過去問 12 数的処理 上（数的推理・資料解釈）」（ISBN：978-4-8132-8754-4）
および 2023 年 3 月に刊行された
「公務員試験 出るとこ過去問 12 数的処理 上（数的推理・資料解釈）新装版」（ISBN：978-4-300-10612-9）
と同一です。

公務員試験　過去問セレクトシリーズ

# 公務員試験　出るとこ過去問 12　数的処理　上 （数的推理・資料解釈）　新装第 2 版

2020 年 4 月 1 日　初　　版　第 1 刷発行
2024 年 4 月 1 日　新装第 2 版　第 1 刷発行

| | | | | |
|---|---|---|---|---|
| 編　著　者 | ＴＡＣ株式会社 | | | |
| | （出版事業部編集部） | | | |
| 発　行　者 | 多　田　敏　男 | | | |
| 発　行　所 | ＴＡＣ株式会社　出版事業部 | | | |
| | （ＴＡＣ出版） | | | |

〒 101-8383
東京都千代田区神田三崎町 3-2-18
電話　03（5276）9492（営業）
FAX　03（5276）9674
https://shuppan.tac-school.co.jp/

| | | | |
|---|---|---|---|
| 印　　刷 | 株式会社　光 | | 邦 |
| 製　　本 | 株式会社　常　川　製　本 | | |

© TAC　2024　　　Printed in Japan　　　ISBN 978-4-300-11132-1
N.D.C. 317

# 公務員講座のご案内

## 大卒レベルの公務員試験に強い!

### 2022年度 公務員試験

公務員講座生[1]
**最終合格者延べ人数**[2]

# 5,314名

| | | |
|---|---|---|
| 国家公務員（大卒程度） | 計 | **2,797**名 |
| 地方公務員（大卒程度） | 計 | **2,414**名 |
| 国立大学法人等 | 大卒レベル試験 | **61**名 |
| 独立行政法人 | 大卒レベル試験 | **10**名 |
| その他公務員 | | **32**名 |

※1 公務員講座生とは公務員試験対策講座において、目標年度に合格するために必要と考えられる、講義、演習、論文対策、面接対策等をパッケージ化したカリキュラムの受講生です。単科講座や公開模試のみの受講生は含まれておりません。
※2 同一の方が複数の試験種に合格している場合は、それぞれの試験種に最終合格者としてカウントしています。(実合格者数は2,843名です。)
＊2023年1月31日時点で、調査にご協力いただいた方の人数です。

## 1位 全国の公務員試験で合格者を輩出!

詳細は公務員講座（地方上級・国家一般職）パンフレットをご覧ください。

---

### 2022年度 国家総合職試験

公務員講座生[1]

**最終合格者数** **217**名

| | | | |
|---|---|---|---|
| 法律区分 | **41**名 | 経済区分 | **19**名 |
| 政治・国際区分 | **76**名 | 教養区分[2] | **49**名 |
| 院卒/行政区分 | **24**名 | その他区分 | **8**名 |

※1 公務員講座生とは公務員試験対策講座において、目標年度に合格するために必要と考えられる、講義、演習、論文対策、面接対策等をパッケージ化したカリキュラムの受講生です。単科講座や公開模試のみの受講生は含まれておりません。
※2 上記は2022年度目標の公務員講座最終合格者のほか、2023年度目標公務員講座生の最終合格者40名が含まれています。
＊ 上記は2023年1月31日時点で、調査にご協力いただいた方の人数です。

### 2022年度 外務省専門職試験

最終合格者総数55名のうち
54名がWセミナー講座生です。[1]

**合格者占有率**[2] **98.2%**

外交官を目指すなら、実績のWセミナー

※1 Wセミナー講座生とは、公務員試験対策講座において、目標年度に合格するために必要と考えられる、講義、演習、論文対策、面接対策等をパッケージ化したカリキュラムの受講生です。各種オプション講座や公開模試など、単科講座のみの受講生は含まれておりません。また、Wセミナー講座生はそのボリュームから他校の講座生と掛け持ちすることは困難です。
※2 合格者占有率は「Wセミナー講座生（※1）最終合格者数」を、「外務省専門職採用試験の最終合格者総数」で除して算出しています。また、算出した数字の小数点第二位以下を四捨五入して表記しています。
＊ 上記は2022年10月10日時点で、調査にご協力いただいた方の人数です。

**WセミナーはTACのブランドです**

## 合格できる3つの理由

# 1 必要な対策が全てそろう! ALL IN ONE コース

TACでは、択一対策・論文対策・面接対策など、公務員試験に必要な対策が全て含まれているオールインワンコース(=本科生)を提供しています。地方上級／国家一般職／国家総合職／外務専門職／警察官・消防官／技術職／心理職・福祉職など、試験別に専用コースを設けていますので、受験先に合わせた最適な学習が可能です。

### ▶ カリキュラム例:地方上級・国家一般職 総合本科生

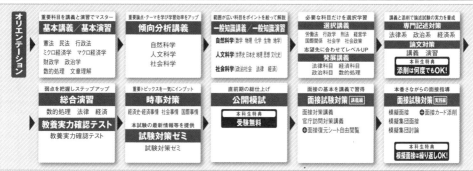

| オリエンテーション | 重要科目を講義と演習でマスター **基本講義／基本演習** 憲法 民法 行政法 ミクロ経済学 マクロ経済学 財政学 政治学 数的処理 文章理解 | 重要科目を学び学習効率をアップ **傾向分析講義** 自然科学 人文科学 社会科学 | 範囲が広い科目をポイントを絞って解説 **一般知識講義／一般知識演習** 自然科学(数学 物理 化学 生物 地学) 人文科学(世界史 日本史 地理 思想 文化等) 社会科学(政治社会 法律 経済) | 必要な科目だけを選択学習 **選択講義** 労働法 行政学 刑法 経営学 国際関係 社会学 社会政策 志望先に合わせてレベルUP **発展講義** 法律科目 経済科目 政治科目 数的処理 | 講義と添削で論述試験の実力を養成 **専門記述対策** 法律系 政治系 経済系 **論文対策** 講義 演習 本科生特典 添削は何度でもOK! |
| 弱点を把握しステップアップ **総合演習** 数的処理 法律 経済 **教養実力確認テスト** 教養実力確認テスト | 重要トピックスを一気にインプット **時事対策** 経済史・経済事情 社会事情 国際事情 本試験の最新情報等を提供 **試験対策ゼミ** 試験対策ゼミ | 直前期の総仕上げ **公開模試** 本科生特典 受験無料 | 面接の基本を講義で習得 **面接試験対策** 講義編 面接対策講義 官庁訪問対策講義 面接復元シート自由閲覧 | 本番さながらの面接指導 **面接試験対策** 実践編 模擬面接 面接カード添削 模擬集団面接 模擬集団討論 本科生特典 模擬面接は繰り返しOK! |

※上記は2024年合格目標コースの内容です。カリキュラム内容は変更となる場合がございます。

# 2 環境に合わせて選べる! 多彩な学習メディア

**通学メディア**

教室+Web講座
教室・ビデオブース・Webで講義が受けられる

ビデオブース+Web講座
TAC校舎のビデオブースとWeb講義で自分のスケジュールで学習

**通信メディア**

Web通信講座
外出先で、さらにWebで。自由に講義が受けられる!

**フォロー制度も充実!**
受験生の毎日の学習をしっかりサポートします。

▶ **欠席・復習用フォロー**
クラス振替出席フォロー
クラス重複出席フォロー

▶ **質問・相談フォロー**
担任講師制度・質問コーナー
添削指導・合格者座談会

▶ **最新の情報提供**
面接復元シート自由閲覧
官公庁・自治体業務説明会 など

※上記は2024年合格目標コースの一例です。年度やコースにより変更となる場合がございます。

# 3 頼れる人がそばにいる! 担 任 講 師 制 度

TACでは教室講座開講校舎と通信生専任の「担任講師制度」を設けています。最新情報の提供や学習に関する的確なアドバイスを通じて、受験生一人ひとりを合格までアシストします。

▶ **担任カウンセリング**

学習スケジュールのチェックや苦手科目の克服方法、進路相談、併願先など、何でもご相談ください。担任講師が親身になってお答えします。

オンラインでも実施!

▶ **ホームルーム(HR)**

時期に応じた学習の進め方などについての「無料講義」を定期的に実施します。

Webホームルーム(HR)標準装備♪

# 公務員講座のご案内

# 無料体験入学のご案内
## 3つの方法でTACの講義が体験できる!

## 教室で体験 迫力の生講義に出席 予約不要! 最大3回連続出席OK!

### 1. 校舎と日時を決めて、当日TACの校舎へ
TACでは各校舎で毎月体験入学の日程を設けています。

### 2. オリエンテーションに参加(体験入学1回目)
初回講義「オリエンテーション」にご参加ください。体験入学ご参加の際に個別にご相談をお受けいたします。

### 3. 講義に出席(体験入学2・3回目)
引き続き、各科目の講義をご受講いただけます。参加者には体験用テキストをプレゼントいたします。

- 最大3回連続無料体験講義の日程はTACホームページと公務員講座パンフレットでご覧いただけます。
- 体験入学はお申込み予定の校舎に限らず、お好きな校舎でご利用いただけます。
- 4回目の講義前までにご入会手続きをしていただければ、カリキュラム通りに受講することができます。

※地方上級・国家一般職、理系(技術職)、警察・消防以外の講座では、最大3回連続体験入学を実施しています。また、心理職・福祉職はTAC動画チャンネルで体験講義を配信しています。
※体験入学1回目や2回目の後でもご入会手続きは可能です。「TACで受講しよう!」と思われたお好きなタイミングで、ご入会いただけます。

## ビデオで体験 校舎のビデオブースで体験視聴

TAC各校のビデオブースで、講義を無料でご視聴いただけます。(要予約)

各校のビデオブースでお好きな講義を視聴できます。視聴前日までに視聴する校舎受付までお電話にてご予約をお願い致します。

**ビデオブース利用時間** ※日曜日は④の時間帯はありません。
① 9:30 ～ 12:30  ② 12:30 ～ 15:30
③ 15:30 ～ 18:30  ④ 18:30 ～ 21:30

※受講可能な曜日・時間帯は一部校舎により異なります。
※年末年始・夏期休業・その他特別な休業以外は、通常平日・土日祝祭日にご覧いただけます。
※予約時にご希望日とご希望時間帯を合わせてお申込みください。
※基本講義の中からお好きな科目をご視聴いただけます。(視聴できる科目は時期により異なります)
※TAC提携校での体験視聴につきましては、提携校各校へお問合せください。

## Webで体験 スマートフォン・パソコンで講義を体験視聴

TACホームページの「TAC動画チャンネル」で無料体験講義を配信しています。時期に応じて多彩な講義がご覧いただけます。

**TACホームページ** https://www.tac-school.co.jp/

※体験講義は教室講義の一部を抜粋したものになります。

# TAC出版 書籍のご案内

TAC出版では、資格の学校TAC各講座の定評ある執筆陣による資格試験の参考書をはじめ、資格取得者の開業法や仕事術、実務書、ビジネス書、一般書などを発行しています！

## TAC出版の書籍

*一部書籍は、早稲田経営出版のブランドにて刊行しております。

### 資格・検定試験の受験対策書籍

- ❂日商簿記検定
- ❂建設業経理士
- ❂全経簿記上級
- ❂税　理　士
- ❂公認会計士
- ❂社会保険労務士
- ❂中小企業診断士
- ❂証券アナリスト

- ❂ファイナンシャルプランナー(FP)
- ❂証券外務員
- ❂貸金業務取扱主任者
- ❂不動産鑑定士
- ❂宅地建物取引士
- ❂賃貸不動産経営管理士
- ❂マンション管理士
- ❂管理業務主任者

- ❂司法書士
- ❂行政書士
- ❂司法試験
- ❂弁理士
- ❂公務員試験(大卒程度・高卒者)
- ❂情報処理試験
- ❂介護福祉士
- ❂ケアマネジャー
- ❂社会福祉士　ほか

### 実務書・ビジネス書

- ❂会計実務、税法、税務、経理
- ❂総務、労務、人事
- ❂ビジネススキル、マナー、就職、自己啓発
- ❂資格取得者の開業法、仕事術、営業術
- ❂翻訳ビジネス書

### 一般書・エンタメ書

- ❂ファッション
- ❂エッセイ、レシピ
- ❂スポーツ
- ❂旅行ガイド (おとな旅プレミアム/ハルカナ)
- ❂翻訳小説

# 公務員試験対策書籍のご案内

TAC出版の公務員試験対策書籍は、独学用、およびスクール学習の副教材として、各商品を取り揃えています。学習の各段階に対応していますので、あなたのステップに応じて、合格に向けてご活用ください!

## INPUT

**『みんなが欲しかった!
公務員
合格へのはじめの一歩』**

A5判フルカラー

- ●本気でやさしい入門書
- ●公務員の"実際"をわかりやすく紹介したオリエンテーション
- ●学習内容がざっくりわかる入門講義

・数的処理(数的推理・判断推理・空間把握・資料解釈)
・法律科目(憲法・民法・行政法)
・経済科目(ミクロ経済学・マクロ経済学)

**『みんなが欲しかった!
公務員 教科書&問題集』**

A5判

- ●教科書と問題集が合体!でもセパレートできて学習に便利!
- ●「教科書」部分はフルカラー!見やすく、わかりやすく、楽しく学習!

・憲法
・【刊行予定】民法、行政法

**『新・まるごと講義生中継』**

A5判
TAC公務員講座講師
郷原 豊茂 ほか

- ●TACのわかりやすい生講義を誌上で!
- ●初学者の科目導入に最適!
- ●豊富な図表で、理解度アップ!

・郷原豊茂の憲法
・郷原豊茂の民法Ⅰ
・郷原豊茂の民法Ⅱ
・新谷一郎の行政法

**『まるごと講義生中継』**

A5判
TAC公務員講座講師
渕元 哲 ほか

- ●TACのわかりやすい生講義を誌上で!
- ●初学者の科目導入に最適!

・郷原豊茂の刑法
・渕元哲の政治学
・渕元哲の行政学
・ミクロ経済学
・マクロ経済学
・関野喬のパターンでわかる数的推理
・関野喬のパターンでわかる判断整理
・関野喬のパターンでわかる
　空間把握・資料解釈

## 要点まとめ

**『一般知識
出るとこチェック』**

四六判

- ●知識のチェックや直前期の暗記に最適!
- ●豊富な図表とチェックテストでスピード学習!

・政治・経済
・思想・文学・芸術
・日本史・世界史
・地理
・数学・物理・化学
・生物・地学

## 記述式対策

**『公務員試験論文答案集
専門記述』**

A5判
公務員試験研究会

- ●公務員試験(地方上級ほか)の専門記述を攻略するための問題集
- ●過去問と新作問題で出題が予想されるテーマを完全網羅!

・憲法〈第2版〉
・行政法

# 書籍の正誤に関するご確認とお問合せについて

書籍の記載内容に誤りではないかと思われる箇所がございましたら、以下の手順にてご確認とお問合せをしてくださいますよう、お願い申し上げます。

なお、正誤のお問合せ以外の書籍内容に関する解説および受験指導などは、一切行っておりません。

そのようなお問合せにつきましては、お答えいたしかねますので、あらかじめご了承ください。

## 1 「Cyber Book Store」にて正誤表を確認する

TAC出版書籍販売サイト「Cyber Book Store」の
トップページ内「正誤表」コーナーにて、正誤表をご確認ください。

**CYBER** TAC出版書籍販売サイト
**BOOK STORE**

## URL:https://bookstore.tac-school.co.jp/

## 2 1の正誤表がない、あるいは正誤表に該当箇所の記載がない
⇒ 下記①、②のどちらかの方法で文書にて問合せをする

**★ご注意ください★**

**お電話でのお問合せは、お受けいたしません。**

①、②のどちらの方法でも、お問合せの際には、「お名前」とともに、

「対象の書籍名(○級・第○回対策も含む)およびその版数(第○版・○○年度版など)」

「お問合せ該当箇所の頁数と行数」

「誤りと思われる記載」

「正しいとお考えになる記載とその根拠」

を明記してください。

なお、回答までに1週間前後を要する場合もございます。あらかじめご了承ください。

---

**① ウェブページ「Cyber Book Store」内の「お問合せフォーム」より問合せをする**

**【お問合せフォームアドレス】**

## https://bookstore.tac-school.co.jp/inquiry/

---

**② メールにより問合せをする**

**【メール宛先　TAC出版】**

## syuppan-h@tac-school.co.jp

---

**※土日祝日はお問合せ対応をおこなっておりません。**
**※正誤のお問合せ対応は、該当書籍の改訂版刊行月末日までといたします。**

乱丁・落丁による交換は、該当書籍の改訂版刊行月末日までといたします。なお、書籍の在庫状況等により、お受けできない場合もございます。

また、各種本試験の実施の延期、中止を理由とした本書の返品はお受けいたしません。返金もいたしかねますので、あらかじめご了承くださいますようお願い申し上げます。

(2022年7月現在)